《中国语学文库》

总 主 编：邢福义

副总主编：汪国胜　朱　斌

本书部分内容为以下项目阶段性成果：

国家社会科学基金项目"中古笔记小说词语考释"（14BYY167）

教育部人文社会科学研究项目"六朝子书疑难词语考释"（14YJA740002）

汉 语 摭 论

A Brief Discussion on Chinese

陈明富　张鹏丽◎著

中国出版集团

世界图书出版公司

广州·上海·西安·北京

图书在版编目（CIP）数据

汉语摭论 / 陈明富，张鹏丽著 .—广州：世界图书
出版广东有限公司，2025.1重印
ISBN 978-7-5100-9507-8

Ⅰ . ①汉… Ⅱ . ①陈… ②张… Ⅲ . ①汉语—文集
Ⅳ . ① H1-53

中国版本图书馆 CIP 数据核字（2015）第 057816 号

汉语摭论

策划编辑	孔令钢
责任编辑	梁少玲
出版发行	世界图书出版广东有限公司
地　　址	广州市新港西路大江冲 25 号

http:// www.gdst.com.cn

印　　刷	悦读天下（山东）印务有限公司
规　　格	710mm×1000mm　1/16
印　　张	16.5
字　　数	322 千
版　　次	2015 年 4 月第 1 版　2025 年 1 月第 3 次印刷
ISBN	978-7-5100-9507-8/H · 0913
定　　价	88.00 元

目　　录

词汇与训诂

"䭔生"作詈词发展演变考察

《史记·项羽本纪》:"䭔生说我曰:'距关,毋内诸侯,秦地可尽王也。'"这里的"䭔生"为古代詈词,相当于"小子"、"小人"之类的骂人话,含"浅薄"、"愚陋"等意思。"䭔生"作詈词又如五代时《唐摭言》卷十二:"至于进人亦多矣,然亦能有以参之五利而许君乎参必愚侪䭔生,而自守取咎尔!"宋《江南野史》卷四:"当齐丘秉政莅任,皆斥腐儒,'䭔生身夸行秽',故不大用。"元无名氏《施仁义刘弘嫁婢》第四折:"量这一个愚鲁的䭔生,无德无能,俺一家儿礼拜磕头感谢神明。"明《七修类稿》卷五十一:"二三十年之间,䭔生、小吏,亦各以道号标致,况有一命者乎,然皆忘其名与字,可笑也。"清《熙朝新语》卷六:"每外䭔生,非蒙天使眷顾,则亦何途之从而获此大观也哉。"

"䭔生"之所以能作詈词,主要是其构词语素"䭔"在古代本身就是一个詈词,由"䭔"作构词语素构成的合成詈词古代除"䭔生"外,又如"䭔士"指学识浅陋的书生。清《与江神笺》:"履籛以朔方䭔士,炎国侨民,学愧通经,行惟弩守。"(这里是自谦①)又如"䭔儒"指迂腐的儒士。五代时《旧唐书》卷一七九:"加以嚣浮士子,蝠茸䭔儒,昧管、葛济时之才,无王、谢扶颠之业,邀功射利,陷族丧邦。"宋《云笈七签》卷七十:"植林野䭔儒,岂曰先觉?"又如"狂䭔"指狂妄愚陋的人。明《琴心记·杜门谢客》:"可怪狂䭔事,相累惭颜无地。"还有一些词由詈词语素"䭔"构成,含贬义,如"䭔浅"指浅陋之义;"䭔愚"指愚陋之义;"䭔论"指浅陋的议论,等等。

现代汉语方言中也有使用,如章炳麟《新方言·释言》:"《诗·魏风》笺:觑,恶也。正义曰:觑丑古今字。音转为䭔……今谓才能下劣者为䭔头。"章氏对于"䭔头"之"才能下劣者"之方言释义无疑是正确的,但其对于"䭔"为"觑"之音转的解释似为不妥。再来看"觑"、"䭔"的音读情况:"觑",《广韵》有两读:昌九切,昌母，有韵上声；又市流切，禅母，尤韵平声。"鲰"，《广韵》有三读：徂钩切，从母，侯韵平声；又七逾切，清母，虞韵平声；又仕垢切，崇母，上声厚韵。[1] "觭"之声母"昌母"、"禅母"均为"照三"；"鲰"之声母"从母"、"清母"为"精"组，"崇母"为"照二"。由于"照二归精"，"照三归端"，因而"觭"与"鲰"声母有一定差别。"觭"之韵"有"、"尤"与"鲰"之韵"侯"、"虞"、"厚"等主元音虽相近，但仍有一定差别。因而，"觭"与"鲰"在语音上发生音转的可能性虽存在，但音转较宽泛。另外，在语义上，"鲰"的语义并非一定由"觭"而来。"觭头"在吴方言中常作"寿头"②，"鲰头"之"才能下劣者"之义主要还是由"鲰"之卑微、浅陋、低下等义而来的，"鲰"的这一含义具体可见下文"鲰"的语义引申部分。除吴方言外，又如四川方言仍用"鲰"作詈词或詈词语素，如川北方言常说"人鲰"、"脾气鲰"、"鲰人"等，意为某人脾气古怪、心胸狭小等。③

"鲰"或由"鲰"构成的合成词作詈词，可能最初出现于方言中。现在见到较早的例证主要是《史记》中汉高祖刘邦所言"鲰生说我曰"一句。章炳麟《新方言·释言》："古人凡言短小，义兼愚陋。高祖骂人，一曰鲰生，二曰竖儒，三曰腐儒，皆同意。"章氏认为刘邦所说的"鲰生"是一个方言词。刘邦为沛郡丰邑中阳里人，即今江苏丰县人，看来苏北鲁南一带可能至少在汉初就用"鲰"或"鲰生"等作詈词了。奇怪的是，在魏晋南北朝时期很少发现"鲰"或"鲰生"等作詈词的用例，而唐宋以后的口语中又大量出现。可能在魏晋南北朝阶段"鲰"或"鲰生"等作詈词主要局限于某一方言，还没有流行开，而到了唐宋以后则渐渐流行开了，不过用于自谦的较多。除前文相关用例外，又如元王实甫《西厢记》第四本第一折："叹鲰生不才，谢多娇错爱。"无名氏《冻苏秦衣锦还乡》第一折："只今日便索长行，看鲰生，黄榜高登。"明《二刻拍案惊奇》卷七："史生见说，欢喜非常，谢道：'鲰生何幸，有此奇缘，得此恩遇？虽粉骨碎身，难以称报！'"《清史稿·乐志五》："念鲰生，叨渥泽，天来广。"从实际语料来看，"鲰"等作詈词最初应该主要在北方方言中（如晋冀鲁方言）流行，然后逐渐向南扩展（如吴方言）。

从前文可知，"鲰生"用作詈词，至少在汉初就出现了，可能更早。按照常理，"鲰"作詈词应该早于"鲰生"。因为"鲰"是对一般人的詈骂，而"鲰生"则是专对儒生的詈骂，"鲰生"是"鲰"的合成词，是"鲰"作詈词后专指的结果。从《尚书·大禹谟》"君子在野，小人在位"中"小人"④可指"人格卑鄙的人"来看，"鲰"作詈词可能在春秋战国时就已出现，只是由于缺乏实际语料，因而尚不能妄下结论。

"鲰生"中构词语素"生"并不含詈语成分，"鲰生"作詈词，关键在于构词语素"鲰"。《汉语大词典》（以下简称《大词典》）："生，'先生'的省称。指有才学的人。"又"生，亦为读书人的通称。《管子·君臣上》：'是以为人君者，坐万物之原，而官诸生之职者也。'尹知章注：'生，谓知学之士也。'《史记·儒林列传》：'言《礼》自鲁高堂生。'司马贞索隐：'云"生"者，自汉已来儒者皆号"生"，亦"先生"省字呼之耳。'"[2]可见"鲰生"之"生"是指儒生，即一般读书人的通称。因而"鲰生"能作詈词，主要在于"鲰"能作詈词。

那么，"鲰"在古代为什么能作詈词呢？经过对"鲰"的语义进行考察，同时结合古汉语中的用例，我们发现"鲰"作詈词主要是由"鲰"的本义逐步引申演变的结果。

首先来看"鲰"的本义。《说文·鱼部》："鲰，白鱼也。从鱼取声。"[3]《广韵·侯韵》："鲰，鱼名。"[1]《集韵·侯韵》："鲰，鱼名。"[4]《大词典》："鲰，白鱼。"[2]可见，"鲰"的本义是指一种鱼的名称，即"白鱼"。这里的"白鱼"是一种什么鱼呢？《史记·货殖列传》："鲰千石。"裴骃集解引徐广曰："鲰，脯鱼也。"[5]《汉语大字典》（以下简称《大字典》）："白鱼，即'鲌'……《广雅·释鱼》'鲌，鳊也'清王念孙疏证：'今白鱼生江湖中，鳞细而白，首尾俱昂，大者长六、七尺，一名鲰。'"[6]我们认为王念孙对"鲰"的解释可靠，而裴骃集解引徐广的说法将"鲰"释为"脯"应为"鲌"的音近通假字。因为从语音上看，脯，《集韵》作伯各切，入声铎韵，帮母[4]；鲌，《广韵》作傍陌切，入声陌韵，并母[1]。"脯"、"鲌"读音相近，存在通假的条件。在语义上，"脯"、"鲌"则相差甚远，"脯"的语义与鱼的关系不大，而"鲌"的本义则是指鱼。《大词典》："鲌，鱼名。即白鱼，也称鳊。身体侧扁，口大而翘，腹部有肉棱，背鳍有硬刺。生活于淡水中，肉细而嫩。"[2]李时珍《本草纲目·鳞三·白鱼》："（一名）鳊鱼。白亦作鲌。白者，色也。鳊者，头尾向上也。"又"鲌，形窄，腹扁，鳞细，头尾俱向上，肉中有细刺"。可见，王念孙释"鲰"为"鲌"是可靠的。另外，《说文·鱼部》："鲌，海鱼名。"[3]桂馥义证："案，此鱼无鳞，燕尾，大者七八尺，肉不美，其子可盐藏，登莱人重之。"[7]这里的"鲌"是一种海鱼，《大词典》释为"马鲛鱼"[2]，《集韵》作步化切，去声祃韵，并母[4]，与王念孙与李时珍所说的江湖淡水"鲌"鱼不是一种鱼。《说文》所说的白鱼"鲰"即王念孙与李时珍所说的淡水"鲌"鱼，也即"鳊"鱼而不是海鱼。淡水"鲌"鱼在今天湖北丹江口水库和苏浙交界的太湖等地方还很多见。

"鲰"鱼有多大呢？从王念孙与李时珍对淡水"鲌"鱼的描述来看，"鲰""大者长六、七尺"，应该很大，但是他们并没有说明其小者之尺寸。《说文》所说的"鲰"到底指多大的鱼呢？是指大白鱼，还是小白鱼呢？我们这里之所以要关注《说文》"鲰"的尺寸大小，是因为它与"鲰生"的詈词成因关系密切。首先来看段玉裁对"白鱼"二字的注解，《说文·鱼部》："鲰，白鱼也。"[3]段玉裁注："鲰，白而小之鱼也。"[8]又朱骏声通训："鲰，白小鱼。"[9]可见，《说文》所说的"鲰"实际上者的是一种小白鱼。

"鲰"由小白鱼之义进而可引申指一般的小鱼。《史记·货殖列传》："鲰千石，鲍千钧。"司马贞索隐："鲰，小鱼也。"[5]张守节正义："鲰，谓杂小鱼也。"[5]又《史记·留侯世家》："陬生教我距关无内诸侯。"司马贞索隐引吕静云："鲰，鱼也，谓小鱼也。"[5]《集韵·侯韵》："鲰，小鱼也。"[4]《康熙字典》："鲰，《类篇》：'一曰小鱼。'"[10]

"鲰"由一般的小鱼义再进一步引申出抽象的"小"义是很自然的事情。《集韵·厚韵》："鲰，小也。"[4]物之小可称为"小"，人之小也可称为"小"，因而"鲰"很自然可指"小人"义，《广韵·侯韵》："鲰，小人之貌也。"[1]《大字典》："裴骃集解引服虔曰：'鲰，小人貌也。'"[6]何谓"小人"？《大词典》："小人，平民百姓。指被统治者。《书·无逸》：'生则逸，不知稼穑之艰难，不闻小人之劳，惟耽乐之从。'""小人，旧时男子对地位高于己者自称的谦词。《左传·隐公元年》：'小人有母，皆尝小人之食矣，未尝君之羹。'""小人，旧指仆隶。《论语·阳货》：'唯女子与小人为难养也。'朱熹集注：'此小人亦谓仆隶下人也。'"[2]可见"小人"首先指地位较低者。

在封建社会，地位地下者是没有人权的，更没有接受教育的机会，因而学识相对浅陋，见识相对浅狭。因而"小人"往往含卑微、浅陋之义。《大词典》："小人，识见浅狭的人。《论语·子路》：'樊迟请学稼。子曰："吾不如老农。"请学为圃。子曰："吾不如老圃。"樊迟出。子曰："小人哉！樊须也。"'"[2]既然"小人"含卑微、浅陋之义，则"鲰"也可能含卑微，浅陋之义。《大词典》："鲰，浅陋，卑微。清姚鼐《王少林读书图》诗：'王君先达居上头，我才于世真一鲰。'"[2]《广韵·虞韵》："鲰，浅鲰，小人不耐事貌。"[1]《集韵·虞韵》："鲰，浅鲰，小人貌。"[4]

既然"鲰"含卑微、浅陋之义，那么就会被人轻视，看不起，从而被人视为愚蠢、鄙陋或卑鄙之人。《大词典》："小人，人格卑鄙的人。《书·大禹谟》：'君子在野，小人在位。'"[2]既然"小人"为"人格卑鄙的人"，则"鲰"也可能指"人格卑鄙的人"。《大词典》："鲰，小。指人的渺小愚陋。古代用于对小人的蔑称。"[2]如《史记·项羽本纪》："鲰生说我曰：'距关，毋内诸侯，秦地可尽王也。'"

既然"鲰"可指人格卑鄙之人，古代又指对小人的蔑称，那么"鲰"就是一个詈词了。"鲰"用作詈词了，"鲰生"也就是詈词了。前面说过，"生"是指一般读书人，即儒生，那么"鲰生"就是对儒生的詈骂。《史记·高祖本纪》司马贞索隐："鲰生是小生。"[5]《说文·鱼部》段玉裁注："鲰是小鱼之名，故小人谓之鲰生。"[8]这里的"小生"、"小人"都是对儒生的詈骂，即"小子"义，含鄙视、蔑称之口吻。

"鲰生"作詈词是别人对儒生而言，如果儒生对自己也称"鲰生"，则是谦称。《大词典》："鲰生，犹小生。多作自称的谦词。唐刘禹锡《谢中书张相公启》：'岂唯鲰生，独受其赐？’元王实甫《西厢记》第四本第一折：‘叹鲰生不才，谢多娇错爱。’”[2] 又如元无名氏散曲《忆所见》：“传示你权宁耐，切莫把鲰生见责。’”清《青楼梦》第三回：“今日偶尔仙游，得蒙慷慨许见，鲰生有此，不胜幸甚。”

　　总之，“鲰生”是古代蔑视、辱骂儒生的一个重要詈词。“鲰生”之所以能作詈词，主要是其构词语素“鲰”本身就是一个重要的詈词。从实际用例来看，“鲰”等作詈词最初可能出现于北方方言中（如晋冀鲁方言），然后逐渐向南扩展（如吴方言）。“鲰”作詈词主要是由“鲰”之本义“小白鱼”义逐步引申演变的结果。其演变轨迹为：“小白鱼”义→一般的“小鱼”义→抽象的“小”义→一般的“小人”义→卑微、浅陋之“小人”义→被人视为“愚蠢、鄙陋或卑鄙之人”之义→詈词。由“鲰”构成的合成詈词还有“鲰士”、“鲰儒”等，都是对读书人的詈骂，由此可以看出古代儒生地位之低下。

注释：

①詈词用作自谦的情况见文末部分。

②此条由董志翘先生提供，在此谨志谢忱。

③参见杨小平《南充方言“笺”、“鲰”考释》，载《西华师范大学学报》2006 年 01 期。

④“鲰生”有“小人”义，见后文语义引申部分。

参考文献：

[1] 周祖谟著：《广韵校本》，中华书局 2004 年版。

[2] 罗竹风主编：《汉语大词典》，汉语大词典出版社 1986—1993 年版。

[3]（汉）许慎撰，徐铉校定：《说文解字》，中华书局 1963 年版。

[4]（宋）丁度等编：《集韵》（影印本），上海古籍出版社 1985 年版。

[5]（汉）司马迁著，（南朝宋）裴骃集解，（唐）司马贞索引，（唐）张守节正义，顾颉刚等点校：《史记》，中华书局 1959 年版。

[6] 徐中舒主编：《汉语大字典》（缩印本），四川辞书出版社、湖北辞书出版社 1993 年版。

[7]（清）桂馥撰：《说文解字义证》，中华书局 1987 年版。

[8]（清）段玉裁撰：《说文解字注》，上海古籍出版社 1988 年版。

[9]（清）朱骏声撰：《说文通训定声》，中华书局 1984 年版。

[10]（清）陈廷敬、张玉书等编撰：《康熙字典》，中华书局 1958 年版。

古代动物性别称谓词语历时考察

动物性别称谓是每种语言均必不可少的，古汉语中关于雌雄动物称谓的词语较多。这些性别称谓词语有的出现相对较早，有的出现相对较晚；有的适用范围较广，而有的只适用于某一种或几种动物。这些性别称谓词语自先秦以来，一直存在于一个共时分布与历时更替的系统中。本文将重点探讨这些词语的产生及发展情况，兼及它们之间的分布与更替情况。

1　古代雌性动物称谓词语情况

古代雌性动物称谓词语较多，如"雌"、"母"、"牝"、"草"、"骒"、"牸"、"女"、"羭"、"羘"、"羳"、"沙"、"牯"、"阴"、"娄"等。具体如下。

1.1　雌

"雌"最初指雌性的鸟，《说文·隹部》："雌，鸟母也。"[1]《汉语大词典》（以下简称《大词典》）："雌，禽鸟中能产卵的。"[2]又可泛指一般的雌性动物，《广韵·支韵》："雌，牝也。"[3]雌是古汉语乃至现代汉语中称谓雌性动物的通用型词语。

"雌"称谓雌性动物在先秦即广泛出现，多指鸟类。如《老子·道经》："天下有始，莫知其理，惟圣人能知所以，非雌非雄，非牡非牝，生而不死。"《论语·乡党》："山梁雌雉，时哉时哉！"《墨子·非乐上》："故唯使雄不耕稼树艺，雌亦不纺绩织纴，衣食之财固已具矣。"《山海经·中山经》："尸水，合天也，肥牲祠之，用一黑犬于上，用一雌鸡于下，刳一牝羊，献血。"《庄子·德充符》："又以恶骇天下，和而不唱，知不出乎四域，且而雌雄合乎前，是必有异乎人者也。"

汉以后直到清代，"雌"均大量出现，指称鸟类以外的雌性动物更多了，如《论衡·奇怪》："若夫牡马见雌牛，（雄）雀见牝鸡，不相与合者，异类故也。"《乐府诗集·鼓角横吹曲五·木兰诗一》："雄兔脚扑朔，雌兔眼迷离。"《朝野佥载》卷四："文明以后，天下诸州进雌鸡，变为雄者多。"关汉卿《刘夫人庆赏五侯宴》第四折："雌鸡在岸回头，忽见鸭雏飞入水中，恐防损伤性命，雌鸡在岸飞腾叫唤。"《醋葫芦》第二回："雌鸡声韵颇堪夸，路上人闻体遍麻。"《今古奇观》第五十五卷："变做七十二只雌狗。"《聊斋志异·毛大福》："（稳婆）乃从去，见雌狼方娩不下。"

古汉语中，"雌"不仅适用于雌性动物，还可用于女性，如明徐渭有《雌木兰替父从军》杂剧，又如清蒲松龄《聊斋志异·夜叉国》："夜叉益悦，携一雌来妻徐。"

"雌"还可指植物和非生命的东西，如唐韩偓《金銮密记》："九仙殿银井有梨二株，枝叶交接，宫中呼为雌雄树。"明《四游记·玉帝起赛宝通明会》："又有吕洞宾献上雌雄剑二把，奏曰：'臣此剑能飞万里，斩妖灭邪，自会相寻，入水水分。'"

现代汉语中，"雌"仍是最主要的雌性称谓词语之一，既可指动物，也可指植物，主要用于书面语，口语中则多用"母"。

1.2　母

"母"可指雌性动物，《康熙字典》："禽兽之牝皆曰母。"[4]《大词典》："母，雌性的。多指动物。"[2]此义于先秦即出现，但南北朝以前文献用量并不大，主要是"母"口语性较强。如《孟子·尽心上》："五母鸡，二母彘。"《吕氏春秋·察传》："故狗似玃，玃似母猴，母猴似人，人之与狗则远矣。"《齐民要术·作酱法》："九月中，取母蟹。"

至唐代文献用量才大增，如《敦煌变文集新书》卷四："今得离于地狱，化为母狗之身。"《朝野佥载》卷三："饶阳李琚，云勋官番满选，夜梦一母猪极大。"白居易《秦吉了》："鸢捎乳燕一窠覆，乌啄母鸡双眼枯。"《北梦琐言·逸文》："邓州临汉县内有湫，往往人见牝豕出入，号曰母猪龙湫。"《云笈七签》卷七十一："凡用猪负革脂者，是老母猪近脊梁边脂也。"

唐以后直到清代文献仍大量出现，呈增加趋势，如高茂卿《翠红乡儿女两团圆》第一折："我把二嫂着他灶窝里烧火打水运浆，着他和那母狗两个睡。"《水浒传》第五十一回："你这千人骑、万人压、乱人入的贱母狗，做什么倒骂我！"《元史·石明三传》："乃尽杀虎子，砺巨斧立壁侧，伺虎至，斫其脑裂而死。"《红楼梦》第三十一回："翠缕道：'这是公的，还是母的呢？'"《儿女英雄传》第四十回"也有我大伙儿倒合他黑母鸡一窝儿、白母鸡一窝儿！"

"母"于现代汉语口语中仍广泛使用。甚至植物的雌株有时也可用"母"称谓，如《大词典》："母本，植物繁殖过程中亲代的雌性植株。也叫母株。"

1.3　草

《大词典》："草，雌性的。多指家畜或家禽。"[2] "草"作雌性动物称谓运用范围较广，在古代属于通用型动物性别称谓词，一般需后接动物名，如"草鸡"、"草猪"、"草骡"、"草驴"、"草马"等。

"草"称谓雌性动物至迟在魏晋即出现，如《三国志·魏书·杜畿传》："渐课民畜牸牛、草马，下逮鸡、豚、犬、豕，皆有章程。"南北朝以后直到清代都广为运用，如《齐民要术·养牛马驴骡》："然必选七八岁草驴，骨目正大者：母长则受驹，父大则子壮。草骡不产，产无不死。养草骡，常须防勿令杂群也。"《朝野金载》卷五："须臾赤草马生一白驹。"《隋书·许善心传》："敕以本官直门下省，赐物千段，草马二十匹。"郑光祖《虎牢关三战吕布》第三折："若还野外安营寨，则偷人家肥草鸡。"《醒世姻缘传》第五十四回："八钱银买了一盘旱磨，一两二钱银买了一头草驴。"

"草马"之"草"又可写作"騲"，《康熙字典》："騲，《玉篇》：'牝畜之通称。'《正字通》：'本作草。晋郭钦谓魏杜畿课民畜牸牛草马。'"[4]《大词典》："騲，雌马。"[2] 如《颜氏家训·书证》："《駉颂》既美僖公牧于坰野之事，何限騲騭乎？"

不过，在古汉语中，并不是所有"草"后接动物名称都指雌性动物，如《淮南子》高诱注："马五尺以下为驹，放在草中，故曰草驹。"《本草纲目·鳞三·鲩鱼》："俗名草鱼，因其食草也。江闽畜鱼者，以草饲之焉。"显然，此处"草驹"、"草鱼"均非指雌性动物。

现代汉语方言仍有用"草"称谓雌性动物的，章炳麟《新方言·释动物》："今北方通谓牝马曰草马，牝驴曰草驴。湖北移以言猪，谓牝猪为草猪。""今北方通谓牝马曰草马，牝驴曰草驴。"[2] 又如豫南罗山方言称母狗为草狗。

1.4　牝

"牝"，音 pìn，可用来称谓雌性动物。"牝"最初应专指牛，后来又可泛指一般雌性动物，《说文·牛部》："牝，畜母也。"[1]《玉篇·牛部》："牝，牝牡也。"[5]《大词典》："牝，鸟兽的雌性。"[2] "牝"可单用，亦可后接动物名。

"牝"称谓雌性动物在先秦即出现，如《周易·坤》："坤：元亨，利牝马之贞。"《尚书·牧誓》："牝鸡之晨，惟家之索。"《荀子·非相》："夫禽兽有父子而无父子之亲，有牝牡而无男女之别。"《韩非子·外储说左下》："孙叔敖相楚，栈车牝马，粝饼菜羹，枯鱼之膳……”

汉以后仍大量出现，如《魏书·吐谷浑传》：“每冬冰合后，以良牝马置此山，至来春收之，马皆有孕。”《颜氏家训·治家》：“如有聪明才智，识达古今，正当辅佐君子，助其不足，必无牝鸡晨鸣，以致祸也。”唐徐夤《龙蛰二首》：“逐日莫矜驽马步，司晨谁要牝鸡鸣。”《二刻拍案惊奇》卷十九：“明日睡醒，主人莫翁来唤，因为家中有一匹拽磨的牝驴儿，一并交与他牵去喂养。”《杜骗新书·僧道骗》：“夏六月间，一行脚僧过于路，见小竖牧一伙牛，内有黄牝牛，大而肥。牧竖伸左脚与之舐，牝牛舐之。”《聊斋志异·三生》：“觉大馁，不得已，就牝马求乳。”《长生殿》第四十六出：“有一个檿弧箕服把周宗殄，有一个牝鸡野雉把刘宗煽，有一个蛾眉狐媚把唐宗变。”

现代汉语中有成语“牝鸡司晨”。

1.5 女

“女”不仅可以指女性，古代亦可用来称谓雌性动物，《大词典》：“女，指动物中的雌性。”[2]“女”称谓雌性动物至迟在秦代即出现，如《睡虎地秦墓竹简·日书甲种》：“人过于丘虚，女鼠抱子逐人，张伞以乡（向）之，则已矣。”“女鼠”即母鼠。又如《太平广记》卷三八五引唐牛僧孺《玄怪录·崔绍》：“彧之家畜一女猫，常往来绍家捕鼠。”清顾炎武《日知录·草驴女猫》：“山东河北人谓牝猫为女猫。《隋书·外戚独孤陁传》：‘猫女可来，无住宫中。’是隋时已有此语。”“女猫”、“猫女”均指母猫。不过文献用例不多。

1.6 阴

《大词典》：“阴，母性的，雌性的。”[2]“阴”可指雌性动物。如明叶子奇《草木子·观物》：“阴鸟之飞也，头缩而足伸；阳鸟之飞也，头伸而足缩。”明代《贤弈编》：“阳鸟之飞头伸而足缩，阴鸟之飞头缩而足伸。”此处“阴”、“阳”对举，“阴鸟”指雌鸟，“阳鸟”指雄鸟。不过文献用例极少。

动物的雌性可用作“阴”，“妇女”或男子去势者有时也可用“阴”称谓，如晋葛洪《神仙传·天门子》：“天门子曰：‘阴人所以著脂粉者，法金之白也。’”《康熙字典》：“《正字通》：‘男子势曰阴。’《史记·吕不韦传》：‘私求大阴人嫪毐为舍人。’”[4]

不仅动物或人可用“阴”称谓，具有某些阴性的非生命的事物有时也可称“阴”，如明陶宗仪《辍耕录·古铜器》：“所谓款识，乃分二义：款为阴字，是凹入者刻画成之。"《儒林外史》第二一回："一方阴文图书，刻'牛浦之印'；一方阳文，刻'布衣'二字。"[2]

1.7 骒

"骒"，音 kè，作雄性动物称谓，最初专指雌马，《尔雅·释畜》"牡曰骘，牝曰骒。"清郝懿行义疏："今东齐人以牡为儿马，牝为骒马。"[6]《康熙字典》："《正字通》：'骒，俗呼牝马，即草马。'"[4]《清史稿·兵志十二》："凡马牡曰儿，牝曰骒。"《大词典》："骒，母马。"[2]据清赵翼考证"骒"本为"课"，如《陔馀丛考·骒马骟马骣马》："唐以前本呼牝马为草马，及牧监设课后，遂呼课马，后人又易以马旁为骒马耳。"[7]后来可泛指一般雄性动物，《大词典》："骒，指雌性牲畜。"[2]如"骒驼"、"骒驴"、"骒骡"等。

"骒"称谓雄性动物至迟在唐代即出现，如《北史·封懿传》："送骒乃嫌脚跛，评田则云咸薄，铜器又嫌古废。"唐以后文献如《元朝秘史》卷二："与了他一个无鞍子甘草黄白口不生驹的骒马。"《水东日记》卷七："达达试马，凡驹生百余日后，以骒马置山巅，群驹见母奔跃而上。"《典故纪闻》卷十八："种马养在民间，一儿四骒，此祖宗定制，不可轻易。"《宛署杂记·经费上》："每辆用骒驴五头，府发银二百两，给两县委官雇觅。"《敦煌掇琐·〈驼官马善昌呈报驼匹死亡状四件〉之三》："槽上大骒驼壹头病死，皮付内库，未蒙判凭，伏请处分。"

现代汉语方言中仍见使用，如柳青《铜墙铁壁》第一章："天气很热，那骒骡爬上第三架山的时候，已经是满身大汗，好像一部湿淋淋的机器，有节奏的喘着气。"[2]

1.8 騇

"騇"，音 shè，用于称谓雌性动物，专指母马，与"骘"相对。《尔雅·释畜》："牝曰騇。"郭璞注："草马名。"[6]《艺文类聚·兽部上·马》："牡曰骘，牝曰騇。"《大词典》："騇，母马。"[2]

"騇"指母马至迟在唐代即出现，如郄昂《岐邠泾宁四州八马坊颂碑》："骘騇异群，骊骐亦分。"不过文献用例极少。

1.9 沙

《大词典》："沙，雌性牲畜。""沙"可指雌性动物，至迟在元明即出现，多指母牛，或犀牛，如《本草纲目·兽二·犀》："犀字，篆文象形。其牸名兕，亦曰沙犀。"不过文献中所见不多。现代汉语方言中仍见使用，如豫南罗山方言仍将雌牛称作"沙子"，将小雌牛称作"沙娃"。

需要指出的是，汉语中许多涉"沙"的动物称谓词并非指雌性动物，如"沙蚕"、"沙鹭"、"沙貛"、"沙鸥"中"沙"即泥沙、沙洲之义，而非表雌性称谓。

1.10 牸

"牸"，音 zì，最初指母牛，《广韵·志韵》："牸，牝牛。"[3]《大词典》："牸，母牛。"[2] 如《易林·讼之井》："大壮（牡）肥牸，惠我诸舅，内外和穆，不忧饥渴。"《夷坚丁志·师逸来生债》："拂旦，田仆来报，昨夕三更，白牸生犊。""牸"又可泛指一般雌性牲畜或兽类，《广雅》："牸，雌也。"[8] 如雌马、雌虎、犀牛等，贾思勰《齐民要术·养牛马驴骡》："子欲速富，当畜五牸。""五牸"即"牛、马、猪、羊、驴五畜之牸"。不过仍以指母牛居多。"牸"可单用，亦可成词如"牸牛"、"牸马"、"肥牸"等。

"牸"指雌性动物在先秦即出现，如《韩非子·解老》："戎马乏则牸马出，军危殆则近臣役。"但先秦文献不多。汉以后，文献用量颇多，如《史记·平准书》："令封君以下至三百石以上吏，以差出牝马天下亭，亭有畜牸马，岁课息。"《三国志·魏书·杜畿传》："渐课民畜牸牛、草马，下逮鸡、豚、犬、豕，皆有章程。"《魏书·明亮传》："每至贵胜之门，恒乘一牸牛，敝韦袴褶而已。"《百喻经·愚人集牛乳喻》："作是念已，便捉牸牛母子，各系异处。"唐《法苑珠林》卷十六："时彼兽中有一牸虎，端正少双，于诸兽中无比类者。"寒山诗："养得一牸牛，生得五犊子。"《隋书·百官志中》："驼牛署，有典驼、特牛、牸牛三局。"《新唐书·地理志四》："（鄜州）土贡：牸犀角。"《容斋随笔·曹操杀杨修》："青牸牛二头，八百里骅骝马一匹。"《本草纲目·兽二·犀》："咒犀即犀之牸者，亦曰沙犀。"

清代亦见使用，如《阅微草堂笔记·姑妄听之》："阅日，又遇诸途，妇骑一乌牸牛，似相顾盼。"又《滦阳续录》："某家有牸牛，跛不任耕，乃鬻诸比邻屠肆。"

1.11 牯

"牯"作性别称谓主要指阉割的公牛，《大词典》："牯，俗称阉割过的公牛，亦泛指牛。"[2] 李时珍《本草纲目·兽一·牛》："牛之牡者曰牯曰特。"不过"牯"也可指母牛，如《玉篇·牛部》："牯，牝牛。"[5]《大词典》："牯，母牛。"[2] 这可能是"牯"最初指母牛，继而引申指阉割的公牛，后来即泛指公牛。"牯"指母牛的用法于文献中较难发现用例。

1.12 娄

《大词典》："娄，母猪。"[2] "娄"可指母猪，先秦即出现，如《左传·定公十四年》："野人歌之曰：'既定尔娄猪，盍归吾艾豭？'"杜预注："娄猪，求子猪，以喻南子。艾豭喻宋朝。"[9] 但文献用例较少。

1.13 羭

"羭"，音 yú，指黑色的母羊。《尔雅·释畜》："夏羊，牝羭，牡羖。"[6]《说文·羊部》："羭，夏羊牝曰羭。"[1]《大词典》："羭，黑色的母羊。"[2]《列子·天瑞》："老羭之为猨也。"张湛注："羭，牝羊也。"[10] 依《说文》段玉裁注，对于《尔雅·释畜》"夏羊，牝羭，牡羖"一句中的"牝"、"牡"二字，自郭璞起常常颠倒互讹，因而往往注释"羭"为公羊，是错误的，这一点唐颜师古已指出。[1]

"羭"称谓母羊至迟在汉代即已出现，不过文献用例不多。如《马王堆汉墓帛书·五十二病方》："多空（孔）者，亨（烹）肥羭，取其汁（渍）美黍米三斗，炊之。"

1.14 牂

"牂"，音 zāng，作雌性称谓时专指母羊，与"羒"相对。《诗经·小雅·苕之华》："牂羊坟首，三星在罶。"毛传："牂羊，牝羊也。"[11]《尔雅·释畜》："羊，牡羒，牝牂。"[6]《大词典》："牂，母羊。"[2] "牂"可单用，亦可成词"牂羊"、"跛牂"等。

"牂"称谓母羊在先秦即出现，又如《墨子·公孟》："昔者，晋文公大布之衣，牂羊之裘，韦以带剑，以治其国，其国治。"《庄子·徐无鬼》："吾未尝为牧而牂生于奥，未尝好田而鹑生于宎。"

汉至清代均见使用，如《盐铁论·毁学》："鸿鹄华骝且同侣，况跛牂燕雀之属乎！"《后汉书·孔融传》："前以露袁术之罪，今复下刘表之事，是使跛牂欲窥高岸，天险可得而登也。"《晋书·束皙传》："大贾牂羊，取之清渤；放豕之歌，起于钜鹿。"苏轼《次韵答满思复》："但恐跛牂随赤骥，青云飞步不容攀。"许湄《双溪坪勘灾》："痁鬼村村聚，牂羊户户同。"

1.15 羠

"羠"，音 yí，主要指阉割过的公羊。《说文·羊部》："羠，骟羊也。"[1]《玉篇·羊部》："羠，犍羊也。"[5]《大词典》："羠，阉过的公羊。"[2] 如《史记·货殖列传》："其民羯羠不均，自全晋之时固已患其慓悍，而武灵王益厉之。"司马贞索隐："（羯羠）皆健羊也。其方人性若羊，健捍而不均。"[12] "羠"亦可指母羊，如《康熙字典》："《急就篇注》：'又西方有野羊，大角，牡者曰羱，牝者曰羠。并以时堕角，其羱角尤大，羠角差小。'"[4]《大词典》："羠，母野羊。"[2] 可能是"羠"最初指母羊，后来引申指阉割的公羊。"羠"指母羊于文献中较难发现用例。

古汉语中雌性动物性别称谓词语较多，远非以上这些。另外现代汉语方言中还有不少称谓词，这些也为研究古代雄性动物称谓提供了很好的资料，如罗山方言中可将母猪称为"婆子"、"藤子"，将母猫称谓"米猫"等。①

就以上这些雌性动物称谓词语而言，有的适用范围较广，可适用大多数雌性动物，属于一种通用型称谓词，如"雌"、"母"、"牝"、"草"、"骒"、"牸"等有些则仅限于某一种或某几种动物，属于一种专门型或准专门型称谓词，如"騬"主要称母马，"沙"、"牯"主要称母牛，"娄"主要称母猪，"羭"、"牂"、"羜"等主要称母羊。②有些称谓词出现较早，有些相对较晚，如"雌"、"母"、"牝"、"牸"、"牂"、"娄"秦即出现，"女"、"羭"等大概在秦汉时现，"骒"、"騬"大概在唐代出现，"阴"、"沙"则出现于元明之际。到清代时，仍使用的雌性动物称谓词主要有"雌"、"母"、"草"、"女"、"沙"、"骒"、"牸"、"牂"等，这些在现代汉语普通话或方言中仍在使用。其中"雌"、"母"是现代汉语普通话中大量使用的雌性动物称谓词，它们在普通话中已经代替了其他称谓词。二者有区别和分工，"雌"主要适用于书面语和正规场合，"母"主要适用于口语和非正规场合。

2 古代雄性动物称谓词语情况

古代雄性动物称谓词语同样较多，如"雄"、"公"、"牡"、"父"、"儿"、"叫"、"阳"、"腾"、"累"、"牯"、"特"、"朴"、"犍"、"犗"、"扇"、"騬"、"獖"、"豵"、"羝"、"羖"、"羯"、"羠"等。具体如下。

2.1 雄

"雄"主要与"雌"相对，最初只表雄性的鸟，如《尔雅·释鸟》："鸟之雌雄不可别者，以翼右掩左，雄；左掩右，雌。"[6]《说文·隹部》："雄，鸟父也。"[1]③《大词典》："雄，禽类中能产生精细胞的。"[2]然后引申可指其他动物的雄性，如《康熙字典》："《诗·齐风》：雄狐绥绥。按诗卫风传云：飞曰雌雄，走曰牝牡。然齐风言雄狐，狐，走类也，亦曰雄。"[4]最后，"雄"逐渐成为雄性动物的通称，如《正字通》："物各有雌雄，鳞介至蚊虻皆然。"[4]从文献来看，"雄"偶尔也可与"雌"之外的雌性称谓词相对，如彭乘《墨客挥犀》卷五："僧悟空在江外见一猿坐树杪弋人伺其便射之，正中母腹。母呼其雄至，付子已，哀鸣数声，乃投箭堕地而死。"[2]此句中"雄"即与"母"对举。

"雄"表性别，在先秦即已出现，文献中多指鸟类，如《诗经·召南·雄雉》

"雄雉于飞，泄泄其羽。"《国语·周语下》："宾孟适郊，见雄鸡自断其尾，问之，侍者曰：'惮其牺也。'"《山海经·西山经》："有鸟焉，其状如雄鸡而人面，名曰凫徯，其鸣自叫也，见则有兵。"

汉魏南北朝，"雄"的使用更加广泛，但表性别仍多见于鸟类（含家禽），如《春秋繁露·求雨》："取三岁雄鸡与三岁猳猪，皆燔之于四通神宇。"《史记·封禅书》："从东南来集于祠城，则若雄鸡，其声殷云，野鸡夜雊。"《淮南子·泰族》："故人主有伐国之志，邑犬群嗥，雄鸡夜鸣，库兵动而戎马惊。"《魏书·崔光传》："永光中，有献雄鸡生角。"

唐以后，直到清代，"雄"一直是汉语中表达雄性动物的主要手法之一，仍多见于鸟类，但用于兽类等动物的范围比以前广泛，如孙觌《题梅岭泉》："南雄雉堞峻，北壮凤台连。"《南村辍耕录·松江志异》："至正壬寅八月中，上海县三十四保辰字围金寿一家，已阉雄狗生小狗八，其一嘴爪红如鲜血然。"《醒世姻缘传》第六十二回："深洞之中，里边睡着一个极大的雄猪，正在那里鼾鼾的掇气。"《歧路灯》第八十五回："鼻涕早流在地下一大摊，咽喉逗着，直如雄鸡叫晓，只伸脖子却无声。"

植物的雄株、雄蕊等也可用"雄"来称谓，如苏轼《仇池笔记·竹雌雄》："竹有雌雄者多笋，故种竹当种雌。"李时珍《本草纲目·谷一·大麻》："有雌有雄：雄者为枲，雌者为苴。"

现代汉语中，"雄"仍是雄性动物以及植物的通常称谓之一，主要用于书面语。

2.2 公

"公"作为雄性动物的称谓，主要与"母"相对。《大词典》："公，称雄性动物。"[2] 又"公母，雄雌的俗称。"[2] 如《敦煌变文集新书》卷七："汝知天地之纲纪，阴阳之本姓（性），何者为公？何者为母？"先秦即有"公马"、"公牛"、"公羊"等词，但先秦时这些词并非指雄性动物。如《国语·楚语下》："国马足以行军，公马足以称赋。"韦昭注："公马，公之戎马也。"[2] 此句中的"公马"是指君主的战马；《周礼·地官·牛人》："牛人，掌养国之公牛，以待国之政令。"郑玄注："公，犹官也。"贾公彦疏："训公为官者，恐有公君之嫌，但王家之牛，若公廪之牛，故须训公为官，是官牛也。"[2] 显然这里的"公牛"义为官牛，并非雄牛。另外，"公牛"在先秦又可作复姓，如《淮南子·俶真》里的"公牛哀"；"公羊"在先秦是《公羊传》的简称，又可作复姓，如公羊高。

"公"称呼雄性动物，大概出现于南北朝时，其口语性较强，在书面语中不多见，直至清代亦如此，其中"公鸡"一词出现频率相对较高。如《齐民要术·作酱法》："母蟹齐大，圆，竟腹下；公蟹狭而长。"《敦煌变文集新书》卷七："小儿又问曰：'公鸡因何能鸣？'孔子曰：'赖他颈长因此能鸣。'"《水浒传》第一回："浑身即如重风麻木，两腿一似斗败公鸡。"《儒林外史》第二回："随即每桌摆上八九个碗，乃是猪头肉、公鸡、鲤鱼、肚、肺、肝、肠之类。"

现代汉语中，"公"作为动物性别称谓词运用较为广泛。相对"雄"而言，"公"口语化较强，主要适用于日常称谓。

2.3 牡

"牡"表雄性动物，与"牝"相对。"牡"最初用来指称雄性的畜类，《说文·牛部》："牡，畜父也。"[1]《康熙字典》："《诗·邶风》：'雉鸣求其牡。'《传》：'飞曰雌雄，走曰牝牡。'"[4]进而也可指称雄性的禽类，《集韵》："牡，禽雄曰牡。"[4]《大词典》："牡，鸟兽的雄性。"[2]"牡"在古代方言中有时作"牧"，《颜氏家训·书证》："诗云：'骃骃牡马。'江南书皆作牝牡之牡，河北本悉为放牧之牧。"

"牡"表雄性动物，可单用，其后也可接动物名称。"牡"在先秦即已出现，汉魏六朝相对多见，唐以后所见相对要少，清代已不多用，现代汉语普通话中已不用了。如《诗经·鲁颂·駉》："駉駉牡马，在坰之野。"《魏书·崔浩传》："牡马护群，牝马恋驹，驱驰难制，不得水草，末过数日则聚而困敝，可一举而灭。"刘基《月蚀诗》："黄文结邻上诉帝，赐以小戎骖牡鹭。"《聊斋志异·钟生》："方欲整辔趋过，有一失勒牡驴，随之而行，致骡蹄跌。"

古代不仅雄性动物可用"牡"，连植物的雄株或无子者也可用"牡"，如"牡麻"、"牡鞠"（即"牡菊"）、"牡蔽"（即"牡蒿"）、"牡荆"等。例如《诗经·小雅·蓼莪》"匪莪伊蔚"郑玄笺："蔚，牡菣也。"[2]孔颖达疏引三国吴陆玑曰："牡蒿也。"[2]《周礼·秋官·蝈氏》："蝈氏掌去鼃、黾。焚牡鞠，以灰洒之则死。"郑玄注："牡鞠，鞠不华者。"[2]《礼记·檀弓上》："司寇惠子之丧，子游为之麻衰牡麻绖。"

甚至具有某些雄性特征的无生命事物，古代有时也可以"牡"来称之，如《康熙字典》："《前汉·天文志》：'长安章城门，门牡自亡。'《注》：'师古曰：牡，所以下闭者也。以铁为之。'"[4]这里的"门牡"之"牡"有点类似现代的"螺母螺公"之"公"。又如苏轼《三月二十日开园》之二："西园牡钥夜沉沉，尚有游人卧柳阴。"其中"牡钥"，《大词典》云："牡钥，门闩；锁钥。"[2]

2.4 父

"父"可指"父母"之"父"，即幼崽之"父"，《大词典》："父，指与雌崽有直接血缘关系的雄性禽兽。"[2]进而可指称雄性动物,《吕氏春秋·季春》:"乃合累牛腾马游牝于牧。"高诱注:"累牛,父牛也。腾马,父马也。皆将群游从牝于牧之野风合之。"[13]《南村辍耕录·事物异名》:"父马,牡马也。"又,《说文》在训释其他雄性称谓时常用"父"来解释,如《说文·隹部》:"雄,鸟父也。"[1]《说文·牛部》:"特,朴特,牛父也。"[1]又"牡,畜父也。"[1]

"父"表雄性动物,可能在先秦即已出现,至迟到汉代即有文献用例。如《史记·秦本纪》:"二十年,王之汉中,又之上郡、北河。"裴骃《集解》:"徐广曰:'秦地有父马生驹。'"[12]《史记·平准书》:"众庶街巷有马,阡陌之间成群,而乘牸牝者傧而不得聚会。"裴骃《集解》:"《汉书音义》曰:'皆乘父马,有牝马间其间则相踶啮,故斥不得出会同。'"[12]《齐民要术·养牛马驴骡》:"饲父马令不斗法:多有父马者,别作一坊,多置槽厩;锉刍及谷豆,各自别安。"

南北朝以后,"父"表雄性于文献中不常见。

2.5 儿

"儿"可指男孩。《仓颉篇》卷下:"男曰儿,女曰婴。"[2]进而可指年少男子,如薛逢《醉春风》:"歌儿舞女亦随后,暂醉始知天地长。"又进而可指动物的雄性,《大词典》:"儿,雄性。"[2]如"儿马"、"儿猫"等,其中"儿马"出现较多,常与"骒马"相对。

"儿"指雄性至迟在唐代即已出现,直到清代,现代方言中仍见使用。如郑棨《开天传信记》:"又有妇人投状争猫儿,状云:若是儿猫,即是儿猫;若不是儿猫,即不是儿猫。"句中一、三"儿猫"言雄猫;二、四"儿猫"言妇人之猫。《礼记·月令》:"(仲夏之月)游牝别群,则絷腾驹。"俞正燮《癸巳存稿·獥》:"仲夏之月云絷腾驹,亦今所谓儿马。"《清史稿·兵志十二》:"凡马牡曰儿,牝曰骒。"

2.6 叫

"叫"有"鸣叫"之义,由于有些雄性动物喜欢鸣叫,因而"叫"字也可用来指称雄性动物。"叫"不单用,后须接动物名。现代汉语方言中常见"叫驴"一词,"叫驴"即公驴,如姚雪垠《长夜》二六:"幸而陈老五平安地跑回来,并没挂彩,手里还牵着一头叫驴。"刘绍棠《青枝绿叶》:"村里叫驴吼吼地叫。"又有"叫鸡"一词,"叫鸡"即公鸡,如艾芜《端阳节》三:"叫鸡也要吃么?不抱鸡儿哪?"

古代汉语中,至迟在明代即出现"叫驴"一词,清代开始大量运用,如《初刻拍案惊奇》卷十四:"止有叫驴一头,一向散缰走失,被人收去。"《歧路灯》第六十九回:"难说我两个做生意,该自己坐在柜台里边,到了秋夏,自己牵着大白叫驴，往乡里亲自讨账么？"《儿女英雄传》第六回："一头黄牛，一匹葱白叫驴都在空槽边拴着。"

古代与"叫"同义的"鸣"，也具有某些性别称谓词的特征，如"鸣鸡"、"鸣骥"、"鸣驴"等词，实际也指雄性动物。但这里的"鸣"字主要强调"啼叫"、"嘶鸣"等特性，如张衡《西京赋》："右有陇坻之隘，隔阂华戎，岐、梁、汧、雍、陈宝鸣鸡在焉。"颜延之《阳给事诔》："鸣骥横厉，霜镝高翚。"孙枝蔚《哭方尔止》："《采药传神曾绝肖，他时对此学鸣驴。"句中的"鸣鸡"、"鸣骥"、"鸣驴"只能理解为"啼鸣的雄鸡"、"嘶鸣的骏马"、"鸣叫的公驴"，而不宜理解成"公鸡"、"雄马"、"公驴"。因而"鸣"还不能说是一个性别称谓词。

2.7 阳

《大词典》："阳，男性，男性的。"[2]"阳"具有阳刚、男性之义，进而可指雄性，《大词典》："阳，指雄性的。"[2]如叶子奇《草木子·观物》："阴鸟之飞也，头缩而足伸；阳鸟之飞也，头伸而足缩。"此处"阴"、"阳"对举，"阴鸟"指雌鸟，"阳鸟"指雄鸟。不过文献用例极少。

另外，某些具有雄性特征的非生命事物，也可用"阳"来称呼，如张世南《游宦纪闻》卷五："所谓款识，乃分二义。款谓阴字，是凹入者，刻画成之。识谓阳字，是挺出者。"此处"阳字"即"阳文"，与"阴字"对举。

2.8 郎

《大词典》："郎，青少年男子的通称。"[2]"郎"在古代可指男子，进而引申为指称雄性动物。"郎"的这种用法在古代应该有使用，但文献较难发现用例，不过现代方言中仍有运用，如河南罗山方言可将"雄猫"称为"郎猫"，《大词典》："郎猫，方言。雄猫。"[2]又如罗山方言将"雄猪"称作"郎猪"或"郎猪子"。

古汉语中有时将无子的植物也称作"郎"，与不产崽的雄性动物性质类似，如《太平御览》卷九五六引晋郭义恭《广志》："有姑榆，有郎榆。郎榆无荚。材又任车用，至善。"这里将"姑榆"与"郎榆"对举，"郎榆"即无子（无荚）之榆树。

2.9 骘

"骘"，音zhì，作动物雄性称谓时专指公马，与"骒"相对。《尔雅·释畜》："骘，牡曰骘。"[6]《玉篇·马部》："骘，牡马也。"[5]《大词典》："骘，公马。"[2]

"骘"指公马至迟在南北朝时即出现，唐时亦见使用，如颜之推《颜氏家训·书证》："《诗》云：'駉駉牡马。'江南书皆作牝牡之牡，河北本悉为放牧之牧邺下博士见难云：《驷颂》既美僖公牧于坰野之事，何限骘骓乎？"郄昂《岐邠泾宁四州八马坊颂碑》："骘骓异群，骊骝亦分。"[2] "骘"于文献中文献用例不多。

2.10　腾

从文献来看，"腾"指雄性时特指公马。《吕氏春秋·季春》："是月也，乃合累牛、腾马，游牝于牧。"高诱注："腾马，父马也。"[13] 陈奇猷校释引王引之曰："累牛、腾马皆牡也，与游牝正相对。"[2] "腾"不单用，可用"腾马"、"腾驹"等，《大词典》："腾马，公马。"[2] "腾驹，公马。"[2]

"腾"指公马大概出现于秦汉之际，又如《礼记·月令》："（仲夏之月）游牝别群，则絷腾驹。"俞正燮《癸巳存稿·豯》："仲夏之月云絷腾驹，亦今所谓儿马。"汉以后文献中一般不用，虽有时偶见，也主要是仿古引用。如明代《炎徼纪闻·赵楷》："藏头闺闼与猜豕无异，曾不若腾马累牛之适也。"

2.11　累

"累"可指公牛。《吕氏春秋·季春》："是月也，乃合累牛腾马游牝于牧。"高诱注："累牛，父牛也。"[13]《大词典》："累牛，交配期的公牛。泛指公牛。"[2]

"累"指公牛，至迟在秦汉即已出现，但文献中所见不多，汉以后亦偶见文献用例，应该是仿古引用。如明代《炎徼纪闻·赵楷》："藏头闺闼与猜豕无异，曾不若腾马累牛之适也。"

2.12　牯

"牯"最初指母牛，《玉篇·牛部》："牯，牝牛。"[5]《大词典》："牯，母牛。"[2] 又可指阉割的公牛，《大词典》："牯，俗称阉割过的公牛。亦泛指牛。"[2] 李时珍《本草纲目·兽一·牛》："牛之牡者曰牯曰特。" "牯"常与"牸"相对，可单用，也可成词"水牯"、"牯牛"、"牯子"等。

"牯"指公牛，至迟唐代即出现，古代文献中并不少见，如《隋书·礼仪志二》："牲用黄牯牛一。"《禅林僧宝传·大阳延禅师》："一曰：作水牯牛是随类堕。"《醋葫芦》第十六回："宜变为牯牛，使肥大其体，为兽中之壮长云。"在现代汉语方言中仍见使用，如沈从文《阿金》："他预备的是用值得六只牯牛的银钱，换一个身体肥胖胖白蒙蒙的、年纪二十二岁的妇人。"[2]

2.13　特

"特"最初主要指公牛，《说文·牛部》："特，朴特，牛父也。"[1]《玉篇·牛部》：

"特，牡牛也。"[5] 后来也可指其他雄性动物，《康熙字典》："牡马亦曰特。"[4]《□韵·德韵》："特，雄也。"[3]《周礼·夏官·校人》："凡马，特居四之一。"郑玄注引郑司农曰："四之一者，三牝一牡。"[2] 孙诒让正义："特本为牡牛，引申之，牡马亦得称特也。"[2]"特"可单用，也可成词如"特牛"等。

"特"指雄性动物，在先秦即已出现，宋代以后已经不常见了，多作"特牛"，如《周礼·秋官·司寇》："卿皆见以羔膳特牛。"《三国志·魏书·明帝纪》："八月，辛巳，行东巡，遣使者以特牛祠中岳。"《宋书·礼志四》："魏明帝太和四年八月，帝东巡，遣使者以特牛祠中岳，礼也。"《醴泉笔录》卷上："掌老太卿判太仆供衹，享太牢，只供特牛，无羊豕。"

2.14 朴

"朴"在古代即可指公牛，《说文·牛部》："特，朴特，牛父也。"[1]《大词典》："朴，种牛。"[2] 说明至迟在汉代，"朴"即有此义，但较难发现文献用例。

现代汉语中仍见用"朴"指公牛的情况，如章炳麟《新方言·释动物》："《说文》：'朴、特，牛父也。'《楚辞·天问》曰：'焉得夫朴牛。'今山西谓牛父为朴牛，浙东移以言猪，谓猪父为朴猪。"[2]

2.15 犍

"犍"可指阉割的公牛，可单说"犍"，也可说"犍牛"、"犍子"等。《说文·牛部》："犍，犗牛也。"[1]《大词典》："犍，阉过的牛。"[2]"犍"也可引申作动词，表"阉割"义，如玄应《一切经音义》卷十四："犍，割也。《通俗文》：'以刀去阴曰犍。'"[14]

可见"犍"指阉割的公牛，至迟汉代即已出现。其后文献如《魏书·蠕蠕传》云："蠕蠕之人，昔来号为顽嚣，每来抄掠，驾牸牛奔遁，驱犍牛随之，牸牛伏不能前。"《齐民要术·养猪》："其子三日便掐尾，六十日后犍。"《北史·魏宁传》："牝十六，牡十四，犍子拍头三十二。"《醒世姻缘传》第五十三回："家中有个绝大的犍牛，正在那里耕地，倒下不肯起来，打了几鞭，当时绝气。"

"犍"在现代方言中仍有运用，如《陕北民歌选·二月里来打过春》："犁华肩在肩膀上，手里拉的黑犍牛。"[2]

2.16 犗

"犗"，音 jiè，主要指阉割的公牛。《说文·牛部》："犗，騬牛也。"[1]《玉篇·牛部》："犗，腾也。"[5]"腾"、"騬"均指雄性。《大词典》："犗，犍牛。

阉割过的牛。"[2]"犗"有时也可指其他动物，但不常用，如明代《谷山笔麈·杂解》："骟马，犗马也，俗谓之扇马。"此处"犗马"就指阉割的公马。

"犗"指阉割的公牛义，在先秦即已出现，宋代以后已不多用了，如《庄子·外物》："任公子为大钩巨缁，五十犗以为饵。"成玄英疏："犗，犍牛也。"《世说新语·排调》："明帝问周伯仁：'真长何如人？'答曰：'故是千斤犗特。'"辛弃疾《哨遍》："更任公五十犗为饵，使海上人人厌腥味。"

2.17　扇

《大词典》："扇，同'骟'。割去马的睾丸。亦泛指去势的六畜，或指阉人。"[2]李时珍《本草纲目·兽一·马》："去势曰骟。""扇"最初指阉割的马，后来泛指其他阉割的雄性动物。"扇"亦可用作动词，指阉割。

"扇"表阉割之雄性动物，大概宋代后出现，如宋彭大雅《黑鞑事略》："四齿则扇，故阔壮而有力，柔顺而无性，能风寒而久岁月。"沈德符《野获编补遗·内监·内廷豢畜》："又尝见内臣家所畜骟猫，其高大者蹄于寻常家犬。"《醒世姻缘传》第一回："选了一匹青色骟马，使人预先调习。"

此词在现代汉语中还广泛运用，不过口语化较强。如黄侃《论学杂著·蕲春语》："吾乡谓去牛马犬阴，皆曰扇；称阉人，亦曰扇。"[2]周立波《暴风骤雨》第一部："瞅那红骟马，膘多厚，毛色多光。"

2.18　騬

"騬"，音 chéng，最初指阉割马匹，如《说文·马部》："騬，犗马也。"[1]《周礼·夏官·校人》"夏祭先牧，颁马攻特"，汉郑玄注："郑司农云：攻特谓騬之。"[2]"騬"可成词"騬马"、"騬猪"、"騬牛"等，指阉割的动物，作名词用，其中以"騬马"最多见。

用"騬"来表阉割的雄性动物，至迟东汉即出现，但宋代以前文献用例不多，主要见于宋代后，清代文献中基本不见。如《说文·牛部》在解释"犗"时说："犗，騬牛也。"[1]又如《金史·兵志》："明昌五年，散騬马，令中都、西京、河北东、西路验民物力分畜之。"《元史·世祖本纪》："戊子，立塔儿八合你驿，以乌蒙阿谋岁输騬马给之。"

现代汉语方言中仍见使用，如章炳麟《新方言·释动物》："《说文》：'騬，犗马也。'登莱移以言猪，谓猪去阴者为騬猪。"

2.19 豶

"豶"，音 fén，指阉割的公猪。《说文·豕部》："豶，羠豕也。"[1]《玉篇·豕部》："豶，犗也。"[5] 李时珍《本草纲目·兽一·豕》："牡去势曰豶。"④《大词典》："豶，去势的猪。"[2]

"豶"作公猪义讲，在先秦即出现，主要见于汉魏南北朝，唐以后已不多见，文献用例总体较少，如朱穆《绝交论》："游豶蹂稼，而莫之禁也。"《周书·蒲逞传》："都界有豕生数子，经旬而死。其家又有豶，遂乳养之，诸豚赖之以活。"

2.20 豭

"豭"，音 jiā，最初专指雄性的猪。《左传·哀公十五年》："既食，孔伯姬杖戈而先，大子与五人介，舆豭从之。"孔颖达疏："豭，是豕之牡者。"[15]《史记·秦始皇本纪》："夫为寄豭，杀之无罪，男秉义程。"司马贞索隐："豭，牡豕也。"[12]《说文·豕部》："豭，牡豕也。"[1]《大词典》："豭，公猪。"[2] "豭"指雄猪既可单用，也可组成"豭豚"、"豭豨"、"豭猪"等词。"豭"又同"猳"。《韵会》："豭，或作猳。"[4]

"豭"指雄猪在先秦即已出现，如《管子·戒》："东郭有狗啀啀，旦暮欲啮我，豭而不使也。"《韩非子·内储说下》："是以子胥宣言而子常用，内美人而虞、虢亡，佯遗书而苌宏死，用鸡豭而郐桀尽。"

汉以后文献有不少用例，如《说苑·权谋》："衅之以豭，若盟状。"《宋书·五行志四》："晋成帝咸和六年六月，钱塘民家豭豕生两子，皆人面，如胡人状，其身犹豕。"《马殷浚城石碣篆》："龙举头，豭掉尾。羊为兄，猴作弟。羊归穴，猴离次。"《和孙同年卞山龙洞祷晴》："农夫免菜色，龙亦饱豚豭。"

元代以后文献中所见用例相对不多，如徐渭《早祷十七韵次陈长公》："蜥蜴山泽穷，豭豨屠贾致。"《聊斋志异·侠女》："不然，尔爱其艾豭，彼爱尔娈猪矣！"

"豭"在现代汉语方言中仍有使用，如章炳麟《訄书·解辫发》："欧罗巴者国来互市者，复蛊鄙百端，拟以豭豚。"

另外，"豭"除主要指雄猪外，后来也可偶指其他动物，如李时珍《本草纲目·百病主治药上·伤寒热病》："劳复发热，同枳壳、豭鼠屎、葱白煎服。"

2.21 羝

"羝"，音 dī，作为雄性动物的称谓，属于一种专称，专门适用于羊。《诗经·大雅·生民》："取羝以軷。"毛传："羝羊，牡羊也。"[16]《说文·羊部》："羝，牡羊也。"[1]《广雅》："吴羊牡三岁曰羝。"[8] 对于雄性的羊，可以单称"羝"

也可以称为"羝羊"。

"羝"表公羊，先秦就已出现，如《周易·大壮》："羝羊触藩。"《墨子·非儒》："是若人气，鼸鼠藏，而羝羊视，贲彘起。"

汉以后，"羝"于文献中所见较多，如《史记·秦本纪》："乃用骝驹、黄牛、羝羊各三，祠上帝西畤。"《齐民要术·养羊》："羝无角者更佳。"孟浩然《寄赵正字》："高鸟能择木，羝羊漫触藩。"《明珠缘》第四十六回："跪的跪，伏者伏，浑如乞乳羝羊。"

直到清代，此词仍在使用，不过已经明显少多了，如《醋葫芦》第八回："论此情彼此已绝，再若到他跟前，是以羝羊食虎，必无可生之机。"现代汉语中，"羝"表公羊已不再使用。

2.22 羒

"羒"，音 fén，指白色的公羊，与"牂"相对。《尔雅·释畜》："羊，牡羒，牝牂。"[6] 郭璞注："谓吴羊白羒。"[6] 郝懿行义疏："羒，牡羊也。吴羊，白色羊也。羒盖同坟，言高大也。"[17]《玉篇·羊部》："羒，牝羊也。"[5]《广韵·文韵》："羒，白羝羊也。"[3]《大词典》："羒，白色的大公羊。"[2]

"羒"称谓公羊至迟在汉代即出现，但文献用例不多。如《元史·太宗纪》："遂议伐金，敕蒙古民有马百者，输牝马一；牛百者，输犊牛一；羊百者，输羒羊一；为永制。"现代汉语中亦难见使用。

2.23 羖

"羖"即"羘"，音 gǔ，多指公羊。《说文·羊部》："羖，夏羊牡曰羖。"[1] 李时珍《本草纲目·兽一·羊》："牡羊曰羖，曰羝。"《大词典》："羖，黑色的公羊。亦泛指公羊。"[2] 不过文献中也有释"羖"为母羊的，与"羭"相对，如《尔雅·释畜》："牝羖。"[6] 郭璞注："今人以牂羖为黑白羊名。"[6] 邢昺疏："黑羊牝者名羖。"[6] 释"羖"为母羊者疑为刻写时因牝牡形误而致。

"羖"指公羊在先秦即出现，如《诗经·小雅·宾之初筵》："俾出童羖。"不过先秦文献用例不多。汉以后，直到清代，文献中都能发现"羖"的运用痕迹，如《说苑·反质》："赵简子乘弊车瘦马，衣羖羊裘。"《魏书·宕昌传》："俗皆土著，居有屋宇，其屋织牦牛尾及羖羊毛覆之。"李白《南都行》："陶朱与五羖，名播天壤间。"苏轼《送程之邵签判赴阙》："从来一狐腋，或出五羖皮。"《儿女英雄传》第二十九回："羖种羊帽子，带着个金顶儿。"

现代汉语中，仍有"羘羊"、"羊羘"等词。

2.24 羱

"羱"，音 yuán，本指一种大角的野生羊，《尔雅·释兽》："羱，如羊。"[6] 郭璞注："羱羊，似吴羊而大角，角椭，出西方。"[6] 又可指阉割的公羊，如《康熙字典》引颜师古《急就篇注》："又西方有野羊，大角，牡者曰羱，牝者曰羠，并以时堕角，其羱角尤大，羠角差小。"[4]《大词典》："羱，羱羊。产于我国西部和北部的一种野生羊。"[2]

从《急就篇注》关于"羱"的训诂来看，"羱"称谓公羊至迟在唐代即出现，但文献所见用例极少。

2.25 羠

"羠"，音 yí，主要指阉割过的公羊。《说文·羊部》："羠，骟羊也。"[1]《玉篇·羊部》："羠，犍羊也。"[5]《大词典》："羠，阉过的公羊。"[2] 如《史记·货殖列传》："其民羯羠不均，自全晋之时固已患其僄悍，而武灵王益厉之。"司马贞索隐："（羯羠）皆健羊也。其方人性若羊，健捍而不均。"[12] "羠"亦可指母羊，如《康熙字典》引《急就篇注》："牡者曰羱，牝者曰羠。"[4] 又如《大词典》："羠，母野羊。"[2] "羠"可能最初指母羊，后来引申指阉割的公羊。

"羠"除指公羊外，有时也可用作其他动物，如《说文·豕部》："豷，羠豕也。"[1] 这里的"羠豕"指阉割的公猪。

"羠"至迟在汉代即已出现，但文献所见用例极少。

2.26 羯

"羯"，音 jié，特指阉割的公羊。《说文·羊部》："羯，羊羖犗也。"[1]《康熙字典》引《急就篇注》："羖之犗者为羯，谓劇之也。"[4] 李时珍《本草纲目·兽一·羊》："去势曰羯羊。"《大词典》："羯，阉割过的公羊。"[2]

"羯"至迟在汉代即可称公羊，但文献资料中的"羯"多为古代少数民族名，表公羊的文献用例并不多。如唐《法苑珠林》卷三一："譬如羯羊斗，将前而更却。"《酒经》卷下："腊月取绝肥嫩羯羊肉三十斤，连骨使水六斗已来，入锅渚肉，令极软，漉出骨，将肉丝擘碎，留着肉汁。"《元史·祭礼志六》："用马一，羯羊九，彩段练绢各九匹，以白羊毛缠若穗者九，貂鼠皮三，命蒙古巫觋及蒙古、汉人秀才达官四员领其事，再拜告天。"

明代以后，文献中已很难见到用例。

3 小结

由于共时和历时因素，古汉语中雄性动物称谓方式较多。除以上这些，又如古代用“凤”专指“凤凰”鸟中的雄性，用“凰”专指雌性。还有一些目前虽无法确定古代是否存在，但现代方言中仍有使用，如罗山方言中可将“公猪”、“公狗”称为“牙猪”、“牙狗”等⑤，方言中的存在也为古代的存在提供了某种可能。这些都说明古代雄性动物称谓较多。不过鉴于主客观等原因，本文无法穷尽分析。

综上所述，在古代雄性动物称谓词语中，有些适用范围较广，属于一种通用型称谓方式，如“雄”、“公”、“牡”、“父”等可以适用于一般动物，而有些只适用于某一种或几种动物，属于一种专门型或准专门型称谓，如“羝”、“羒”、“羱”、“羖”、“羠”、“羯”等主要适用于羊，“豮”、“豭”等主要适用于猪，“累”、“牯”、“特”、“朴”、“犍”、“犗”等主要适用于牛，“叫”主要见用于驴、鸡等，“儿”主要用于马、猫等。这些称谓词语产生的时间早晚不同，在古代有共时存在的情况，也有历时更替的现象，如“雄”、“牡”、“父”、“腾”、“累”等均出现于汉代以前，有些出现相对较晚，如“儿”、“叫”、“阳”、“扇”等均产生于唐以后，到清代时，仍在使用的词语有“雄”、“公”、“儿”、“叫”、“牯”、“犍”、“扇”、“騬”、“豭”、“羖”、“羝”等，它们在现代汉语普通话或方言中都基本存在，其中“雄”、“公”二词使用范围较广，两者分工也较明显，“雄”主要用于书面语和正规场合，“公”主要用于口语和非正规场合。

总之，古代动物性别称谓方式的多样化反映了汉语表达的丰富性和灵活性，而这些称谓词的不同共时分布与历时更替情况，较好地体现了汉语的发展演变情况。

注释：

①“婆”、“藤”、“米”均为记音字，非本字。其中“婆”念去声。

②“牯”、“羠”等均可指雄性动物，见前文，此处指其称谓雌性动物的情况。

③“父”、“牡”均为雄性动物称谓词，详见下文。凡本文中类似“父”、“牡”等前文出现的雄性称谓词，下文均有介绍，前文均不再特别注释说明。

④《大词典》：“去势，即割势。古宫刑。”

⑤此处“牙”字并非本字，仅为记音字。

参考文献：

[1] 段玉裁撰：《说文解字注》，上海古籍出版社 1988 年版。

[2] 罗竹风主编：《汉语大词典》，汉语大词典出版社 1986—1993 年版。

[3] 周祖谟著：《广韵校本》，中华书局 2004 年版。

[4]（清）陈廷敬、张玉书等编撰：《康熙字典》，中华书局 1958 年版。

[5]（南朝梁）顾野王编撰：《原本玉篇残卷》（影印本），中华书局 1985 年版。

[6]（晋）郭璞注，（宋）邢昺疏，王世伟整理：《尔雅注疏》，上海古籍出版社 2010 年版。

[7]（清）赵翼撰：《陔馀丛考》，商务印书馆 1957 年版。

[8]（三国魏）张揖撰，（清）王念孙疏证：《广雅疏证》，江苏古籍出版社 2000 年版。

[9]（春秋）左丘明著，（晋）杜预注，（唐）陆德明音义，（唐）孔颖达疏：《春秋左传注疏》，上海古籍出版社 1987 年版。

[10] 杨伯峻著：《列子集释》，中华书局 1979 年版。

[11]（清）马瑞辰撰：《毛诗传笺通释》，中华书局 1989 年版。

[12]（汉）司马迁著，（南朝宋）裴骃集解，（唐）司马贞索引，（唐）张守节正义，顾颉刚等点校：《史记》，中华书局 1959 年版。

[13]（汉）高诱注，（清）毕沅校，徐小蛮标点：《吕氏春秋》，上海古籍出版社 2014 年版。

[14]（唐）玄应、（唐）慧琳、（辽）希麟著，徐时仪校注：《一切经音义三种校本合刊》，上海古籍出版社 2008 年版。

[15]（清）阮元刻校：《十三经注疏》，中华书局 1980 年版。

[16]（汉）毛亨传，郑玄笺，（唐）孔颖达疏：《毛诗正义》，北京大学出版社 1999 年版。

[17]（清）郝懿行撰：《尔雅义疏》，中华书局 2004 年版。

古代天文术语"十二次"次名考索

我国古代，人们很早就对木星进行观测。古人观测到木星轨道与黄道极为相近，木星公转周期约为十二年。为了观测日月五星的运行和节气的变化，以及标明木星每年的运行情况，古人把黄道带周天自西向东划为十二等分，叫作"十二星次"，简称"十二次"。十二次各有一个次名（即星次名），依次为：星纪、玄枵、诹訾、降娄、大梁、实沈、鹑首、鹑火、鹑尾、寿星、大火、析木。由于木星每年正好运行其中一个星次，这样木星就可以用来纪年，因此木星也叫"岁星"。"岁"即"年"，一年为一岁。《尔雅·释天》："载，岁也。夏曰岁，商曰祀，周曰年，唐虞曰载。"邢昺疏："取岁星行一次。"[1]《尚书·尧典》："朞，三百有六旬有六日，以闰月定四时，成岁。"岁星纪年方法为"岁在……"，其中"……"为星次名，如《国语·周语下》："岁在鹑火。"《左传·襄公二十八年》："岁在星纪。"关于"十二次"各次名的含义，古代虽有释义，但其理据似存不足之处，同时由于涉及天文和训诂等知识，今天难免存在一些费解之处，有些释义也似有未妥之处。有鉴于此，本文特从天文、训诂等角度出发，在梳理前人训释成果的基础上，对"十二次"各次名的命名理据进行详细考察分析，以抛砖引玉，就教博雅。

首先来看十二次与十二辰及二十八宿的对应关系，如下表：

十二次	星纪	玄枵	诹訾	降娄	大梁	实沈	鹑首	鹑火	鹑尾	寿星	大火	析木
十二辰	丑	子	亥	戌	酉	申	未	午	巳	辰	卯	寅
二十八宿	斗牛	女虚危	室壁	奎娄	胃昴毕	觜参	井鬼	柳星张	翼轸	角亢	氐房心	尾箕

十二次因何而得名？以下来分析各星次命名情况。

1 星纪

星纪与十二辰之丑相对应，二十八宿中对应斗、牛二宿，吴之分野。《左传·襄公二十八年》："岁在星纪，而淫于玄枵。"杜预注："星纪在丑，斗牛之次。"[2] 唐王勃《广州宝庄严寺舍利塔碑》："上当星纪，下裂坤维。"清钮琇《觚剩·石言》："端州分野直星纪。""星纪"何以得名？《汉书·律历志》："玉衡杓建天之纲也；日月初躔，星之纪也。"颜师古注："如淳曰：'杓，斺，斗端星也。孟康曰：'斗在天中，周制四方，犹宫声处中，为四声纲也。'孟康曰：'躔，舍也。二十八舍列在四方，日月行焉，起于星纪，而又周之，犹四声为宫纪也。'晋灼曰'下言斗纲之端连贯营室，织女之纪指牵牛之初，以纪日月，故曰星纪。五星起其初，日月起其中。是谓天之纲纪也。'"[3] 星纪包括斗、牛二宿，斗、牛均为北方七宿之列，北方七宿即四象中玄武所在的七宿，分别为斗、牛、女、虚、危、室、壁。其中，斗宿和牛宿为北方七宿的前两宿。斗宿又名北斗，北斗为天上最尊贵之星，在它的周围划分出三垣：紫微垣、太微垣、天市垣，并进而辐射出四象、二十八宿。《汉书·律历志》说"玉衡杓建，天之纲也；日月初躔，星之纪也"就是指斗宿为众星宿的纲纪。何为"纪"？"纪"者，纲纪、准则也。《尚书·五子之歌》："今失厥道，乱其纪纲，乃底灭亡。"孔传："言失尧之道，乱其法制，自致灭亡。"[4]《晏子春秋·谏下十二》："夫礼者民之纪，纪乱则民失。乱纪失民，危道也。"《老子》："能知古始，是谓道纪。"《管子·心术上》："故必知不言无为之事，然后知道之纪。"汉司马迁《报任少卿书》："综其终始，稽其成败兴坏之纪，上计轩辕，下至于兹。"正因为如此，所以孟康曰："二十八舍列在四方，日月行焉，起于星纪，而又周之，犹四声为宫纪也。"[3] 同理，牛宿因为处于北方七宿第二宿之列，因而也为众星之纪，正如晋灼："织女之纪指牵牛之初，以纪日月，故曰星纪。五星起其初，日月起其中。是谓天之纲纪也。"[3] 又《七修类稿·天地类》："牛星，一名牵牛，《尔雅》又名星纪，郭璞曰：'牵牛中者，日月五星之所终始，故谓之星纪。'"[5]

2 玄枵

玄枵对应女、虚、危三宿，均位于北方七宿之列，属四象中的北方玄武，齐之分野。《史记·天官书》："北宫玄武，虚、危。"张守节正义："虚二星，危三星，为玄枵，于辰在子，齐之分野。"[6]《汉书·五行志》："正月，日在星纪，厌在玄枵。玄枵，齐分野也。"《后汉书·郡国志》："自婺女八度至危十六度，曰玄枵之次。""玄枵"何义？《左传·襄公二十八年》："玄枵，虚中也。枵，耗名也。"《尔雅·释天》："玄枵，虚也。"[1]《史记·天官书》："北宫玄武，虚、危。"司马贞索隐："又云：'北陆，虚也。解者以陆为道。'孙炎曰：'陆，中也，北方之宿中也。'"[6]《新唐书·天文志》："八年正月丙戌朔，日有食之，在危二度。危为玄枵，亦耗祥也。"《七修类稿·天地类》："虚曰玄枵，盖玄乃黑色，虚位正北，故云；枵之犹言耗也，耗亦虚意。"[5]将"玄枵"释为"虚"是对的。首先，"枵"有"虚"义，郭璞《尔雅注》："枵之言耗，耗亦虚意。"[1]朱骏声《说文通训定声》："枵，假借为虚。"[7]《汉语大词典》："枵，木大而中空。引申为空虚。"[8]"枵"有"虚"义，那么"玄"又作何解释？《楚辞·九章·怀沙》："玄文处幽兮"王逸注："玄，墨也。"[9]《说文·玄部》："黑而有赤色者为玄。"[10]《玉篇·玄部》："玄，黑也。"[11]"墨"即"黑"义。二十八宿与颜色相配关系为：东方苍龙，青色；北方玄武，黑色；西方白虎，白色；南方朱雀，红色。玄枵所辖的女、虚、危三宿为北方玄武，颜色为黑色，因而如果将"玄枵"之"玄"释为"黑"似有一定道理。又《楚辞·九叹·离世》："玄舆驰而并集兮。"王逸注："玄者，水也。"[9]《淮南子·修务》："执玄鉴于心。"高诱注："玄，水也。"[12]北方七宿属水，因而如果将"玄枵"之"玄"释为"水"似也有一定道理。另外，《庄子·大宗师》："以处玄宫。"成玄英疏："玄者，北方之色。"[13]《吕氏春秋·季冬》："天子居玄堂右个。"高诱注："玄堂，北向堂也。"[14]《晋书·四夷传序》："九夷北狄，被青野而亘玄方；七戎六蛮，绵西宇而横南极。"《汉语大词典》："玄方，北方。"[8]如果将"玄枵"之"玄"释为"北方"似也不无道理，因为女、虚、危三宿本来就属于北方七宿。那么"玄枵"之"玄"释为何义最合适呢？应该释为"虚"。首先，"玄"可表"虚"义，因为"玄"有"玄妙"、"幽远"之义，又可表示《老子》中"道"之特点，这些都是"虚"义之特点。如《老子》："玄之又玄，众妙之门。"又如《文选·江淹〈杂体诗·效袁淑"从驾"〉》："宫庙礼哀敬，粉邑道严玄。"李善注："《说文》：'玄，幽远也。'谓神道幽远也。"[15]将"玄"释为"虚"义，一是与"枵"义呼应，另外主要是与"玄枵"所在星宿有关。十二次次名大多与其所在星宿有关。"玄枵"所在星宿为女、虚、危三宿，其中，虚宿居中，为其代表星宿，因而"玄枵"得名与虚宿有关，所以《左传·襄公二十八年》说："玄枵，虚中也。"将"玄"释为"黑"、"水"、"北方"等，没能真正体现出虚宿在玄武七宿中的地位。虚宿在北方玄武七宿中居中，是其标志星，具有重要地位，《汉语大词典》："虚，星宿名。北方玄武七宿之一，居中间。"[9]《尚书·尧典》："宵中，星虚，以殷仲秋。"孔传："虚，玄武之中星，亦言七星，皆以秋分日见，以正三秋。"[4]"黑"、"水"、"北方"等义都是"玄"之"虚"义的外在体现，"玄"之"虚"、"黑"、"水"、"北方"等义也是互通的。《周礼·考工记·画缋》："北方谓之黑。"又《春官·保章氏》："辨吉凶。水旱降丰荒之祲象"郑玄注引郑司农云："黑为水。"[16]《广韵·德韵》："黑，北方色。"[17]

《汉语大词典》："玄，北方；北向的。"[8]另外，"玄枵"又名"天鼋"，如《国语·周语下》韦昭注："天鼋，即玄枵，齐之分野。""天鼋，次名，一曰玄枵，从须女八度至危十五度为天鼋。"[18]《后汉书·郡国志》："玄枵之次，一名天鼋，于辰在子。"什么原因呢？因为女、虚、危三宿属北方玄武，玄武为龟类动物，而"天鼋"为鳖，与龟相似，因以得名。

3 诹訾

诹訾对应室、壁二宿，属北方玄武，卫之分野。《汉书·律历志》："诹訾初危十六度，立春。中营室十四度，惊蛰。终于奎四度。"《晋书·天文志》："自危十六度至奎四度为诹訾，于辰在亥，卫之分野，属并州。"诹訾又称"娵訾""娵觜"、"陬訾"、"陬觜"等，如《康熙字典》："《礼·月令·郑注》孟春者，日月会于诹訾，而斗建寅之辰也。诹本又作娵。"[19]《汉语大词典》："诹訾，星次名。即娵訾。""娵訾，亦作'娵觜'。星次名，在二十八宿为室宿和壁宿。""陬訾亦作'陬觜'。古天文名词。十二次之一。古代以岁星在十二次的位置纪年。"[8]"诹訾"为何又称"娵訾"、"娵觜"、"陬訾"、"陬觜"呢？《广韵》：娵，子于切，平声虞韵，精母；诹，子于切，平声虞韵，精母；陬，子侯切，平声侯韵，精母；陬，侧鸠切，平声尤韵，庄母；陬，子于切，平声虞韵，精母；觜，即移切，平声支韵，精母；觜，姊规切，平声支韵，精母；訾，即委切，上声纸韵，精母；訾，将此切，上声纸韵，精母；訾，即移切，平声支韵，精母。[17]《集韵》：訾，津私切，平声脂韵，精母；訾，才支切，平声支韵，从母。[20]不难看出，"娵"与"诹"，"訾"与"觜"均为同音假借，故而娵訾可又名"娵訾"、"娵觜"、"陬訾"、"陬觜"等。那么"诹訾"究竟何义呢？《云笈七签·纪传部》："室壁为诹觜之次。"《七修类稿·天地类》："室星，《诗》称营室，《尔雅》谓之定，郭璞曰：定，正也。作宫室皆以营室为正，《诗》曰："定之方中，作于楚宫"是也。壁曰东壁，又营室东壁，总名娵觜之口，盖以室壁四星相对，四方如口之故。"[5]《康熙字典》："娵觜，室壁之次也。"[19]《汉语大词典》："娵訾，亦作'娵觜'。星次名，在二十八宿为室宿和壁宿。其位置相当于现代天文学上黄道十二宫中的双鱼宫。"[8]"诹訾"对应室、壁二宿，室宿又名"营室"，朱熹《诗集传》："定，北方之宿，营室星也。此星昏而正中，夏正十月也。于是时可以营制宫室，故谓之营室。"[21]壁宿因在天门之东，故又称"东壁"。《礼记·月令》："（仲冬之月）日在斗，昏东壁中。""营室"与"东壁"共四星，且四星相对，形成一个"口"字形，《周礼·考工记·辀人》："龟蛇四斿，以象营室也。"郑玄注："营室，玄武宿，与东壁连体而四星。"[16]"诹訾"得名正是源于室、壁二宿所成"四方如口"之形。"诹"、"訾"何义？"诹"，《说文·言部》：

"诹，聚谋也。"[10]《康熙字典》："诹，《尔雅·释诂》谋也。《玉篇》问政事也。《诗·小雅》周爰咨诹。《左传·襄四年》咨事为诹。"[19]《汉语大词典》："诹，咨询；询问。《诗·小雅·皇皇者华》……毛传：'咨事为诹。'""商议；选择。《新唐书·信安王祎传》：'既到屯，诹日进师。'"[8]"訾"，《战国策·齐策》："一人曰：'訾！天下之主，有侵君者，臣请以臣之血湔其衽。'"鲍彪注："訾，不称意也。"[23]《说文·言部》："訾，不思称意也。从言此声。《诗》曰：'翕翕訿訿。'"[10]《汉书·礼乐志》："六龙之调，使我心若。訾黄其何不徕下！"颜师古注："訾，嗟叹之辞也。訾音咨。"[23]"诹"、"訾"含有商谋、嗟叹等义，商谋、嗟叹时口形打开，如室、壁二宿之四星之形，因而"诹訾"得名应与室、壁二宿分布形状有关。另外，"娵"，《康熙字典》："娵，娵訾，帝喾妃，生挚。""又闾娵，魏之美人。""又《集韵》甾尤切，音邹。女名。""又此苟切，娵上声。美女也。"[19]"娵"指美女，因而"娵"与"诹訾"之得名应无关系。"陬"，《说文·阜部》："陬，阪隅也。"[10]"陬"与"诹訾"之名也应无关系。"觜"，《说文·角部》："觜，鸱旧头上角觜也。"[10]《文选·潘岳〈射雉赋〉》："当味值胾，列膆破觜。"徐爰注："觜，喙也。"[15]"觜"虽有"鸟嘴"义，但"娵觜"之"娵"、"觜"在意义上无法关联，鸟嘴也并非四方之形。因而综合来看，"诹訾"应为正体字形，"娵訾"、"娵觜"、"陬訾"、"陬觜"等中"娵"、"陬"、"觜"应为同音假借字。

4　降娄

　　降娄主要对应二十八宿中奎、娄二宿，兼胃宿一部，属西方白虎，鲁之分野。《汉书·五行志》："降娄，鲁分野也，故为鲁多大丧。"《晋书·天文志》："自奎五度至胃六度为降娄，于辰在戌，鲁之分野，属徐州。"《旧唐书·天文志》："奎、娄及胃，降娄之次。戌初起奎二度，中娄一度，终胃三度。其分野：南届巨野，东达梁父，以负东海。又东至于吕梁，乃东南抵淮水，而东尽于徐夷之地。""降娄"何义？《史记·天官书》："奎曰封豕，为沟渎。娄为聚众。"张守节正义："奎，苦圭反，十六星。娄三星为降娄，于辰在戌，鲁之分野。奎，天之府库，一曰天豕，亦曰封豕，主沟渎。""娄三星为苑，牧养牺牲以共郊祀，亦曰聚众。"[6]《七修类稿·天地类》："奎娄，《尔雅》曰降娄，以奎主沟渎之事，故名降。"[5]"降娄"就是指奎、娄二宿。"降娄"之"娄"对应娄宿；"降娄"之"降"表"低"、"下"之义，《汉语大词典》："降，低。"[8]如明徐弘祖《徐霞客游记·楚游日记》："此坞东为箫韶峯，西即斜岩，南为圣殿西岭，北为马蹄石，皆廊高里降，有同釜底。"由于奎宿主沟渎之事，沟渎低下，故称"奎"为"降"，因而"降娄"即为"奎娄"，主要代表奎、娄二宿。

5 大梁

大梁主要配二十八宿中胃、昴、毕三宿，属西方白虎，赵之分野。如《国语·晋语四》："岁在大梁，将集天行。"韦昭注："自胃七度至毕十一度为大梁。"[18]《汉书·律历志》："大梁，初胃七度，谷雨。中昴八度，清明。终于毕十一度。"《后汉书·律历志》李贤注："自胃一度至毕六度，谓之大梁之次，清明、谷雨居之，赵之分野。"[24]《晋书·天文志》："自胃七度至毕十一度为大梁，于辰在酉，赵之分野，属冀州。"古代"大梁"除了表次名外，还可表地名和房梁之义，《汉语大词典》："大梁古地名。战国魏都。在今河南省开封市西北。隋唐以后，通称今开封市为大梁。""星次名。在十二支中为酉，在二十八宿为胃、昴、毕三星。""房屋的主梁。比喻事物中起主要作用者。"[8]次名"大梁"究竟何义呢？《诗经·召南·小星》："嘒彼小星，维参与昴。"汉郑玄笺："参，星名也，一名伐；昴，一名留，二星皆西方宿也。"[26]《吕氏春秋·有始》："其星胃昴毕。"高诱注："昴毕，西方宿一名大梁，赵之分野。"《尔雅·释天》："大梁，昴也。"[1]郝懿行义疏："昴者，七星攒聚大小相系。"[25]《说文·日部》："昴，白虎宿星。从日卯声。"段玉裁注："古谓之昴，汉人谓之留。"[10]《汉语大词典》："昴宿，星宿名。二十八宿之一。白虎七宿的第四宿。又名髦头、旄头。"[8]以上表明，"大梁"即"昴"，"昴"即"留"。"昴"宿为何又名"留"呢？上古时"留"来母幽部，"昴"明母幽部。[17]明、来二母易通，因而从语音上看，"留"、"昴"语音相近，极易假借，正如《说文·田部》朱骏声通训定声："留，假借为昴。"[7]"昴"即"留"，"留"有熟义，表示物成而簇聚《汉书·律历志》："留孰于酉。"王引之《经义述闻》按："留、馏古同声，故义皆为熟。"[27]"梁"也有类似"留"之义，《论语·乡党》："山梁雌雉。"刘宝楠正义："梁，亦通粱。"[28]《礼记·丧大记》："不辟粱肉。"孔颖达疏："粱，粱米也。"[29]《说文·木部》朱骏声通训定声："梁，假借为粱。"[7]"梁"似"留"，也含有物成而壮、而熟之义。"大梁"之"大"为夸饰之词，"大梁"即很壮、很熟之义。因而次名"大梁"由昴宿而得名。"昴"宿居胃、昴、毕三宿之中，为三宿标志之星，含物成、簇聚、系留之义。

6 实沈

实沈主要配二十八宿中觜、参二宿，兼毕、井二宿一部，属西方白虎，魏之分野。《汉书·律历志》："实沈，初毕十二度，立夏。中井初，小满。终于井十五度。"《后汉书·郡国志》李贤注："自毕十二度至东井十五度，曰实沈之次，于辰在申，谓之涒滩，于律为中吕，斗建在巳，今晋、魏分野。"[24]《晋书·天文志》："自毕十二度至东井十五度为实沈,于辰在申,魏之分野,属益州。""实沈"何以得名?《左传·昭公元年》:"昔高辛氏有二子,伯曰阏伯,季曰实沈,居于旷林,不相能也,日寻干戈,以相征讨。后帝不臧,迁阏伯于商丘,主辰,商人是因,故辰为商星;迁实沈于大夏,主参,唐人是因,故参为晋星。"《文选·赠答三》李善注:"言己形虽留而神实往,故曰神往同逝言之感,形留悲参商之隔。左氏传,子产曰:高辛氏有二子……法言曰:吾不见参商之相比也。"[15] "实沈"是以人名命名星次,主要因标志星"参"宿而得名。"实沈"并非物熟沉甸之义。

7 鹑首

鹑首主要配二十八宿中井、鬼二宿,兼柳宿一部,属南方朱雀,秦之分野。《汉书·地理志下》:"自井十度至柳三度,谓之鹑首之次,秦之分也。"《后汉书·郡国志》李贤注:"自井十六度至柳八度,曰鹑首之次,于辰在未,谓之叶洽,于律为蕤宾,斗建在午,今秦分野。"[24]《晋书·天文志》:"自东井十六度至柳八度为鹑首,于辰在未,秦之分野,属雍州。"《隋书·地理志》:"上当天文,自东井十度至柳八度,为鹑首。于辰在未,得秦之分野。""鹑首"何以得名?沈括《梦溪笔谈·象数》:"天文家'朱鸟',乃取象于鹑。故南方朱鸟七宿,曰鹑首、鹑火、鹑尾是也。"鹑首、鹑火、鹑尾的得名都与四象之南方朱雀有关,南方朱雀包括七宿:井、鬼、柳、星、张、翼、轸,七宿联系起来像鹑鸟,又称朱雀,即传说中的赤凤。《汉语大词典》:"朱鸟,星宿名。二十八宿中南方七宿(井、鬼、柳、星、张、翼、轸)的总称。七宿相联呈鸟形;朱色象火,南方属火,故名。"[8] 井、鬼位于朱雀的头部,因而称"鹑首"。又如《史记·天官书》:"南宫朱鸟权衡,东井为水事。"《广雅》:"东井谓之鹑首。"[30]《史记·天官书》:"舆鬼鬼祠事。"《广雅》:"舆鬼谓之天庙。"[30]《晋书·天文志》:"舆鬼五星,天目也。"《汉语大词典》:"东井,即井宿。""舆鬼,即鬼宿。"[8]

8 鹑火

鹑火主要配二十八宿中柳、星、张三宿,属南方朱雀,周之分野。《汉书·地理志》:"自柳三度至张十二度,谓之鹑火之次,周之分也。"《后汉书·郡国志》李贤注:"自柳九度至张十七度,曰鹑火之次,于辰在午,谓之敦牂,一名大律,于律为林钟,中建在未,今周分野。"[24]《隋书·地理志》:"自柳九度至张十六度,为鹑火,于辰在午,周之分野,属三河,则河南。"从前文"鹑首"的解释中可知,"鹑火"的含义也与南方朱雀有关,朱雀属火,火为红色、朱色,因而把柳、星、张三宿之星次称为"鹑火"。《尔雅·释天》:"咮谓之柳,柳,鹑火也。"[1]《汉书·天文志》："柳为鸟啄，主草木。"《七修类稿·天地类》："柳谓之咮，郭璞注曰：咮，朱鸟之口也。按《左传》襄公九年：'咮为鹑火。'疏曰：柳谓之咮。咮，鸟口也。又名鹑火，盖鹑鸟名火；朱乃火色，皆属南方故也。"[5]柳宿为"鹑火"中的标志星，"鹑火"的得名与朱雀及柳宿均有关系。

9　鹑尾

鹑尾主要配二十八宿中翼、轸二宿，属南方朱雀，楚之分野。《汉书·律历志》："鹑尾，初张十八度，立秋。中翼十五度，处暑。终于轸十一度。"《后汉书·郡国志》李贤注："自张十八度至轸十一度，曰鹑尾之次，于辰在巳，谓之大荒落，于律为夷则，斗建在申，今楚分野。"[24]《新唐书·天文志》："翼、轸，鹑尾也。初，张十五度，余千七百九十五，秒二十二太；中，翼十二度；终，轸九度。""鹑尾"的得名原于翼、轸二宿位于南方朱雀的尾部位置。《史记·天官书》："翼为羽翮，主远客。"张守节正义："翼二十二星，轸四星，长沙一星，辖二星，合轸七星皆为鹑尾。"[6]

10　寿星

寿星配二十八宿中轸、角、亢、氐四宿，主要是角、亢二宿，属东方苍龙，郑之分野。《国语·晋语四》："岁在寿星及鹑尾，其有此土乎？"韦昭注："自轸十二度至氐四度，为寿星之次。"[18]《后汉书·郡国志》李贤注："自轸十二度至氐四度曰寿星之次，于辰在辰，谓之执徐，于律为南吕，斗建在酉，今韩分野。"[24]《晋书·天文志》："自轸十二度至氐四度为寿星，于辰在辰，郑之分野，属兖州。""寿星"何以得名？《尔雅·释天》："寿星，角亢也。"郭璞注："数起角亢，列宿之长，故曰寿。"[1]星次"寿星"因其标志星角、亢而得名，因角、亢居东方之首，"列宿之长"而得名。又《史记·封禅书》："于社、亳有三社主之祠、寿星祠。"张守节正义曰："角、亢在辰为寿星。三月之时，万物始生建，于春气布养，各尽其性，不罹灾夭，故寿。"[6]正义从季节而非星宿本身入手解释，恐为欠妥，不过可备一说。另外，星次"寿星"与"福禄寿"之"寿"星不是一码事，后者指"南极老人星"。如《史记·封禅书》："于杜亳有三社主之祠、寿星祠。"司马贞索隐："寿星盖南极老人星也，见则天下理安，故祠之以祈福寿。"[6]又如《旧唐书·礼仪志》："开元二十四年七月乙巳，初置寿星坛，祭老人星及角、亢等七宿。"这足以说明老人星与角、亢不是一码事。

11　大火

大火主要配二十八宿中氐、房、心三宿，兼尾宿一部，属东方苍龙，宋之分野。《后汉书・郡国志》李贤注："自氐五度至尾九度，曰大火之次，于辰在卯，谓之单阏，于律为无射，斗建在戌，今宋分野。"[24]《晋书・天文志》："自氐五度至尾九度为大火，于辰在卯，宋之分野，属豫州。"何为"大火"？《尔雅・释天》："大火谓之大辰。"郭璞注："大火，心也，在中最明，故时候主焉。[1]《后汉书・舆服志》："龙旗九斿，七仞齐轸，以象大火。"李贤注："郑玄曰：'大火，苍龙宿之心。'"[24]《汉语大词典》："大火，星宿名。即心宿。"又"十二星次之一。与十二辰相配为卯，与二十八宿相配为氐、房、心三宿"[8]。可见"大火"的得名源于其标志星心宿，心宿有三颗星，其中星最亮，明如大火。《诗经・豳风・七月》："七月流火，九月授衣。""火"即"大火"，指心宿（实为心宿之中星，即心宿二）。表心宿的"大火"后来就代称氐、房、心三宿，成为星次名。

12　析木

析木主要配二十八宿中尾、箕二宿，兼斗一部，属东方苍龙，燕之分野。《汉书・地理志》："自危四度至斗六度，谓之析木之次，燕之分也。"《后汉书・郡国志》李贤注："自尾十度至斗十度百三十五分而终，曰析木之次，于辰在寅，谓之摄提格，于律为应钟，斗建在亥，今燕分野。"[24]《晋书・天文志》："自尾十度至南斗十一度为析木，于辰在寅，燕之分野，属幽州。"何为"析木"？星次"析木"跨尾、箕、斗三宿，尾、箕二宿属东方苍龙，斗宿属北方玄武，银河（汉津）正好从尾、箕二宿与斗宿间穿过，将其分开。"析"即含有剖开、分开之义。《说文・木部》："析，破木也。"[14]《康熙字典》："析，又分也。""又剖析。""又《史记・律书》寅曰析木。"[19]《汉语大词典》："析，劈，剖。""分开；分散。"[8]四象中，苍龙属木，玄武属水，"析木"之"木"即苍龙木之属性，代指苍龙。"析木"言银河穿过尾箕与斗，将苍龙（木）与玄武（水）分开之义。古书中的"析木津"就是指穿过"析木"星次的银河，如《左传・昭公八年》："今在析木之津，犹将复由。"杨炯《浑天赋》："东宫则析木之津，寿星之野，箕为傲客，房为驷马。"[1]

综上，星纪得名于斗、牛二宿，纪即纲纪之义；玄枵得名于虚宿，玄枵，虚也；娵訾得名于室壁二宿四方如口之形；降娄得名于奎、娄二宿，奎宿主沟渎之事，故名"降"，降者，下也；大梁得名于昴宿，昴者，留也，梁、留皆物成而壮之义；实沈得名于高辛氏季子实沈，实沈主参宿；鹑首、鹑火、鹑尾因南方朱雀而得名，鹑即朱雀，火为朱雀之火色；寿星因角、亢居东方之首，列宿之长而得名；大火因心宿而得名，火即明亮之义；析木源于银河穿过尾箕与斗，将苍龙与玄武分开而得名，析，分开之义，木，苍龙之属性。本文难免有偏颇之处，谨以就正于方家。

参考文献：

[1]（晋）郭璞注，（宋）邢昺疏，王世伟整理：《尔雅注疏》，上海古籍出版社 2010 年版。

[2]（周）左丘明传，（晋）杜预注，（唐）孔颖达疏正义：《春秋左传正义》北京大学出版社 2000 年版。

[3]（汉）班固撰，（清）王先谦补注：《汉书补注》，上海古籍出版社 2008 年版。

[4]（汉）孔安国撰：《尚书正义》，上海古籍出版社 2007 年版。

[5]（明）郎瑛撰：《七修类稿》，中华书局 1959 年版。

[6]（汉）司马迁著，（南朝宋）裴骃集解，（唐）司马贞索引，（唐）张守节正义，顾颉刚等点校：《史记》，中华书局 1959 年版。

[7]（清）朱骏声撰：《说文通训定声》，中华书局 1984 年版。

[8]罗竹风主编：《汉语大词典》，汉语大词典出版社 1986—1993 年版。

[9]（宋）朱熹注：《楚辞集注》，上海古籍出版社 2001 年版。

[10]（汉）许慎撰，（清）段玉裁注：《说文解字注》，上海古籍出版社 1988 年版。

[11]（南朝梁）顾野王撰：《原本玉篇残卷》（影印本），中华书局 1985 年版。

[12]（汉）刘安等编，（汉）高诱注：《淮南子》，上海古籍出版社 1989 年版。

[13]（晋）郭象注，（唐）成玄英疏，曹础基、黄兰发校：《庄子注疏》，中华书局 2011 年版。

[14]（汉）高诱注，（清）毕沅校，徐小蛮标点：《吕氏春秋》，上海古籍出版社 2014 年版。

[15]（南朝梁）萧统主编，（唐）李善等注：《六臣注文选》，中华书局 2012 年版。

[16]（清）孙诒让撰：《周礼正义》，商务印书馆 1982 年版。

[17]周祖谟著：《广韵校本》，中华书局 2004 年版。

[18]（三国吴）韦昭注：《国语》，上海古籍出版社 2008 年版。

[19]（清）陈廷敬，张玉书等编撰：《康熙字典》，中华书局 1958 年版。

[20]（宋）丁度等编：《集韵》（影印本），上海古籍出版社 1985 年版。

[21]（宋）朱熹撰，赵长征点校：《诗集传》，中华书局 2011 年版。

[22]（宋）鲍彪注：《战国策》，上海古籍出版社 1985 年版。

[23]（汉）班固撰，（唐）颜师古注：《汉书》，中华书局 1962 年版。

[24]（南朝宋）范晔撰，李贤等注：《后汉书》，中华书局 1997 年版。

[25]（清）郝懿行撰：《尔雅义疏》，上海古籍出版社，1983 年版。

[26]（汉）毛亨传，郑玄笺，（唐）孔颖达疏：《毛诗正义》，北京大学出版社 1999 年版。

[27]（清）王引之撰：《经义述闻》，江苏古籍出版社 2000 年版。

[28]（清）刘宝楠撰：《论语正义》，中华书局 1990 年版。

[29]（清）孙希旦集解：《礼记集解》，中华书局 1989 年版。

[30]（三国魏）张揖撰，（清）王念孙疏证：《广雅疏证》，江苏古籍出版社 2000 年版。

古代"岁阴""岁阳"系列历法术语词义训释

古代纪年法中，有所谓"星岁纪年法"，"星"指岁星，"岁"指太岁。岁星即木星，木星于其黄道带上运行一周天需十二年，每年固定运行一个区域。为便于观测日月五星与节气之变化，以及掌握木星之运行情况，古天文学家将木星运行之黄道带十二等分，称为十二星次。木星因可纪年，故被称为岁星。岁星自西向东运行，与人们熟悉之十二辰自东向西之方向相悖，为与十二辰一致，古天文学家便发想出一假岁星，与岁星背道而驰，然与十二辰方向一致，均自东向西，此假岁星即被称为太岁，或曰岁阴、太阴。太岁如岁星一样，每年运行一个区域，即一个星次。太岁每年之运行均有一固定之年名称谓，并与十二地支对应，即摄提格（寅）、单阏（卯）、执徐（辰）、大荒落（巳）、敦牂（午）、协洽（未）、涒滩（申）、作噩（酉）、阉茂（戌）、大渊献（亥）、困敦（子）、赤奋若（丑）。为与太岁（即岁阴）及天干对应，约西汉时，历法学家又取十岁阳之名，即阏逢（甲）、旃蒙（乙）、柔兆（丙）、强圉（丁）、著雍（戊）、屠维（己）、上章（庚）、重光（辛）、玄黓（壬）、昭阳（癸）。岁阳亦称"岁雄"，可与岁阴搭配纪年，其方法类同于支纪年，如"阏逢困敦"（甲子）、"旃蒙赤奋若"（乙丑）、"屠维大渊献"（己亥）等。岁阴名称与岁阳名称均有含义，拙文将探讨"岁阴"、"岁阳"名称之缘由及相关问题。

1　摄提格

（1）太阴在寅，岁名曰摄提格，其雄为岁星，舍斗、牵牛，以十一月与之晨出东方，东井、舆鬼为对。（《淮南子·天文》）

按："摄提格"为"岁阴"名，指北斗斗杓已指至"摄提"星之义。"摄提"为星名，共六颗，分为左摄提三星与右摄提三星，"摄提"有"统摄"之义；"格"为"至"义。

"摄提格"见于《汉语大词典》（以下简称《大词典》）："摄提格：岁阴名。古代岁星纪年法中的十二辰之一。相当于干支纪年法中的寅年。《尔雅·释天》：'太阴在寅曰摄提格。'《史记·天官书》：'摄提者，直斗杓所指，以建时节，故曰"摄提格"。'司马贞索隐：'太岁在寅，岁星正月晨出东方。李巡云："言万物承阳起，故曰摄提格。格，起也。"'"[1]《大词典》所释是也，然过于简略。

"摄提格"对应之地支为"寅"。何谓"摄提格"？除《大词典》所引相关训释外，又《楚辞·离骚》："摄提贞于孟陬兮，惟庚寅吾以降。"朱熹集注："摄提，星名，随斗柄以指十二辰者也。"[2]《史记·历书》："故二官咸废所职，而闰余乖次，孟陬殄灭，摄提无纪，历数失序，游兆摄提格征和元年。"裴骃集解："《汉书音义》曰：'摄提，星名，随斗杓所指建十二月。'"司马贞索隐："格，至也。言摄随月建至，故云格也。"张守节正义引孔文祥云："以岁在寅正月出东方，为众星之纪，以摄提宿，故曰摄提；以其为岁月之首，起于孟陬，故云格。正也。"[3]① 《淮南子·天文训》："摄提格之岁。"高诱注："摄提格之岁，格，起。言万物承阳而起也。"[4]《汉书·刘向传》："故历失则摄提失方，孟陬无纪，此皆易姓之变也。"颜师古注引孟康曰："摄提，星名也，随斗杓建十二月；历不正，则失其所建。"[5]《文选·张衡〈东京赋〉》："摄提运衡，徐至于射宫。"李善注："摄提，随斗杓所建十二月也。"[6]《七修类稿·天地·岁月阳名》："在寅曰摄提格，格，起也；言万物承阳而起也。"综上来看，"摄提"应为星名，共六颗，分为左摄提三星与右摄提三星，"摄提"之作用乃随北斗斗杓所指以建十二月。"摄提"有"统摄"之义，正如张守节正义引孔文祥所言："为众星之纪，以摄提宿，故曰摄提。"[5]

再来具体看"摄"、"提"之义。"摄"，《左传·成公十六年》："请摄饮焉。"杜预注："摄，持也。"[7]《国语·吴语》："摄少司马兹与王士五人。"韦昭注引贾、唐二君云："摄，执也。"[8]曹植《弃妇诗》："塞帷更摄带，抚弦调鸣筝。"余冠英注："摄，牵引。"[9]《慧琳音义》卷一"揔摄"注引《考声》云："摄，兼统也。"[10]"提"，《文选·陈琳〈为袁绍檄豫州〉》："于是提剑挥鼓，发命东夏，收罗英雄，弃瑕取用。"刘良注："提，携。"[6]又《扬雄〈剧秦美新〉》："百工伊凝，庶绩咸喜，荷天衢，提地厘。"吕向注："提，统也。"[6]《广韵·齐韵》："提，提携。"[11]"摄提"可释为"统摄"、"提携"等义，鉴于"摄提"六星起建十二月之作用，主要起建寅月（即夏历正月）作用，② 故"统摄"义能较好体现"为众星之纪，以摄提宿"之特点，"提携"义实为"统摄"义之体现，"提携"似乎不能完全概括"统摄"之含义，故"摄提"释为"统摄"较妥。

"格"作何解释？《尚书·舜典》："帝曰：格汝舜，询事考言，乃言底可绩。

三载汝陟帝位。"孔传："格，来。"[11] 又《冏命》："绳愆纠谬，格其非心。"[11] 孔颖达疏："格其非妄之心。心有妄作则格正之。"[12]《仪礼·士冠礼》："孝友时格，永乃保之。"郑玄注："格，至也。"[13]《论语·为政》："道之以德，齐之以礼，有耻且格。"何晏集解："格，正也。"[14]《孟子·离娄上》："惟大人为能格君心之非。"赵岐注："格，正也。"[15]《方言》卷三："格，正也。"[16] 其他如《尔雅·释诂》："格，升也。"李巡："格，起也。"[17][18] 高诱："格，起。"[17][18] 孔文祥："以其为岁月之首，起于孟陬，故云格。正也。"[17][18]《史记》司马贞索隐："格，至也。言摄随月建至，故云格也。"[3] 等等。综合各家训释，"格"有"起（上升）"、"至"之义，亦有"正"义，此非"正月"之"正"，乃"匡正"之义。结合"格"之词义，"摄提格"之"格"应释为"至"较好，即言正月寅时，北斗斗杓已经到了"摄提"六星之所在。另，释"格"为"起"亦有一定道理，"起"即"上升"之义，即言北斗斗杓已升起，将至"摄提"六星，主要侧重过程与状态，然"起"义不如"至"义明确，故"格"释为"至"较好。

故"摄提格"为北斗斗杓已指至"摄提"星之义。"摄提"有"统摄"之义；"格"为"至"义。"摄提格"于文献相对常见。又如：

（2）《洪范传》曰："历记始于颛顼上元太始阏蒙摄提格之岁，毕陬之月，朔日己巳立春，七曜俱在营室五度。"是也。（《新唐书·历志三上》）

（3）其两旁各有三星，鼎足勾之，曰摄提者，直斗柄所指，以建时节，故曰摄提格。（《虎钤经·占星统论》）

2 单阏

（4）太阴在卯，岁名曰单阏，岁星舍须女、虚、危，以十二月与之晨出东方，柳、七星、张为对。（《淮南子·天文》）

按："单阏"为"岁阴"名，当释为"尽止"义，即阳气推万物而起，阴气尽止之义。"单"，"尽"也；"阏"，"止"也。

"单阏"见于《大词典》："单阏：岁阴名。卯年的别称。《尔雅·释天》：'（太岁）在卯曰单阏。'《史记·天官书》：'单阏岁，岁阴在卯、星居子。'司马贞索隐引李巡曰：'阳气推万物而起，故曰单阏。'汉贾谊《鵩鸟赋》：'单阏之岁兮，四月孟夏，庚子日斜兮，鵩集予舍。'"[1]《大词典》所释是也，然过于简略。

"单阏"对应地支为"卯"。何谓"单阏"？除《大词典》所引相关训释外，又《史记·贾生列传》："单阏之岁兮，四月孟夏，庚子日施兮，服集予舍。"司马贞索隐："李巡云：'单阏，起也，阳气推万物而起，故曰单阏。'孙炎本作'蝉焉'。蝉犹伸也。"[3]

《淮南子·天文训》："单阏之岁。"高诱注："单阏之岁，单，尽。阏，止也。言阳气推万物而起，阴气尽止也。"[4]《七修类稿·天地·岁月阳名》："在卯曰单阏，单，盛也；阏，止也；言阳气推万物而起阴气自止也。"李巡、高诱等释"单阏"为"尽止"，即阳气推万物而起，阴气尽止之义，③符合"单阏"所对应天干"卯"之特点。《说文·卯部》："卯，冒也。二月，万物冒地而出。象开门之形。故二月为天门。"[19]《晋书·乐志》："卯，茂也，谓阳气生而孳茂也。""卯"即"冒"，指二月万物冒地而出。故"单阏"释为"尽止"可以。

再看"单"、"阏"之词汇义。先看"单"，《诗经·小雅·天保》："俾尔单厚，何福不除？"郑玄笺："单，尽也。"[20]《吕氏春秋·禁塞》："道毕说单而不行，则必反之兵矣。"高诱注："毕、单皆尽。"[21]《荀子·宥坐》："废不能以单之。"杨倞注："单，或作殚。"[22]《盐铁论·通有》："日给月单。"张之象注："单，通作殚，尽也，揭也。"[23]《汉书·韩信传》："旷日持久，粮食单尽。"颜师古注："单，亦尽也。"[5]《广雅·释诂一》："单，尽也。"王念孙疏证："单，与殚通。"[24]"单"有"尽"义。再看"阏"，《吕氏春秋·古乐》："民气郁阏而滞着，筋骨瑟缩不达，故作为舞以倡导之。"高诱注："阏，读曰遏止之遏。"[21]《说文·门部》王筠句读："阏，与遏同义。"[25]《列子·杨朱》："肆之而已，勿壅勿阏。"殷敬顺释文："阏，与遏同。"[26]"阏"即"遏"，"遏"即"止"义。"单阏"应释义为"尽止"，即二月阳气推万物而起，阴气尽止之义。

"单阏"一作"亶安"、"蝉焉"，如《史记·历书》："端蒙单阏二年。"裴骃集解："徐广曰：'单阏，一作"亶安"。'"[3]司马贞索隐："单阏，卯也。丹遏二音，又音蝉焉。岁在乙卯也。"[3]"单阏"作"蝉焉"、"亶安"之理据何在？"单阏"与"蝉焉"实为同音④假借也，《广韵》"单"为市连切，平声仙韵，禅母；"蝉"为市连切，平声仙韵，禅母；"阏"为于干切，平声仙韵，影母；"焉"为于干切，平声仙韵，影母。[27]再看"单阏"与"亶安"，语音上，《广韵》"安"为乌寒切，平声寒韵，影母；[27]《集韵》"亶"为时连切，平声仙韵，禅母。[28]"单"与"亶"音同，"阏"与"安"音近。再看语义上"单阏"与"亶安"有否联系。"亶"有"仅"、"只"义，如《汉书·贾谊传》："非亶倒县而已，又类辟，且病痱。"颜师古注："亶读曰但。"[5]"亶"又可通"殚"，即"尽"义，如《墨子·非乐上》："士君子竭股肱之力，亶其思虑之智。"孙诒让间诂："亶、殚声近字通。"[29]可见"亶"有"只"、"尽"义，而"单"亦有此意，故于"只"、"尽"义上二者为同义词，加之两者语音相同，故"单"与"亶"实为同音同义词。再看"阏"与"安"，《战国策·赵策》："夫董阏安于，简主之才臣也。"王念孙按："阏与安，一字也。一本作阏，一本作安，而后人误合之耳。"[30]《韩非子·十过》："夫董阏于，简主之才臣也。"王先慎集解："难言篇阏作安。"[31]可见，"阏"与"安"语义亦可通，加之两者音近，"阏"与"安"应为同音同义词，故"单阏"与"亶安"也为同音同义词关系。

最后来看"单阏"之读音，《庄子·让王》郭庆藩集释："单当作（为）亶，史记历书单阏，裴骃注：单阏，一作亶安。单亶字通。汉书但字多作亶。"[32]《史记·万书》："端蒙单阏二年。"张守节正义："单，音丹，又音特连反。阏，音乌葛反，又于连反。"[3]"单"可读"丹"、"亶"，即今音"dān"，或"特连反"，即"蝉"音。前文已考察，"单"与"蝉"虽后世音不同，然古音相同，即二者实属一声之转，不过于今天语音分化之背景下，结合语义，"单"应读"dān"；再看"阏"，音"乌葛反"（今音è），又"于连反"（今音yān），又音"yè"，从反切及《广韵》难，其音古时乃同，亦属一声之转，然今已分化。结合分化后之音义，"阏"应读"è"较妥。"单阏"今读应为"dānè"。

综上，"单阏"即"亶安"、"蝉焉"，为"尽止"义，即阳气推万物而起阴气尽止之义。"单"，"尽"也；"阏"，"止"也。"单阏"与"亶安"为同音同义词关系，"单阏"与"蝉焉"为同音假借。"单阏"当今读"dānè"音。"单阏"于文献相对常见。又如：

（5）单阏之年，无射之月，余承乏摄官，直于本省。（《魏书·李顺传》）

（6）贾赋愁单阏，邹书怯大梁。（柳宗元诗）

3 执徐

（7）太阴在辰，岁名曰执除，岁星舍营室、东壁，以正月与之晨出东方，翼轸为对。（《淮南子·天文》）

按："执徐"即"蛰舒"，为"岁阴"名，为伏蛰之物皆散舒而出之义。"执"通"蛰"，"蛰"即冬天动物伏蛰之义；"徐"即"舒"，指万物舒展之貌。

"执徐"见于《大词典》："执徐：古时以干支纪年，岁在辰为执徐。《尔雅·释天》：'（太岁）在辰曰执徐。'陆德明释文引李巡云：'执，蛰也。徐，舒也。言蛰物皆敷舒而出，故曰执徐也。'《汉书·礼乐志二》：'天马徕，执徐时，将摇举谁与期？'明唐顺之《雁训》：'执徐之岁，有雁集于顾舍人第，舍人箧之得《小诗》焉。'"[1]《大词典》所释是也，然过于简略。

"执徐"对应地支为"辰"，何谓"执徐"？除上述《大词典》所引相关训释外，又《淮南子·天文训》："执徐之岁，岁早旱晚水，小饥，蚕闭，麦熟，民食三升。"高诱注："执徐之岁，执，蛰。徐，舒也。言伏蛰之物皆散舒而出也。"[4]《七修类稿·天地·岁月阳名》："在辰曰执徐，执，蛰也；徐，舒也；言伏蛰之物皆散舒而出也。""执徐"即"蛰舒",义为伏蛰之物皆散舒而出。

"执徐"之"蛰舒"义符合其对应之地支"辰"。《说文·辰部》:"辰,震也。三月,阳气动,雷电振,民农时也。物皆生,从乙、匕,象芒达;厂,声也。辰,房星,天时也。"徐铉曰:"三月阳气成,草木生上彻于土,故从匕。厂,非声。疑亦象物之出。"[19]徐锴曰:"匕音化。乙,草木萌初出曲卷也。"[33]《释名·释天》:"辰,伸也。物皆伸舒而出也。"[34]"辰"义为三月雷电震动,草木伸舒,萌芽而出,与"执徐"之义吻合。

具体来看,"执"可通"蛰","蛰"指冬天动物伏蛰,如《周易·系辞下》:"龙蛇之蛰,以存身也。"虞翻注:"蛰,潜藏也。"[35]再看"徐",《孙子兵法·军争》:"其疾如风,其徐如林。"杜牧注:"言缓行之时,须有行列如树木也。"[36]张预注:"徐,舒也。"[36]《尔雅·释训》:"其虚其徐,威仪容止也。"郭璞注:"雍容都雅之貌。"[37]《急就篇》卷二:"谭平定,孟伯徐。"颜师古注:"徐者,舒缓之称也。"[38]《说文·彳部》:"徐,安行也。"[19]《释名·释州国》:"徐,徐舒也。土气舒缓也。"[34]"徐"即"舒"、"缓",指万物舒展之貌。故"执徐"应释为"蛰舒",为伏蛰之物皆散舒而出之义。

故"执徐"即"蛰舒",为伏蛰之物皆散舒而出之义,"执"通"蛰","蛰"即冬天动物伏蛰之义;"徐"即"舒",指万物舒展之貌。"执徐"于文献相对常见。又如:

(8)当汉高皇帝受命四十有五岁,阳在上章,阴在执徐,冬十有一月甲子夜半朔旦冬至,日月闰积之数皆自此始,立元正朔,谓之《汉历》。(《后汉书·律历志下·历法》)

(9)崇宁纪元历演纪上元上章执徐之岁,距元符三年庚辰,岁积二千八百六十一万三十四百六十算;至崇宁五年丙戌,岁积二千八百六十一万三千四百六十六算。(《宋史·律历志十二·纪元历》)

(10)执徐之岁,四月孟夏,朕时迈旧邦,临江永叹,仰艺祖之开基,佳江神之效灵,至止上都,议所以尊崇之典。(《金史·礼志八·长白山等诸神杂祠》)

4 大荒落

(11)太阴在巳,岁名曰大荒落,岁星舍奎、娄,以二月与之晨出东方,角、亢为对。(《淮南子·天文》)

按:"大荒落"为"岁阴"名,为"万物炽盛成章而聚集"之义。"大"为修饰语,表程度之高;"荒"表大义;"落"为聚集、多之义。

"大荒落"见于《大词典》："大荒落：亦作'大荒骆'。亦作'大芒落'，亦作'大芒骆'。太岁运行到地支'巳'的方位，这一年称大荒落。《尔雅·释天》：'（太岁）在巳曰大荒落。'《史记·天官书》：'大荒骆岁：岁阴在巳，星居戌。'因以为十二地支中'巳'的别称。"[1]《大词典》所释是也，然过于简略。

"大荒落"对应地支为"巳"。何谓"大荒落"？除《大词典》所引相关训释外，又《淮南子·天文训》："大荒落之岁。"高诱注："大荒落之岁，荒，大也。方万物炽盛而大出，霍然落落大布散。"[4]《七修类稿·天地·岁月阳名》："在巳曰大荒路，荒，大也；方万物炽盛而大出，霍然落落大布散也。"高诱等训"大荒落"为万物炽盛而大出，霍然落落大布散之义。

此义与"大荒落"对应地支"巳"之含义相吻合。《说文·巳部》："巳，已也。四月，阳气已出，阴气已藏，万物见，成文章，故巳为蛇，象形。"[19]《史记·律书》："巳者，言阳气之已尽也。"《汉书·律历志上》："振美于辰，已盛于巳。""巳"即四月阳气已出，万物炽盛而有光泽之义，与高诱等对"大荒落"之训释吻合。

再看"大荒落"各词素之义。先看"荒"，前文中高诱与《七修类稿》训"荒"为"大"，又《诗经·周颂·天作》："天作高山，大王荒之。"毛传："荒，大也。"[20]《左传·昭公七年》："有亡荒阅。"杜预注："荒，大也。"[7]《荀子·王制》："大王荒之。"杨倞注："荒，大也。"[22]《释名·释亲属》："荒，大也。"[34]"荒"有"大"义，"大荒落"之"荒"可释为物大之义。再看"落"，《广雅·释诂二》："落，尻也。"王念孙疏证："落，亦聚也。"[24]《文选·沈约〈齐故安陆昭王碑文〉》："倾巢举落。"李善注引《广雅》曰："落，谓村居也。"[6]又《陈琳〈檄吴将校部曲文〉》："各帅种落。"吕延济注："落，聚落也。"[6]《辞源》："落，人居住的地方。"[39]"大荒落"之"落"为聚集、多之义。故"大荒落"义为万物炽盛成章而聚集，"大"为修饰语，表程度之高。

"大荒落"亦作"大荒骆"、"大芒落"、"大芒骆"，如《史记·天官书》"大荒骆岁：岁阴在巳，星居戌。"又《历书》："祝犁大芒落四年。"裴骃集解"芒，一作'荒'。"[3]张守节正义引姚察曰："言万物皆炽盛而大出，霍然落之故云荒落也。"[3]又"强梧大荒落四年"司马贞索隐："强梧，丁也。大芒骆，巳也。"[3]三者何关系？首先看"荒"、"芒"之关系。语音上，"荒"《广韵》为呼光切平声唐韵，晓母，[27]《集韵》为虎晃切，上声荡韵，晓母；[28]"芒"《集韵》为虎晃切，上声荡韵，晓母，又呼光切，平唐，晓。[28]可见，"荒"、"芒"音同。再看语义，《史记·三代世表》："帝芒。"司马贞索隐"芒"一作'荒'"[3]。《集韵·唐韵》"芒"通作荒[28]。可见，"荒"、"芒"义同。兼之字形上有同源成分，"荒"、"芒"应互为同源词。再看"落"、"骆"关系。语音上，《广韵》"落"为卢各切，入声铎韵，来母；"骆"为卢各切，入声铎韵，来母。[27]"落"、"骆"音同；语义上，《经籍籑诂·阳韵》："《尔雅·释天》：太岁在巳曰大荒落。《史记·历书》作大芒骆。"[40]可见"落"可作"骆"。又《汉书·王莽传下》："骆驿道路。"颜师古注："骆驿，言不绝。"[5]《后汉书·郭伋传》："骆驿不绝。"李贤注："骆驿，连续。"[41]可见"骆"亦有聚集、多义，与"落"义相通。兼之字形上有同源成分，"骆"、"落"亦实为同源词，故"大荒落"可作"大荒骆"、"大芒落"、"大芒骆"。

综上，"大荒落"义为"万物炽盛成章而聚集"。其中，"大"为修饰语，表程度之高；"荒"表大义；"落"为聚集、多之义。"大荒落"亦作"大荒骆"、"大芒落"、"大芒骆"，"荒"与"芒"，"骆"与"落"互为同源词。"大荒落"于文献相对常见。又如：

（12）在巳曰大荒落。四月出，《石氏》曰名路踵，在奎、娄。《甘氏》同。《太初》在参、罚。（《汉书·天文志》）

（13）先是，太后以两太子星命付阴阳家推算，问所宜立，对曰："重光大荒落有灾，旃蒙作噩长久。"（《元史·后妃传二·顺宗昭献元圣皇后》）

（14）重光大荒落之岁陬月既望，谨识。（《治世余闻》下篇卷四）

5 敦牂

（15）太阴在午，岁名曰敦牂，岁星舍胃、昴、毕，以三月与之晨出东方，氐、房、心为对。（《淮南子·天文》）

按："敦牂"为"岁阴"名，义为"盛壮"，"茂壮"。"敦"即"盛"义，"盛"即"茂"、"大"义；"牂"即"壮"、"肥"之义。

"敦牂"见于《大词典》："敦牂：古称太岁在午之年为'敦牂'，意为是年万物盛壮。《尔雅·释天》：'（太岁）在午曰敦牂。'郝懿行义疏：'《占经》引李巡云："言万物皆茂壮，猗那其枝，故曰敦牂。"'《史记·历书》：'商横敦牂后元元年。'张守节正义：'孙炎注《尔雅》云：敦，盛也。牂，壮也。言万物盛壮也。'"[1]《大词典》所释是也，然过于简略。

"敦牂"对应地支为"午"。何谓"敦牂"？除《大词典》所引相关训释外，又《淮南子·天文训》："敦牂之岁"高诱注："敦牂之岁，言万物皆盛壮也。敦牂，敦，盛，牂，壮也。"[4]《七修类稿·天地·岁月阳名》："在午曰敦牂，敦，盛也；牂，壮也；言万物皆盛壮也。""敦牂"义为盛壮。

关于地支"午"之含义，《说文·午部》："午，牾也。五月，阴气午逆阳。冒地而出。"段玉裁注："牾者、屰也。牾屰各本作午逆。今正。律书曰。午者、阴阳交。故曰午。律历志曰。咢布于午。天文训曰。午、仵也。阴气从下上。与阳相仵逆也。广雅释言。午、仵也。按仵即牾字。四月纯阳。五月一阴乎阳。冒地而出。"[19]"午"指五月阴气午逆阳，冒地而出，因"巳"四月已物成文章，则"午"五月为物壮无疑，与"敦牂"之释义相吻合。

具体看"敦"、"牂"之词义。先看"敦"，据前文，高诱、孙炎训为"盛"，李巡训为"茂"，又《方言》卷一："敦，大也。陈郑之间曰敦。"[16]《集韵·魂韵》："敦，大也。"[28]"敦"即"盛"义，"盛"即"茂"、"大"义。再看"牂"，据前文，李巡、高诱、孙炎皆训为"壮"，又《尔雅·释畜》："羊牡，羒；牝，牂。"郝懿行义疏："牂，犹牂牂，言肥盛也。"[17]"牂"即"壮"、"肥"之义。"敦牂"义为"盛壮"，或"茂壮"。

故"敦牂"为"岁阴"名，义为"盛壮"，"茂壮"。"敦"即"盛"义，"盛"即"茂"、"大"义；"牂"即"壮"、"肥"之义。"敦牂"于文献相对常见。又如：

（16）在午曰敦牂。五月出，《石氏》曰名启明，在胃、昴、毕。失次，杓，早，晚水。《甘氏》同。《太初》在东井、舆鬼。（《汉书·天文志》）

（17）乃通承明籍，遘此敦牂蓄。药历其可畏，皇穹故匪仁。（唐吴少微《哭富嘉谟》）

（18）吾丘《衍学古编》曰：按碑云，有唐五十三祀，龙集敦牂，自高祖武德元年戊寅至高宗咸亨三年庚午为五十三年，敦牂午也。（《前闻纪·碧落碑》）

6 协洽

（19）太阴在未，岁名曰协洽，岁星舍觜巂、参，以四月与之晨出东方，尾、箕为对。（《淮南子·天文》）

按："协洽"为"岁阴"名，即"万物和合"之义。"协"、"洽"同义，均为"和谐"、"调和"之义。

"协洽"见于《大词典》："协洽：未年的别称。《尔雅·释天》：'太岁在寅曰摄提格……在未曰协洽。'郝懿行义疏：'协洽者，《占经》引李巡云："言阴阳化生，万物和合，故曰协洽。协，和也；洽，合也。"孙炎云："物生和洽含英秀也。"'《淮南子·天文训》：'太阴在未，岁名曰协洽……协洽之岁，岁有小兵，蚕登稻昌，菽麦不为，民食三升。'高诱注：'协，和；洽，合也。言阴欲化，万物和合。'"[1]《大词典》所释是也，然过于简略。

"协洽"对应地支为"未"。何谓"协洽"？除上述《大词典》所列相关训释外，又《七修类稿·天地·岁月阳名》："在未曰协洽，协，和也；洽，合也；言阴欲化万物而炎气渐和合也。"可见，"协洽"为阴阳化生，万物和合之义。

关于"协洽"对应地支"未"之含义,《说文·未部》:"未,味也。六月,滋味也。五行,木老于未。象木重枝叶也。"[19]"未"即万物老熟而有滋味之义,与"协洽"之"和合"义通。

具体看"协"、"洽"之词义。"协",李巡、孙炎、高诱均释为"和",又《尚书·舜典》:"协时月正日,同律度量衡。"孔传:"合四时之气节,月之大小,日之甲乙,使齐一也。"[11]可见,"协"有"和"义,"和"即"调和"。再看"洽",李巡、孙炎、高诱均释为"合",⑤又《大词典》:"洽:和谐;融洽。"[1]如《诗经·大雅·江汉》:"矢其文德,洽此四国。"陶潜《答庞参军》:"欢心孔洽,栋宇惟邻。""洽"即"合","合"即"和谐"、"调和"之义。"和"、"合"同义,"协"、"洽"同义,⑥"协洽"即万物"和合"之义,"和合"即"和谐"、"调和"之义。

"协洽",《史记》作"汁洽"、"叶洽",如《史记·天官书》:"叶洽岁:岁阴在未,星居申。"司马贞索隐:"《尔雅》云:'在未为叶洽。'"[3]又《历书》:"昭阳汁洽二年。""尚章汁洽六年。"裴骃集解:"汁,一作'协'。"[3]再具体来看"协洽"与"汁洽"、"叶洽"音义上之联系。语音上,"协"、"汁"、"叶"同音,《广韵》"协"为胡颊切,入声帖韵,匣母;"叶"为胡颊切,入声帖韵,匣母;[27]《集韵》"汁"为檄颊切,入声帖韵,匣母。[28]语义上,"协"、"汁"、"叶"同义,《方言》第三:"自关而东曰协,关西曰汁。"[16]《说文·劦部》:"协,众之同和也。从劦从十。叶,古文协从日十。叶,或从口。"[19]"协"、"汁"、"叶"应为同音异体字,故同义,故"协洽"又可作"汁洽"、"叶洽"。

故"协洽"即"万物和合"之义。其中,"协"、"洽"同义,均为"和谐"、"调和"之义。"协洽",《史记》作"汁洽"、"叶洽","协"、"汁"、"叶"为同音异体字。"协洽"于文献相对常见。又如:

(20)在未曰协洽。六月出,《石氏》曰名长烈,在觜巂、参。《甘氏》在参、罚。《太初》在注、张、七星。(《汉书·天文志》)

7 涒滩

(21)太阴在申,岁名曰涒滩,岁星舍东井、舆鬼,以五月与之晨出东方,斗、牵牛为对。(《淮南子·天文》)

按:"涒滩"为"岁阴"名,表"万物吐秀倾垂之貌"义。"涒"、"滩"均可释为"循",含水流曲折之貌。

"涒滩"见于《大词典》:"涒滩:岁阴申的别称。古用以纪年。《尔雅·释天》:'(太岁)在申曰涒滩。'《吕氏春秋·序意》:'维秦八年,岁在涒滩。'高诱注:

'岁在申名涒滩……涒滩，夸人短舌不能言为涒滩也。'陈奇猷校释引谭戒甫曰：'涒、滩为双声联绵字，亦为汉代方言。'《史记·历书》：'横艾涒滩始元元年。'张守节正义：'孙炎注《尔雅》云："涒滩，万物吐秀倾垂之貌也。"'"[1]《大词典》所释是也，然过于简略。

"涒滩"对应地支为"申"。何谓涒滩？除上述《大词典》所引相关训释外，又《淮南子·天文训》："涒滩之岁，岁和，小雨行，蚕登，菽麦昌，民食三升。"高诱注："涒滩之岁，涒，大。滩，修也。言万物皆修其精气也。"[4]《玄应音义》卷十七"涒滩"注引李巡曰："言万物皆循精气，故曰涒滩，滩，单尽也。"[10]⑦《七修类稿·天地·岁月阳名》："在申曰涒滩，涒，大也；滩，修也；言万物皆修长其精气也。"

以上古训关于"涒滩"之释义概括有以下几种：《淮南子·天文训》高诱注为"万物皆修其精气也"，并释"涒"为"大"，释"滩"为"修"；《吕氏春秋·序意》高诱注为"夸人短舌不能言为涒滩也"，又云"万物皆大循其情性也"，并释"涒"为"大"，释"滩"为"循"；孙炎与李巡注为"物吐秀倾垂之貌也"；又《玄应音义》注引李巡云"言万物皆循精气，故曰涒滩，滩，单尽也"；陈奇猷校释《吕氏春秋》引谭戒甫云"涒、滩为双声联绵字，亦为汉代方言"。

以上有关"涒滩"释义孰是孰非，首先应结合其对应地支来分析。"涒滩"对应地支为"申"。关于"申"，《史记·律书》："七月也。律中夷则，其于十二子为申。申者，言阴用事，申贼万物。"《说文·申部》："申，神也。七月，阴气成，体自申束。"[19]《释名·释天》："申，身也。物皆成，其身体各申束之使备成也。"[34]综合而言，"申"之含义为"万物成熟而体自申束"。若此，则释"涒滩"为"万物皆修其精气也"、"万物皆大循其情性也"、"万物吐秀倾垂之貌也"，均有道理，然"涒滩"之义尚须结合"涒"、"滩"之义而定。

再看"涒"、"滩"之义。"涒"，《尔雅·释天》："太岁在申曰涒滩。"郭璞注："涒，史作汭。"[37]《说文·水部》："涒，食已而复吐之。"[19]《集韵》："纾伦切，音蠢。涒𣸣，水流曲折貌。"[28]⑧章炳麟《新方言·释言》："今浙江谓倾水为涒水，音正作他昆切。此倾注之殊名也。"⑨关于"滩"，《康熙字典》："滩，水奔流貌。"[43]《大词典》："滩：江河中水浅多沙石而流急之处。""滩头。指江、河、湖、海边水涨淹没、水退显露的淤积平地。"[1]不难看出，"涒"、"滩"均可指水流曲折之貌，均可释为"循"、"顺着"之义。"涒滩"释为"万物吐秀倾垂之貌"较合适，不仅符合"涒"、"滩"之词义，而且与地支"申"之特点吻合。⑩

"涒滩"亦作"涒汉"、"涒摊"、"涒叹"、"芮汉"等，如《尔雅·释天》："太岁在申为涒滩。"陆德明释文："滩，本或作摊。"[43]《史记·历书》："商横涒滩三年。"张守节正义："涒，音吐魂反。滩，音吐丹反。又作'涒汉'，字音与上同。三年，庚申岁也。"又"横艾涒滩始元元年。"[3] 裴骃集解："涒滩一作'芮汉'。"[3]《别雅》卷一："涒汉，涒滩也。"[44]《经籍籑诂·寒韵》："尔雅释天：太岁在申为涒滩，汉孔庙礼器碑作涒叹。"[40] 如下为其音义之内在联系：

语音上，《广韵》"涒"他昆切，平声魂韵，透母①；"滩"他干切，平声寒韵，透母；"摊"他干切，平声寒韵，透母；"叹"为他旦切，去声翰韵，透母；又"叹"他干切，平声寒韵，透母；"汉"呼旰切，去声翰韵，晓母；"芮"而锐切，去声祭韵，日母。"[27] 不难看出，"滩"、"摊"、"叹"、"汉"音同或音近，"涒"、"芮"声母发音部位相近，韵可旁对转，"涒"、"芮"，亦为音近通假。语义上，《诗经·王风·中谷有蓷》："中谷有蓷，暵其干矣。"陆德明释文："字作灘，又作滩。"[43]《方言》卷十二："汉，怒也。"钱绎笺疏："汉之言暵也。"[16]《大词典》："摊：平铺；展布。""摊，通'滩'""叹：吟哦，歌咏。""叹，和唱。""叹，叹气。"[1] 可见，"滩"、"摊"、"叹"、"汉"语义上均有物体（如水、气、布等）平铺、平展之义。兼之字形有同源成分，应为一组同源词。

故"涒滩"表"万物吐秀倾垂之貌"之义。"涒"、"滩"均可释为"循"，含水流曲折之貌。"涒滩"又作"涒汉"、"涒摊"、"涒叹"、"芮汉"等，其中"滩"与"摊"、"叹"、"汉"为同源词，"涒"与"芮"为音同或音近通假。"涒滩"于文献相对常见。又如：

（22）焉逢涒滩元平元年。（《史记·历书》）

（23）游兆涒滩四年。（同上）

（24）在申曰涒滩。七月出，《石氏》曰名天晋，在东井、舆鬼。《甘氏》在弧。《太初》在翼、轸。（《汉书·天文志》）

8　作噩

（25）太阴在酉，岁名曰作鄂，岁星舍柳、七星、张，以六月与之晨出东方，须女、虚、危为对。（《淮南子·天文》）

按："作鄂"于《尔雅》中作"作噩"，此处以《尔雅》之名称为主要词条训解。"作噩"为"岁阴"名，"物熟"、"物老"之义，其中，"作"、"噩"均有"物熟"之义。

"作噩"见于《大词典》："作噩：十二支中'酉'的别称，用以纪年。《尔雅·释天》：'（太岁）在酉曰作噩。'《隋书·礼仪志一》：'维仁寿元年，岁次作噩。'《资治通鉴·晋纪二十八》元胡三省注：'起旃蒙作噩（乙酉），尽柔兆阉茂（丙戌），凡二年。'"[1]《大词典》所释是也，然过于简略。

　　"作噩"对应之地支为"酉"⑫。何谓"作噩"？除上述《大词典》所引相关训释外，又《淮南子·天文训》："作鄂之岁，岁有大兵，民疾，蚕不登。"高诱注："作鄂之岁，作鄂，零落也。万物皆降落。"[4]《史记·历书》："尚章作噩二年。"裴骃集解："噩，一作'鄂'。"张守节正义："李巡云：'作鄂，万物皆落枝起之貌也。'"[3]《七修类稿·天地·岁月阳名》："在酉曰作噩，作噩，零落也；言万物皆将降落也。"综上，古训释"作噩"为"万物皆降落"之义。

　　此训是否正确，尚须看其对应地支"酉"之含义。《说文·酉部》："酉，就也。八月黍成，可为酎酒。丣，古文酉。从卯，卯为春门，万物已出。酉为秋门，万物已入。"段玉裁注："就、高也。《律书》曰：'酉者、万物之老也。'《律历志》曰：'留孰于酉。'《天文训》曰：'酉者、饱也。'《释名》曰：'酉、秀也。秀者、物皆成也。八月黍成。可为酎酒。此举一物以言就。"[19]可见，"酉"为"万物老熟"之义，与"作噩"释"万物降落"之义相吻合。

　　再看"作"、"噩"之具体词义。除上面部分训释外，再看以下释义。先看"作"，《周易·离·象传》："明两作离。"李鼎祚集解引虞翻曰："作，成也。"[35]《老子》五十五章："未知牝牡之合而全作。"王弼注："作，长也。"[45]"作"有"事物成熟"之义。又《尚书·牡誓》："惟家之索。"蔡沈集传："索，萧索也。"[46]《仪礼·乡射礼》："取矢不索。"郑玄注："索，犹尽也。"[13]《尔雅·释天》："太岁在酉曰作噩。"郝懿行义疏引《占经》引李巡云："作，索也。"[17]《文选·陆机〈叹逝赋〉》："十年之外，索然已尽。"李善注："索，尽貌。"[6]可见，"作"又有"索"义，而"索"即"萧索"、"散尽"之义，乃物熟时节之特点。再看"噩"，张岱《陶庵梦忆·严助庙》："陶堰司徒庙，汉会稽太守严助庙也，岁上元设供，任事者聚族谋之终岁。凡山物狲狲，海物噩噩，陆物痴痴……无不集。""噩噩"乃"肥腴貌"，则"噩"亦有"物熟"之义。既然"作"、"噩"均有"物熟"之义，则"作噩"即"物熟"、"物老"之义，李巡所云"万物皆落枝起之貌也"、"物芒枝起之貌"⑬，及高诱所注"零落也，万物皆降落"，均为"物熟"、"物老"之貌，皆是也。

　　"作噩"亦作"作鄂"、"作咢"、"作萼"、"作詻"、"作索"等，除前文有关介绍外，又如《诗经·小雅·棠棣》："萼不韡韡。"王先谦三家义集疏："鲁，鄂作萼，韩，鄂作萼。"[47]《尔雅·释天》："太岁在酉曰作噩。"陆德明释文："噩，本或作咢。"[43]又"噩，《汉书》作詻。"[43]郝懿行义疏："《释文》云：噩本或作咢……《占经》引李巡云：在酉，言万物坠落，故曰作鄂、作索也。鄂，茂也(按：茂当作落)。"[17]《广韵·铎韵》："噩，亦作咢。"[27]《集韵·铎韵》："噩，通作咢鄂。"[28]《经义述闻·周礼·噩》："占梦：二曰噩梦。"王引之按："噩，即罞字也。罞，俗作咢。"[48]以下为其音义之关系，《广韵》"噩"为五各切，入声铎韵，疑母;"鄂"为五各切,入声铎韵,疑母;"咢"为五各切,入声铎韵,疑母;"蕚"为五各切,入声铎韵,疑母;"詻"为五陌切,入声陌韵,疑母;"索"为苏各切,入声铎韵,心母;又"索"山戟切,入声陌韵,生母;又"索"山责切,入声麦韵,生母。[27]可见,语音上"噩"与"鄂"、"咢"、"蕚"、"詻"、"索"属音同或音近关系,其中"鄂"、"咢"、"蕚"因语义相同或相近⑭,兼之字形上有同源成分,应为同源词关系。

"作噩"为"物熟"、"物老"之义,"作"、"噩"均有"物熟"之义,"作噩"又作"作鄂"、"作咢"、"作蕚"、"作詻"、"作索"等,语音上"噩"与"鄂"、"咢"、"蕚"、"詻"、"索"属音同或音近关系,其中"鄂"、"咢"、"蕚"为同源词关系。"作噩"于文献相对常见。又如:

(26)是日号升平,此年名作噩。(韩愈《晚秋郾城夜会联句》)

(27)岁在作噩年,铜梁摇蛊毒。(唐吴融《绵竹山四十韵》)

(28)先是,太后以两太子星命付阴阳家推算,问所宜立,对曰:"重光大荒落有灾,旃蒙作噩长久。"(《元史·后妃传二·顺宗昭献元圣皇后》)

9 阉茂

(29)太阴在戌,岁名曰阉茂,岁星舍翼、轸,以七月与之晨出东方,营室、东壁为对。(《淮南子·天文》)

按:"阉茂"为"岁阴"名,义为"蔽冒",即"覆盖"、"遮盖"之义,"阉"、"茂"均有"蔽冒"义。

"阉茂"见于《大词典》:"阉茂:地支中戌的别称,用以纪年。《淮南子·天文训》:'太阴在戌,岁名曰阉茂。'唐贾曾《饯张尚书赴朔方序》:'阉茂次年,仲夏贞闰,拜手东洛,驰轺北阙。'清魏源《〈皇朝经世文编〉叙》:'则鳃理于邵阳魏君默深,告成于道光六年柔兆阉茂之仲冬也。'"[1]《大词典》所释是也,然过于简略。

"阉茂"对应地支为"戌"。何谓"阉茂"?《淮南子·天文训》:"掩茂之岁。"高诱注:"掩茂之岁,掩,蔽。茂,冒。闷万物皆蔽冒。"[4]《史记·历书》:"焉逢淹茂三年。"裴骃集解:"淹,一作'阉'。"[3]张守节正义:"李巡云:'言万物皆蔽冒,故曰阉茂。蔽冒也。'"[3]又《天官书》:"阉茂岁,岁阴在戌,星居巳。以九月与翼、轸晨出,曰天睢。"司马贞索隐:"《尔雅》云:'在戌曰阉茂。'孙炎云:'万物皆蔽冒,故曰阉茂。阉,蔽也,茂,冒也。'《天文志》作'掩茂'。"[3]《七修类稿·天地·岁月阳名》:"在戌曰阉茂,阉,蔽也;茂,冒也;言万物皆蔽冒也。"李巡、高诱、孙炎皆训"阉茂"为"蔽冒",即"覆盖"、"遮盖"之义。

此训是否正确，尚须看"阉茂"对应地支"戌"之含义。《说文·戌部》："戌，灭也。九月，阳气微，万物毕成，阳下入地也。五行，土生于戌，盛于戌。"[19]"戌"即"灭"义，即"万物衰灭"之义，若此，则释"阉茂"为"蔽冒"有道理。

再看"阉"、"茂"词义。高诱、孙炎等皆释"阉"为"蔽"，"茂"为"冒"。关于"阉"，又《管子·幼官》："春行冬政，肃；行秋政，雷；行夏政，阉。"尹知章注："春既阳，夏又阳，阳气偎并，故掩闭也。"[1]关于"茂"，又《诗经·大雅·生民》："荓厥丰草，种之黄茂。"孔颖达疏："既去其草，于此地种之以黄色而茂盛者，谓黍稷之谷也。"[20]可见，"阉"、"茂"均即"蔽冒"义。⑮

"阉茂"亦作"淹茂"、"掩茂"，如《尔雅·释天》："太岁在戌曰阉茂。"邵晋涵正义："历书作淹茂。"[18]陆德明释文："汉书作掩。"[43]江淹《倡妇自悲赋》："去柏梁以淹袂，出桂苑而敛眉。"此处"淹"同"掩"。"阉"、"淹"、"掩"实为同源词关系。语音上，《广韵》"阉"为央炎切，平声盐韵，影母；又衣俭切上声琰韵，影母；"掩"为衣俭切，上声琰韵，影母；"淹"为央炎切，平声盐韵，影母；又于剑切，去声梵韵，影母。"阉"与"掩"、"阉"与"淹"皆同音。"[27]语义上，《大词典》："淹：浸泡。""淹没；沉没。"[1]"淹"含有"覆盖"之义。又《大词典》："掩：遮没；遮蔽。""文饰；掩饰。"⑯"藏匿；隐匿。"[1]"掩"亦含有"覆盖"之义。兼之字形上具有同源成分，若此则"阉"与"掩"、"淹"实为同源词。⑰

"阉茂"为"蔽冒"之义，即"覆盖"、"遮盖"之义，"阉"、"茂"均有"蔽冒"义。"阉茂"又作"淹茂"、"掩茂"，"阉"与"淹"、"掩"互为同源词。"阉茂"于文献相对常见。又如：

（30）岁躔阉茂，月次姑洗。（《文选·陆佐公〈新刻漏铭〉》）

（31）十二支曰：困敦、赤奋若、摄提格、单于、执徐、大荒落、敦牂、协洽、涒滩、作噩、阉茂、大渊献。（《三命通会·论支干源流》）

10　大渊献

（32）太阴在亥，岁名曰大渊献，岁星舍角、亢，以八月与之晨出东方、奎、娄为对。（《淮南子·天文》）

按："大渊献"为"岁阴"名，为"万物深藏以迎阳"之义。"大"为修饰语表程度高，"渊"为"深藏"之义，"献"为"迎接"之义。

"大渊献"见于《大词典》："大渊献：亥年的别称。古以太岁在天宫运转的方向纪年。太岁指向亥宫之年称大渊献。《尔雅·释天》：'（太岁）在亥曰大渊献。'

后亦用作十二支中'亥'的别称。"[1]《大词典》所释是也，然过于简略。

"大渊献"对应地支为"亥"。何谓"大渊献"？除《大词典》所引相关训释外，又《淮南子·天文训》："大渊献之岁。"高诱注："大渊献之岁，渊，藏。献，迎也。言万物终于亥，大小深藏窟伏以迎阳。"[4]《史记·历书》："强梧大渊献三年。"张守节正义："孙炎云：'渊献，深也。献万物于天，深于藏盖也。'"[3]又《天官书》："大渊献岁，岁阴在亥，星居辰。"司马贞索隐："《尔雅》云：'在亥为大渊献。'孙炎云：'渊，深也。大献万物于深，谓盖藏之于外也。'"[3]《七修类稿·天地·岁月阳名》："在亥曰大渊献，渊者，藏也；献者，迎也；言万物终于亥，大小深藏窟伏以迎阳也。"综上，古训释"大渊献"为"物终深藏窟伏"。

此义符合"大渊献"对应地支"亥"之含义。《说文·亥部》："亥，荄也。十月，微阳起，接盛阴。从二，二，古文上字。一人男，一人女也。从乙，象裹子咳咳之形。《春秋传》曰：'亥有二首六身。'""古文亥为豕，与豕同。亥而生子，复从一起。"[19]⑱关于"荄"，《尔雅·释草》："荄，根。"[37]《方言》："荄，根也，东齐曰杜，或曰茇。"[16]《说文·艸部》："荄，草根也。"[19]⑲"亥"即"荄"，"荄"即草根。"亥"指"万物深藏归根"之义，若此，则释"大渊献"为物"终终深藏窟伏"讲得通。

再看"大"、"渊"、"献"之具体词义。先看"渊"，高诱释"渊"为"藏"，孙炎释"渊"为"深"，又《尚书·微子之命》："克齐圣广。"蔡沈集传："渊，言其深也。"[46]《尔雅·释天》："太岁在亥曰大渊献。"郝懿行义疏引李巡云："渊，藏也。"[17]《大戴礼记·劝学》："深渊不测。"王聘珍解诂引李注《尔雅》："渊，藏也。"[49]《集韵·谆韵》："渊，深貌。"[28]《大词典》："渊：深潭。""深邃，深沉。"[1]可见，"渊"有"深"、"藏"之义，其实，"深"即"藏"，均表"隐蔽不见"之义。再看"献"，孙炎释"献"为"贡献"，高诱释"献"为"迎"，又《说文·犬部》："献，宗庙犬名羹献。犬肥者以献之。"[19]可见，"献"有"进献"、"贡献"、"迎接"之义。⑳如此，则"渊献"应释为"深藏迎接"义。

"大渊献"之"大"为修饰语，表程度高。若此，"大渊献"义为"万物深藏以迎阳"。其中，"渊"为"深藏"之义，"献"为"迎接"之义。"大渊献"于文献相对常见。又如：

（33）祝犁大渊献三年。（《史记·历书》）

（34）在亥曰大渊献。十月出，《石氏》曰名天皇，在角、亢始。《甘氏》在轸、角、亢。《太初》在尾、箕。（《汉书·天文志》）

11　困敦

（35）太阴在子，岁名曰困敦，岁星舍氐、房、心，以九月与之晨出东方，胃、昴、毕为对。（《淮南子·天文》）

按："困敦"为"岁阴"名，义为"混沌"，指阴阳混沌，万物滋萌之义。其中，"困"为"混"义，"敦"为"沌"义。

"困敦"见于《大词典》："困敦：十二支中'子'的别称，用以纪年。《尔雅·释天》：'（太岁）在子曰困敦。'《淮南子·天文训》：'困敦之岁，岁大雾起，大水出。'高诱注：'困，混；敦，沌也。言阳气皆混沌，万物牙蘗也。'"[1]《大词典》所释是也，然过于简略。

"困敦"对应地支为"子"。何谓"困敦"？除《大词典》所引相关训释外，又《尔雅·释天》："太岁在子曰困敦。"郝懿行义疏引《占经》李巡云："在子，言阳气皆混，万物芽蘗，故曰困敦。"[17]《史记·历书》："端蒙困敦四年。"张守节正义："孙炎云：'困敦，混沌也。言万物萌混沌于黄泉之下也。'"[3]《七修类稿·天地·岁月阳名》："太岁在子曰困敦者，困，混也；郭，沌也；言阳气皆混沌，万物芽蘗也。"《别雅》卷三："困敦，混沌也。"[44]古训释"困敦"为"混沌"。

此训是否合理，尚须看"困敦"对应地支"子"之含义。《说文·子部》："子，十一月，阳气动，万物滋，人以为偁。"徐锴曰："十一月夜半，阳气所起。人承阳，故以为称。"[33]"子"即"滋"，指十一月阳气动，万物开始滋萌，此与高诱等"阳气皆混，万物芽蘗"之说相符。故"困敦"即"混沌"义，"混沌"即指阴阳混沌搅和，为萌生万物之状态。

再看"困"、"敦"。据前文可知，高诱、李巡等释"困"为"混"，又《大词典》："困：疲惫。""指疲乏想睡。"[1]"疲惫"、"疲乏"，即"不清醒"，若此，"困"很自然引申为"混"义，"混"有"浑浊"义，如《大词典》："混：浑浊不清。"[1]再看"敦"，高诱、李巡等释释"敦"为"沌"，又《左传·文公十八年》："顽嚚不友，是与比周，天下之民，谓之浑敦。"李富孙异文释："庄子天地，五帝本纪作浑沌，玉篇人部引作倱伅。"[50]"敦"释为"沌"未有问题。

故"困敦"即"混沌"义，即阴阳混沌，万物滋萌之义。其中，"困"为"混"义，"敦"为"沌"义。"困敦"于文献相对常见。又如：

（36）在子曰困敦。十一月出，《石氏》曰名天宗，在氐、房始。《甘氏》同，《太初》在建星、牵牛。（《汉书·天文志》）

（37）"困"谓困敦，岁在子之年名，玄嚚亦在子之次，言岁驭于子，国当丧亡。（《晋书·刘曜载记》）

（38）《开元大衍历》演纪上元阏逢困敦之岁，距开元十二年甲子，积九千六百九十六万一千七百四十算。（《新唐书·历志四上》）

12 赤奋若

（39）太阴在丑，岁名曰赤奋若，岁星舍尾、箕，以十月与之晨出东方，觜巂、参为对。（《淮南子·天文》）

按："赤奋若"为"岁阴"名，即阳气振奋而起，万物顺性而生之义，"赤"表阳色，"奋"为"振奋"、"奋起"之义，"若"为"顺"义，即"顺阳气"之义。

"赤奋若"见于《大词典》："赤奋若：1.古代星（岁星）岁（太岁，亦称岁阴、太阴）纪年法所用名称。谓太岁在丑、岁星在寅的年份为'赤奋若'。《史记·天官书》：'赤奋若岁：岁阴在丑（当斗、牛二宿之位），星居寅（当尾、箕二宿之位）。'《淮南子·天文训》：'太阴在丑，名曰赤奋若，岁星舍尾、箕。'2.天神名。《淮南子·墬形训》：'赤奋若，清明风之所生也。'高诱注：'赤奋若，天神也。'"[1]《大词典》关于"赤奋若"可指"岁阴"名之释是也，然过于简略。

"赤奋若"对应地支为"丑"。何谓"赤奋若"？《淮南子·天文训》："赤奋若之岁。"高诱注："赤奋若之岁，奋，起也。若，顺也。言阳奋物而起之，无不顺其性也。赤，阳色。"[4]《史记·天官书》："赤奋若岁：岁阴在丑（当斗、牛二宿之位），星居寅（当尾、箕二宿之位）。"又《历书》："强梧赤奋若六年。"张守节正义："李巡云：'阳气奋迅万物而起，无不若其性，故曰赤奋若。阳色。奋，迅也；若，顺也。'"[3]《七修类稿·天地·岁月阳名》："在丑曰赤奋若，赤，阳色；奋，起也；若，顺也；言阳奋起而万物无不顺其性也。"

高诱、李巡等释义是否正确，尚须看"赤奋若"对应地支"丑"之含义。《说文·鬼部》："丑，纽也。十二月，万物动，用事。"[19]《汉书·律历志上》："故孳萌于子，纽牙于丑。"可见，"丑"之含义为十二月万物已孳萌，与"阳奋物而起之，无不顺其性也"相吻合。

再看"赤"、"奋"、"若"之含义。首先看"赤"，高诱释"赤"为"阳色"，又《礼记·月令》："（季夏之月）天子居明堂右个，乘朱路，驾赤骝。"孔颖达疏："色浅曰赤，色深曰朱。"[12]赤色即太阳之色。"奋"，高诱释"奋"为"起"，李巡释"奋"为"迅"，又《大词典》："奋：扬起；翘起。"[21]"发扬；振奋。"[22]"震动。"[1][23]"奋"有"振奋"、"奋起"义，"迅"亦含"奋起"义[24]。再看"若"，《大词典》："若：顺；顺从。"[1]如《尚书·说命中》："明王奉若天道，建邦设都。"《穀梁传·庄公元年》："不若于道者，天绝之也。"范宁注："若，顺。"[51]"若"有"顺"义。

根据地支"丑"之含义,"赤奋若"应为阳气振奋而起,万物顺性而生之义。万物"孳萌于子,纽牙于丑","赤奋若"紧承地支"子"之滋萌之特性,表示万物已顺阳而生。

故"赤奋若"即阳气振奋而起,万物顺性而生之义。其中,"赤"表阳色,"奋"为"振奋"、"奋起"之义,"若"为"顺"义,即"顺阳气"之义。"赤奋若"于文献相对常见。又如:

(40)在丑曰赤奋若。十二月出,《石氏》曰名天昊,在尾、箕。《甘氏》在心、尾。《太初》在婺女、虚、危。(《汉书·天文志》)

(41)"赤牛奋靼"谓赤奋若,在丑之岁名也。(《晋书·刘曜载记》)

(42)龙在丑,丑曰赤奋若,复在午。(《明史·方伎传·仝寅》)

13 阏逢

(43)摄提格之岁,岁早水晚旱,稻疾,蚕不登,菽麦昌,民食四升。寅,在甲曰阏蓬。(《淮南子·天文》)

按:"阏逢"为"岁阳"名,义为"受遏而欲出"。其中,"阏"为"遏止"、"壅遏"之义,"逢"为"逢遇"、"受当而欲出"之义。

"阏逢"见于《大词典》:"阏逢:亦作'阏蓬'。十干中'甲'的别称,用以纪年。《尔雅·释天》:'太岁在甲曰阏逢。'《淮南子·天文训》:'寅,在甲曰阏蓬。'高诱注:'言万物锋芒欲出,拥遏未通,故曰阏蓬也。'清洪亮吉《晋太康三年地志王隐晋书地道志后叙》:'先生以亮吉麤知湛浊,稍别广轮,每成志地之书,辄预校雠之役,阏逢执徐岁,壮月,所校《太康志》、《地道志》二卷刊成,授简宾维,命书后序。'"[1]《大词典》所释是也,然过于简略。

"阏逢"对应天干为"甲"。何谓"阏逢"?除《大词典》所引相关训释外,又《史记·历书》:"太初元年,岁名'焉逢摄提格'。"司马贞索隐:"甲,岁雄也。《汉书》作'阏逢',亦音焉,与此音同。"[3]又"焉逢摄提格太初元年"。司马贞索隐:"岁阳在甲云焉逢,谓岁干也。"[3]《七修类稿·天地·岁月阳名》:"太岁在甲曰阏逢,言万物锋芒欲出,拥遏而未通也。"

"阏逢"之释义是否合理,尚须看其所对应天干"甲"之含义。《说文·甲部》:"甲,东方之孟,阳气萌动,从木戴孚甲之象。"[19]《康熙字典》:"甲,草木初生之孛子也。"[42]天干"甲"表示阳气萌动,万物慢慢开始复苏之义。如此,则高诱之释义正确,即"阏逢"为"万物欲出而壅遏不通"之义。

再看"阏"、"逢"之词义。《吕氏春秋·古乐》:"民气郁阏而滞着,筋骨瑟缩不达，故作为舞以倡导之。"高诱注："阏，读曰遏止之遏。"[21]《说文·门部》王筠句读："阏，与遏同义。"[25]《列子·杨朱》："肆之而已，勿壅勿阏。"殷敬顺释文："阏，与遏同。"[26]"阏"即"遏止"、"壅遏"之义。再看"逢"，《尔雅·释诂》："逢，遇也。"[37]"逢"即"遇到"、"遇见"义，如《诗经·王风·兔爰》："我生之初，尚无为，我生之后，逢此百罹。""逢"既与"遇"之词义相通，则从"遇"之词义亦可看出"逢"之词义，如《荀子·大略》："无用吾之所短，遇人之所长。"杨倞注："遇，当也。"[22]㉓：综上，"逢"有"逢遇"、"受当而欲出"之义，此义与"阏"之"遏止"、"壅遏"之义相近，故"阏逢"之义为"受遏而欲出"，此义符合天干"甲"之特点。

　　"阏逢"亦作"焉逢"、"阏蓬"。"阏逢"作"焉逢"，乃音同假借。"阏"，《广韵》为乌前切，平声先韵，影母；又于干切，平声仙韵，影母。[27]"焉"，《广韵》为于干切，平声仙韵，影母；又有干切，平声仙韵，云母；又谒言切，平声元韵，影母。[27]故"阏"与"焉"实为音同假借。"阏逢"作"阏蓬"，亦为音同假借，其中"蓬"与"逢"又实为同源词。"逢"，《广韵》为符容切，平声钟韵，奉母；[27]《集韵》为蒲蒙切，平声东韵，并母。[28]"蓬"，《广韵》为薄红切，平声东韵，并母。[27]"奉"、"并"一为轻唇，一为重唇，上古无轻唇音，"奉"母上古实为"并"母，"东"、"钟"韵为通摄，音近相通，故"逢"与"蓬"首先为同音词。此外，二者意义亦相通，如《诗经·小雅·采菽》："维柞之枝，其叶蓬蓬。"毛传："蓬蓬，盛貌。"[20]《墨子·耕柱》："逢逢白云，一南一北，一西一东。"孙诒让间诂："逢、蓬通。"[29]《集韵》："樥，草木盛貌，或作蓬。"[28]可见，"蓬"为"水草茂盛"之义，与"逢"之"逢遇"、"受当而欲出"之义有一脉相承之关系。加之字形有同源成分，故"蓬"与"逢"应为一组同源词。

　　综上，"阏逢"义为"受遏而欲出"，"阏"即"遏止"、"壅遏"之义，"逢"为"逢遇"、"受当而欲出"之义。"阏逢"亦作"焉逢"，"阏"、"焉"为同音假借；"阏逢"又作"阏蓬"，"逢"、"蓬"为同源词。"阏逢"于文献相对常见。又如：

　　（44）乃以前历上元泰初四千六百一十七岁，至于元封七年，复得阏逢摄提格之岁，中冬十一月甲子朔旦冬至，日月在建星，太岁在子，已得太初本星度新正。(《汉书·律历志上》)

　　（45）晋元兴三年，岁次阏逢。于时天子蒙尘，人百其忧，凡我同志金怀辍流之叹，故因述斯论焉。(《弘明集》卷第五)

14 旃蒙

（46）单阏之岁，岁和，稻菽麦蚕昌，民食五升。卯，在乙曰旃蒙。（《淮南子·天文》）

按："旃蒙"为"岁阳"名，为"草木滋长萌芽"之义，"蒙"与"旃"互为同义词，均有"萌芽"之义。

"旃蒙"见于《大词典》："旃蒙：十干中乙的别称。古代用以纪年。《尔雅·释天》：'太岁在甲曰阏逢，在乙曰旃蒙。'清恽敬《答董牧唐》：'旃蒙之春，东上象湖士女盛殷，礼文亦富。'"[1]《大词典》所释是也，然过于简略。

"旃蒙"对应天干为"乙"。何谓"旃蒙"？除上述《大词典》所引相关训释外，又《淮南子·天文训》："在乙曰旃蒙。"高诱注："在乙，言蒙物遏蒙甲而出，故曰旃蒙也。"[4]《七修类稿·天地·岁月阳名》："在乙曰旃蒙者，旃，斿；蒙，冒也；言万物萌动蒙甲而出也。"综上，高诱等将"旃蒙"释为"蒙物遏蒙甲而出"。

结合"旃蒙"对应天干"乙"，此训无疑正确。《说文·乙部》："乙，象春艸木冤曲而出，阴气尚强，其出乙乙也。"[19]"乙"之意义即"草木刚刚萌芽"。"乙"在"甲"之后，"甲"表示阳气萌动，万物复苏，"乙"为草木萌芽，符合逻辑，故高诱等释义有道理。

再看"旃"、"蒙"之词义。先看"旃"，《说文·㫃部》："旃，旗曲柄也。"[19]"旃"之本义为曲柄旗。又《七修类稿》释"旃"为"斿"，《玉篇》："斿，旌旗之末垂。或作游。"[52]"斿"亦表旗帜义。显然，释"旃"为"旗帜"与"乙"之特点不符。上古时，"旃"为"之焉"之合音，《诗经·魏风·陟岵》："上慎旃哉，犹来无止。"马瑞辰通释："之、旃一声之转，又为'之焉'之合声，故旃训'之'，又训'焉'。"[53]㉘；《左传·桓公十年》："初，虞叔有玉，虞公求旃。"杜预注："旃，之也。"[7]《汉书·王贡传》："举兹以旃，不亦宝乎！"颜师古注："旃，亦之也。"[5]《广雅·释言》："旃，之也。"[24]《广韵·仙韵》："旃，之也。"[27]《集韵·仙韵》："旃，之也。"[28]故"旃"，"之"也。"之"何义？《说文·之部》："之，出也。象草过中，枝茎益大，有所之。"徐灏注笺："之之言滋也，草木滋长也。"[54]《史记·仲尼弟子列传》："公祖句兹字子之。"若此，则"旃"即有"生出"、"滋长"之义，此符合天干"乙"之特点。再看"蒙"，"蒙"可释为"冒"，如《左传·襄公十四年》："乃祖吾离被苫盖、蒙荆棘以来归我先君。"杜预注："蒙，冒也。"[7]"蒙"又可通"萌"，如《周易·序卦》："物生必蒙，故受之以蒙。蒙者，蒙也，物之稚也。""冒"、"萌"之义，均可表草木初生发芽之情状。若此，"蒙"与"旃"实为同义词，均有"萌芽"之义，故"旃蒙"即"草木滋长萌芽"

之义，符合天干"乙"之特征。

《史记》将"旃蒙"写作"端蒙"，如《史记·历书》："端蒙单阏二年。"司马贞索隐："端蒙，乙也。《尔雅》作'旃蒙'。"[3] 语音上，《广韵》"端"为多官切，平声桓韵，端母；"旃"为诸延切，平声仙韵，章母。[27] "章"为照三，上古照三归端，"端"与"旃"上古声母相同；"桓"韵与"仙"韵同为山摄，可以相通。若此，则"端"与"旃"上古实为一声之转。再看语义，《礼记·礼运》："故人者，天地之心也，五行之端也。"孔颖达疏："端，犹首也。"[68]《说文·立部》："端，物初生之题也。上象生形，下象其根也。"[19] "端"义为"开始"，此与"旃"之"生出，滋长"之义相近。语音与意义均相近，故"端"与"旃"实同音同义词，所以《史记》将"旃蒙"写作"端蒙"亦通。

故"旃蒙"即"草木滋长萌芽"之义，"旃"与"蒙"互为同义词，均有"萌芽"之义。"旃蒙"《史记》作"端蒙"，"端"、"旃"互为同音同义词。"旃蒙"于文献相对常见。又如：

（47）推元汉己巳元，则《考灵曜》旃蒙之岁乙卯元也，与光、晃甲寅元相经纬。（《后汉书·律历志中·论月食》）

（48）重光，帝年干；旃蒙，皇弟年干也。（《新元史·武宗本纪》）

15 柔兆

（49）执徐之岁，岁早旱晚水，小饥，蚕闭，麦熟，民食三升。辰，在丙曰柔兆。（《淮南子·天文》）

按："柔兆"乃"岁阳"名，为"枝叶炳然"之义。其中，"柔"为"枝叶柔弱"之义，"兆"为"龟兆"、"形象"，形容万物枝叶飘柔之状。

"柔兆"见于《大词典》："柔兆：岁阳名之一，指太岁在'丙'。古代岁星纪年法用岁阳和岁阴相配合以纪年。《尔雅·释天》：'（太岁）在丙曰柔兆。'《淮南子·天文训》：'民食三升，辰在丙曰柔兆。'高诱注：'在丙，万物皆生枝布叶，故曰柔兆也。'"[1]《大词典》所释是也，然过于简略。

"柔兆"其对应天干为"丙"。何谓"柔兆"？除《大词典》所引相关训释外，又《史记·历书》："游兆执徐三年。"司马贞索隐："游兆，景也。《尔雅》作'柔兆'。"[3]《玄应音义》卷十七"柔兆"注引《尔雅》孙炎曰："柔兆，万物柔软有条兆也。"[10]《七修类稿·天地·岁月阳名》："在丙曰柔兆，柔，软也；兆，龟坼之兆；言万物生枝布叶也。"高诱等将"柔兆"释义为"万物生枝布叶"。

"柔兆"之义应与天干"丙"相符。《说文·丙部》："丙，位南方，万物成，炳然。

阴气初起，阳气将亏。"段玉裁注："丙之言炳也。万物皆炳然箸见。"[19]丙有"万物炳然"之义，故将"柔兆"释义为"万物生枝布叶"合理。

再看"柔"、"兆"。先看"柔"，《周易·坤》："坤至柔，而动也刚。"孔颖达疏："柔，弱。"[12]《诗经·小雅·采薇》："采薇采薇，薇亦柔止。"毛传："柔，始生也。"[20]可见"柔"有"始生"、"柔弱"等义，符合"丙"之特征。再看"兆"，《周礼·春官·大卜》："掌三兆之灋。一曰玉兆，二曰瓦兆，三曰原兆。"郑玄注："兆者，灼龟发于火，其形可占者，其象似玉、瓦、原之罅罅，是用名之焉。"[55]《国语·晋语八》："公室其将卑乎！君之明兆于衰矣。"韦昭注："兆，形也。"[8]《荀子·王制》："相阴阳，占祲兆，钻龟陈卦，主攘择五卜，知其吉凶妖祥，伛巫跛击之事也。"杨倞注："兆，谓龟兆。"[22]《文选·陆机〈君子行〉》："福钟恒有兆，祸集非无端。"吕向注"兆，象也。"[6]《玉篇·兆部》："兆，形也。"[52]"兆"表"龟兆"、"形象"于"柔兆"中可理解为万物枝叶飘柔之状，符合逻辑。

《史记》将"柔兆"写作"游兆"，如《史记·历书》："游兆困敦五年。""游兆阉茂二年。""游兆涒滩四年。""游兆敦牂二年。""游兆执徐二年。""游兆摄提格建始元年。""柔"与"游"应为同音同义词，可以替换，如《韩诗·小雅·采薇》："忧哉柔哉。"冯登府三家诗异文疏证补遗："毛诗作游。"[56]《尔雅·释天》："太岁在丙曰柔兆。"郝懿行义疏："（史记）历书作游兆。"[17]具体来看，语音上，《广韵》"柔"耳由切，平声尤韵，日母；"游"以周切，平声尤韵，以母。"[27]"柔"与"游"均为"尤"韵，一个"日"母，一个"以"母，而两母发音相近，可通，如古"以"母字"融"、"容"、"熔"、"蓉"等今天普通话与一些方言读为"日"母，古"以"母字"用"、"勇"、"庸"等于一些方言中读为"日"母，古"日"母字"如"、"儒"、"人"、"闰"等于一些方言中读为"以"母，可见"日"、"以"两母可通。若此，语音上"柔"与"游"相近。语义上，《诗经·秦风·蒹葭》："遡游从之，宛在水中央。"毛传："顺流而涉曰'遡游'。"[20]此"游"表"河流"，《后汉书·皇后纪上·明德马皇后》："前过濯龙门上，见外家问起居者，车如流水，马如游龙。"此"游"同"游"，表舒展貌。"游"之"河流"⑳、"舒展貌"等义与"柔"之含义相近。故"游"与"柔"实为同音同义词，若此，《史记》将"柔兆"写作"游兆"可也。

"柔兆"，裴骃集解《史记·历书》"游兆摄提格征和元年"引徐广曰作"游桃"[1]，如清李慈铭《越缦堂读书记·艺术·汉敦煌太守裴岑纪功碑跋》："光绪游桃之岁涂月，同年孙叔莆吏部持此本过余，属为审定。""游"与"柔"之关系前文已论，再看"兆"与"桃"之关系。语音上，《广韵》"兆"为治小切，上声小韵，澄母；"桃"为徒刀切，平声豪韵，定母。[27]又《集韵》"桃"为他雕切，平声萧韵，透母。[28]"兆"、

"桃"声钮分别为知组与端组，韵母同为效摄，音近可通。语义上，前文论及，"兆"表"龟兆"、"形象"义，于"柔兆"中可表万物枝叶飘柔之状，"桃"则与"桃树"有关，二者语义相距甚远。故二者当为音近假借关系。

综上，"柔兆"为"枝叶炳然"之义。其中，"柔"为"枝叶柔弱"之义，"兆"为"龟兆"、"形象"，形容万物枝叶飘柔之状。"柔兆"，《史记》作"游兆"，"柔"与"游"互为同音同义词。"游兆"裴骃集解引徐广曰作"游桃"，"兆"与"桃"为音近假借关系。"柔兆"于文献相对常见。又如：

（50）其十干曰：于逢、旃蒙、柔兆、疆圉、著雍、屠维、上章、重光、玄默、昭阳。（《三命通会·论支干源流》）

16 强圉

（51）大荒落之岁，岁有小兵，蚕小登，麦昌，菽疾，民食二升。巳，在丁曰强圉。（《淮南子·天文》）

按："强圉"乃"岁阳"名，为"物强"之义，含有"物刚"、"皮坚"等特征，"圉"，"强"也。

"强圉"见于《大词典》，简录如下："强圉：亦作'强圉'。1. 强壮多力。2. 豪强；有权势的人。3. 天干第四位丁的别称。用以纪年。《淮南子·天文训》：'大荒落之岁，岁有小兵，蚕小登，麦昌，菽疾，民食二升，巳在丁，曰强圉。'高诱注：'在丁，言万物刚盛，故曰强圉也。'"[1]《大词典》关于"强圉"即天干"丁"之别称之释义是也，然过于简略。

"强圉"对应天干为"丁"。何谓"强圉"？除《大词典》所引相关训释外，又《尔雅·释天》："太岁在丁曰强圉。"郝懿行义疏引孙炎曰："强圉，万物皮孚坚者也。"[17]又引李巡曰："强圉，言万物皆刚盛未通，故曰强圉。"[17]《七修类稿·天地·岁月阳名》："在丁曰强圉，言万物刚胜也。"

以上"强圉"释义与天干"丁"之含义基本相符，《说文·丁部》："丁，夏时万物皆丁实。"段玉裁注："丁实，小徐本作丁壮成实。《律书》曰：'丁者、言万物之丁壮也。'《律历志》曰：'大盛于丁。'郑注《月令》曰：'时万物皆强大。'"[19]"丁"表万物"丁实"、"丁壮"、"强大"之义。

再看"强"与"圉"。先看"强"，《左传·文公十年》："初，楚范巫矞似谓成王与子玉、子西曰：'三军皆将强死。'"孔颖达疏："强，健也。"[12]《战国策·秦策四》："人徒之众，兵革之强。"高诱注："强，盛也。"[57]《尔雅·释诂上》："惊，强也。"郝懿行义疏："强，刚强之强。"[17]《玄应音义》卷六"强识"注：

"强，坚也。"[10]《慧琳音义》卷五十一"强逼"注引《埤苍》："强，壮也。"[10] ㉘

再看"圉"，"圉"本表"囹圄"义，如《说文·幸部》："圉，囹圄，所以拘罪人。从幸从口。一曰圉，垂也。"[19]《大词典》："圉：牢狱。"[1]"圉"又引申为"边疆"、"抵御"、"禁止"等义，如《尔雅·释诂》："疆、界、边、卫、圉，垂也。"[37] 又《释言》："御、圉，禁也。"郭璞注："禁制。"[37] 然"圉"之上述诸义显然与"强"及天干"丁"之意义明显不符。"圉"有无"强"义？有，如《逸周书·谥法》："敌圉克服曰庄。"朱右曾集训校释："圉，强也。"[58]《读书杂志·逸周书第三·叙圉》："圉者，强也。"[30]"圉"之"强"义亦由"囹圄"之"坚固"义所引申。若此，"强圉"之含义应为"物强"之义，含有"物刚"、"皮坚"等特征。㉙

"强圉"，《史记》作"强梧"，"圉"与"梧"有何关系呢？语音上，"圉"，《广韵》为鱼巨切，上声语韵，疑母；[27]"梧"，《集韵》为偶举切，上声语韵，疑母。[28]"圉"、"梧"音同。语义上，《大词典》："梧：强壮多力。""豪强；有权势的人。"[1] 可见，"圉"、"梧"义亦同。王力《同源字典》认为"圉"与"刚、敔、御"等互为同源词[59]，而"梧"与"圉、敔"等字亦有同源成分，故"圉"与"梧"亦应为一组同源词。故"强圉"即"强梧"。

综上，"强圉"为"物强"之义，含有"物刚"、"皮坚"等特征，"圉"，强也。"强圉"，《史记》作"强梧"，"圉"与"梧"互为同源词。"强圉"于文献相对常见。又如：

（52）陛下履极当强圉之岁，握符在作噩之春，适宋道之隆兴，得金天之正气。（《宋史·律历志三·步五星》）

（53）考泰和八年乃戊辰，而曰强圉单阏，则丁卯矣。（《四库全书总目提要·经部·小学类存目》）

17 著雍

（54）敦牂之岁，岁大旱，蚕登，稻疾，菽麦昌，禾不为，民食二升。午，在戊曰著雍。（《淮南子·天文》）

按："著雍"乃"岁阳"名，即"正逢和谐"、"恰好处于和谐状态"之义，"著"为"恰"、"正"之义，"雍"为"和谐"之义。

"著雍"见于《大词典》："著雍：亦作'著雝'。岁阳名。十干中戊的别称。《淮南子·天文训》：'午在戊曰著雝。'明郎瑛《七修类稿·天地一·岁月阳名》：'（太岁）在戊曰著雍。戊在中央，主和养万物也。'"[1]《大词典》所释是也，然过于简略。

"著雍"对应天干为"戊"。何谓"著雍"？除上述《大词典》所引相关训释外，又《尔雅·释天》："太岁在戊曰著雍。"[37]《淮南子·天文训》："午在戊曰著雝。"高诱注："在戊，言位在中央，万物繁养四方，故曰著雝也。"[4]③ "著雍"为"万物繁养"、"和养万物"之义。

"著雍"对应天干为"戊"，前文《七修类稿·天地一·岁月阳名》言："戊在中央，主和养万物也。"《康熙字典》："戊，十干之中也。物皆茂盛也。"[42] 可见，"戊"，即"茂"，含"物茂盛"之义。释"著雍"为"万物繁养"、"和养万物"与天干"戊"之含义切近。

再看"著"、"雍"之义。先看"雍"，《尚书·尧典》："百姓昭明，协和万邦，黎民于变时雍。"孔传："雍，和也。"[11]"和"，可理解为"阴阳和谐"、"繁养万物"之义，符合天干"戊"之语义特征。再看"著"，"著"可通"属"，如《诗经·鄘风·干旄》："素丝祝之，良马六之。"郑玄笺："祝，当作属。属，著也。"[20] 关于"属"，《国语·鲁语上》："匠师庆言于公曰：'……今先君俭而君侈，令德替矣。'公曰：'吾属欲美之。'"韦昭注："属，适也。"[8] 杜甫《陪裴使君登岳阳楼》："湖阔兼云雾，楼高属晚晴。"仇兆鳌注："属，当也。"[60] 从以上"著"与"属"之关系可知，"著"有"恰"之义。③ "著雍"之"著"释为"恰"、"正"较为合适，因"戊"正好处于十干之"中"，"丁"既为"丁实"义，则"戊"为"和谐"、"繁茂"之义符合事物发展之规律。若此，"著雍"即"正逢和谐"、"恰好处于和谐状态"之义，含"万物繁茂"之义。②

"著雍"亦作"著雝"。"雍"、"雝"实为同源词。首先语音相同，《广韵》"雍"、"雝"均为于容切，平声钟韵，影母。[27] 其次意义相近，如《尚书·尧典》："百姓昭明，协和万邦，黎民于变时雍。"孔传："雍，和也。"[11] 又如《大词典》："雍：和谐。""雝：和谐。多作'雍'。"[1] 兼之字形有同源成分，故"著雍"可作"著雝"。

综上，"著雍"即"正逢和谐"、"恰好处于和谐状态"之义，"著"为"恰"、"正"之义，"雍"为"和谐"之义。"著雍"亦作"著雝"，"雍"、"雝"互为同源词。"著雍"于文献相对常见。又如：

（55）《通鉴》以威王、宣王之卒各移下十年，以合孟子之书，今按《史记》愍王元年为周显王之四十六年，岁在著雍阉茂。（《日知录·通鉴》）

（56）岁阳：太岁在甲，曰阏逢。在乙，曰旃蒙。在丙，曰柔兆。在丁，曰强圉。在戊，曰著雍。在己，曰屠维。在庚，曰上章。在辛，曰重光。在壬，曰去黓。在癸，曰昭阳。（《庸闲斋笔记·岁阳月阳月名解》）

18　屠维

（57）协洽之岁，岁有小兵，蚕登，稻昌，菽麦不为，民食三升。未，在己曰屠维。（《淮南子·天文》）

按："屠维"为"岁阳"名，"屠维"即言"万物之成长、分化、成形，已有别于他物"。"屠"，别也；"维"，离也。

"屠维"见于《大词典》："屠维：天干中己的别称，用以纪年。一作'徒维'。《尔雅·释天》：'（太岁）在己曰屠维。'《淮南子·天文训》：'未在己曰屠维。'高诱注：'在己，言万物各成其性，故曰屠维。屠，别；维，离也。'"[1]《大词典》所释是也，然过于简略。

"屠维"相应天干为"己"。何谓"屠维"？除《大词典》所引相关训释外，又《七修类稿·天地·岁月阳名》："在己曰屠维，言万物各成其性。屠，别；维，离也。"

"屠维"对应天干为"己"，《说文·己部》："己，中宫也。象万物辟藏诎形也。"段玉裁注："辟藏者，盘辟收敛。字像其诘诎之形也。"[19]《大词典》："诘诎：屈曲；屈折。"[1]"己"即"万物已收敛成形"之义，此与高诱"万物各成其性"之释基本吻合。

对"屠"、"维"之解释较早主要见于高诱注③，高诱释"屠"为"别"，"维"为"离"，是也。《逸周书·周祝》："国覆，国事，国孤，国屠，皆若之何？"孔晁注："屠，谓人分裂也。"[61]"分裂"即"别"义。又《大词典》："维：同'唯'。独。"[1]"独"亦即"离"义。"别"、"离"即言"万物之成长、分化、成形，已有别于他物"。

"屠维"《史记》亦作"徒维"、"祝犁"。对于"徒"与"屠"之关系，《广韵》"屠"为同都切，平声模韵，定母；"徒"为同都切，平声模韵，定母。[27]"徒"即"屠"之同音假借。作"祝犁"，如《尔雅·释天》："在己曰屠维。"郝懿行义疏："历书作祝犁。"[17]《史记·书历》："祝犁大荒落四年。"又"祝犁协洽二年"，司马贞索隐："祝犁，己也。"[3]"屠维"与"祝犁"实为同音同义词。首先，"屠"、"祝"为同音同义词。语音方面，"屠"、"祝"实为一声之转。先看声母，"祝"为"章"母，属"照三"，上古"照三"归"端"，而"屠"为"定"母，属"端"组，故"屠"、"祝"上古声母相近。再看韵母，"屠"《广韵》为"模"韵，上古为"鱼"部，属阴声韵，"祝"《广韵》为"屋"韵，上古为"觉"部，属入声韵，两者主元音相近，易阴入对转，如"鱼"部字"捕"、"布"、"鼓"等与"觉"部字"目"、"复"、"督"等，今天韵母发音已完全相同。故"屠"、"祝"为一声之转。意义方面，《尚书·泰誓下》："上帝弗顺，祝降时丧。"孔安国传："祝，断也。"[11]《公羊传·哀公十四年》："子曰：'噫，天祝予！'"何休注："祝，断也。"[62]《列子·汤问》："南国之人，祝发而裸。"张湛注引孔安国注《尚书》云："祝者，截断其发也。"[26]"祝"有"断"、"断截"之义，与"屠"之"别"、"裂"之义相近。故于"别"义上，"屠"、"祝"为同音同义词。另，"犁"与"维"亦为同音同义词。语音方面，《广韵》"犁"为力脂切，平声脂韵，来母；"维"为以追切，平声脂韵，以母。[27]虽声母不同，然韵相同，可以相通。意义方面，《礼记·少仪》："牛羊之肺，犁而不提心。"陆德明释文："犁，本又作'离'。"[43]今本作"离"、"犁"与"维"之意义相同㉞。故"犁"与"维"亦为同音同义词。若此，则"屠维"与"祝犁"实为同音同义词。

综上，"屠维"即言"万物之成长、分化、成形，已有别于他物"。"屠"，别也；"维"，离也。"屠维"，《史记》又作"徒维"、"祝犁"。其中"屠"、"徒"为同音假借；"屠"、"祝"为同音同义词，"犁"、"维"亦为同音同义词，故"屠维"、"祝犁"互为同音同义词。"屠维"于文献相对常见。又如：

（58）有孚复为之序，题"屠维作噩二月"，乃洪武二年己酉，在元亡之后矣。（《四库全书总目提要·集部·别集类》）

（59）正孙字粹然，自号蒙斋野逸。前有自序，题"岁在屠维赤奋若"，盖己丑年作。（《诗文评类》）

19　上章

（60）涒滩之岁，岁和，小雨行，蚕登，菽麦昌，民食三升。申，在庚曰上章。（《淮南子·天文》）

按："上章"为"岁阳"名，指"万物章明有实"之义。"上"，最也；"章"，盛也。

"上章"见于《大词典》："上章：十干中'庚'的别称，用以纪年。《尔雅·释天》：'（太岁）在庚曰上章。'隋许善心《神雀颂》：'岁次上章，律谐大吕，玄枵会节，玄英统时。'清钱谦益《闻母邹太君七十序》：'谨书之以为序。时上章困敦十一月初五日。'"[1]㉟《大词典》所释是也，然过于简略。

何谓"上章"？除《大词典》所引相关训释外，又《淮南子·天文训》："申在庚曰上章。"高诱注："在庚，言阴气上升，万物毕生，故曰上章也。"[4]《七修类稿·天地·岁月阳名》："在庚曰上章，章，明也，万物毕生，至秋而章明也。"

"上章"对应天干为"庚"。《说文·庚部》："庚，位西方，象秋时万物庚庚有实也。"[19]"庚"义为"秋天万物有实之貌"，即万物已接近成熟也。若此，则"上章"应为"万物章明有实"之义，与高诱注等相吻合。

再看"上"、"章"之义。先看"章"，《尚书·尧典》："九族既睦，平章百姓。"孔颖达疏："教之以礼法，章显之使之明著。"[12]《周易·姤》："天地相遇，品物咸章也。"高亨注："章，盛也。"[63]《国语·周语中》："且夫兄弟之怨不征于他，征于他，利乃外矣。章怨外利，不义。"韦昭注："章，明也。"[8]《吕氏春秋·审时》："得时之稼，其臭香，其味甘，其气章。"高诱注："章，盛也。"[21]又《勿躬》："故善为君者，矜服性命之情，而百官已治矣，黔首已亲矣，名号已章矣。"高诱注："章，明也。"[21]"章"有"明"、"盛"之义，此显然符合天干"庚"之语义特点。再看"上"，《淮南子·时则》："是月也，工师效功，陈祭器，案度程，坚致为上。"高诱注："上，盛也。"[4]又《说山》："夫惟能下之，是以能上之。"高诱注："上，大也。"[4]又《泛论》："政教有经，而令行为上。"高诱注："上，最也。"[4]"上"有"盛"、"最"、"大"等义，主要用作修饰语。如此，则"上章"有"万物十分章明"之义。"上"又有"升"义，如《周易·需·象传》："云上于天，需，君子以饮食宴乐。"陆德明释文引干宝云："上，升也。"[43]《楚辞·九歌·东君》："长太息兮将上，心低徊兮顾怀。"洪兴祖补注："上，升也。"[64]《礼记·曲礼上》："奋衣由右上，取贰绥。"孔颖达疏："上，升也。"[12]"上"有"升"义，虽然符合高诱"在庚，言阴气上升"之释义，然"上"与"章"义联系过于松散，且"上"为动词，而"章"为形容词，两者搭配显然并不自然，故"上"不如释"盛"、"最"、"大"等贴切。

另，《史记》中有岁阳"尚章"一词，"尚章"是否即"上章"呢？构词语素上，"尚章"与"上章"只是"尚"与"上"之区别，"尚"、"上"有何关系？《周礼·考工记》："有虞氏上陶，夏后氏上匠，殷人上梓。"孙诒让正义："尚、上义同。"[55]《诗经·魏风·陟岵》："上慎旃哉，犹来无止！"朱熹集传："上，犹尚也。"[65]《论语·阳货》："君子义以为上。君子有勇而无义为乱，小人有勇而无义为盗。"邢昺疏："上，尚也。"[66]《方言》卷十二："上，重也。"戴震疏证："尚、上义相通。"[67]按理，"尚"、"上"即义同，"尚章"则即"上章"也。然实则不然，"尚章"并非"上章"，而为"昭阳"。如《史记·历书》："尚章大渊献二年。"司马贞索隐："尚章，癸也，《尔雅》作'昭阳'。"[3]又"尚章汁洽六年"、"尚章作噩二年"、"尚章大荒落元康元年"、"尚章大荒落元康元年"，以上"尚章"均为"昭阳"，而非"上章"。

"尚章"为何不可能为"上章"？从文献数据及古代历法知识看，在岁阳与岁阴搭配纪年法中，"上章"与"汁洽"（协洽）、"作噩"、"大荒落"、"单阏"、"赤奋若"、"大渊献"根本不能搭配，而"尚章"、"昭阳"与此数岁阴则能搭配。何也？原来岁阳岁阴纪年法与天干地支纪年法相同，干支纪年法中，天干之奇数位（即阳干）只能配地支之奇数位（即阳支），天干之偶数位（即阴干）只能配地支之偶数位（即阴支）。其中阳干为甲、丙、戊、庚、壬；阴干为乙、丁、己、辛、癸；阳支为子、寅、辰、午、申、戌；阴支为丑、卯、巳、未、酉、亥。岁阳岁阴与干支之对应关系为：岁阴：摄提格（寅）、单阏（卯）、执徐（辰）、大荒落（巳）、敦牂（午）、协洽（未）、涒滩（申）、作噩（酉）、淹茂（戌）、大渊献（亥）、困敦（子）、赤奋若（丑）；岁阳：阏逢（甲）、旃蒙（乙）、柔兆（丙）、强圉（丁）、著雍（戊）、屠维（己）、上章（庚）、重光（辛）、玄黓（壬）、昭阳（癸）。"上章"为岁阳第七位，对应天干亦为第七位，为奇数位；"昭阳"为岁阳第十位，对应天干亦为第十位，为偶数位；"汁洽"、"作噩"、"大荒落"、"单阏"、"赤奋若"、"大渊献"对应岁阴及地支分别为第八、第十、第六、第四、第二、第十二位，均为偶数位。若此，则"汁洽"、"作噩"、"大荒落"、"单阏"、"赤奋若"、"大渊献"等只能与"昭阳"搭配，而不能与"上章"搭配。故前文中《史记•历书》之"尚章汁洽六年"、"尚章作噩二年"、"尚章大荒落元康元年"、"尚章大荒落元康元年"等句中，"尚章"不可能为"上章"。

"尚章"不可能为"上章"，此已毫无疑问。然"尚章"为何可为"昭阳"呢？此问题将于后文"昭阳"条详释，此处从略。

综上，岁阳"上章"为"万物章明有实"之义。"上"，最也；"章"，盛也。"上章"非"尚章"。"上章"于文献相对常见。又如：

（61）当汉高皇帝受命四十有五岁，阳在上章，阴在执徐，冬十有一月甲子夜半朔旦冬至，日月闰积之数皆自此始，立元正朔，谓之《汉历》。（《后汉书•律历志下•历法》）

（62）崇宁纪元历演纪上元上章执徐之岁，距元符三年庚辰，岁积二千八百六十一万三十四百六十算；至崇宁五年丙戌，岁积二千八百六十一万三千四百六十六算。（《宋史•律历志十二•纪元历》）

20 重光

（63）作鄂之岁，岁有大兵，民疾，蚕不登，菽麦不为，禾虫，民食五升。酉，在辛曰重光。（《淮南子•天文训》）

按："重光"为"岁阳"名，为"万物很有光泽"之义，言"物熟"之貌。"重"含"多"义，"光"为"明亮有光泽"之义。

"重光"见于《大词典》，兹简列如下："重光：1.比喻累世盛德，辉光相承。2.指日、月。3.指日冕或日珥现象。古人以为瑞应。4.再放光明；光复。5.殿名。6.岁阳名称之一。《尔雅·释天》：'（太岁）在辛曰重光。'"[1]《大词典》关于"重光"指"岁阳"之释过于简略。

何谓"重光"？除《大词典》所引相关训释外，又《淮南子·天文训》："（岁）在辛曰重光。"高诱注："在辛，言万物就成熟。其煌煌，故曰重光也。"[4]《七修类稿·天地·岁月阳名》："在辛曰重光，重，再也；光，新也；言万物将就成熟而再新也。"

"重光"对应天干为"辛"，《说文·辛部》："辛，秋时万物成而孰。"[9]《礼记·月令》："孟秋之月，日在翼，昏建星中，旦毕中，其日庚辛。"郑玄注"辛之言新也。"[68]《史记·律书》："辛者，言万物之辛生，故曰辛。"《汉书·律历志上》："悉新于辛，怀任于壬，陈揆于癸。""辛"义为"万物秋熟"，故高诱注"重光"为"万物就成熟"是也。

再看"重"、"光"词义。先看"光"，"光"有"明亮有光泽"义，如《周易·益》："自上下下，其道大光。"《左传·昭公二十八年》："昔有仍氏生女黰黑而甚美，光可以鉴，名曰玄妻。"《楚辞·九章·涉江》："吾与天地兮比寿，与日月兮齐光。"《文选·潘岳〈笙赋〉》："光歧俨其偕列，双凤嘈以和鸣。"李善注："光，华饰也；歧，众管也。"[6]"光"为"明亮有光泽"之义，即"物熟"之貌，与高诱之"煌煌"义同⑭。如再看"重"，《文选·陆云〈大将军宴会被命作〉诗》："辰暑重光，办风应律。"李善注引张晏曰："重光，谓日、月也。"[6]又《左思〈吴都赋〉》："旗鱼须，常重光。"刘逵注："重光，谓日月画于旗上也。"[6]"重"，音"chóng"。"重光"指日月之光，如此，则岁阳"重光"之"重"含"多"义，表程度之高，后者释义如《左传·成公二年》："重器备，椁有四阿，棺有翰桧。"杜预注："重，犹多也。"[7]《文选·张衡〈东京赋〉》："于时蒸民，罔敢或贰，其取威也重矣。"薛综注："重犹多也。"[6]岁阳"重光"应为"万物很有光泽"之义，言"物熟"之貌。⑮

综上，"重光"为"万物很有光泽"之义，言"物熟"之貌。"重"含"多"义，"光"为"明亮有光泽"之义。"重光"于文献相对常见。又如：

（64）至以岁阳岁名纪日，本于吴国山碑中"日惟重光大渊献"语，而并以纪月，则独见于此序。（《四库全书总目提要·集部·别集类》）

（65）陶夫人像，高冠补服，上方有先生自书赞，曰："孝而殉，国人所闻，弗待余云。慈以鞠，不究其粥，奚以相暴。静好尔音，函之于心，有言孰谌。偕隐之思陆沉，已而焉用文。之天或假，而以后昆。昔仿佛不迷，唯斯焉之为仪。重光大渊献玄月望日，夕堂老人题。"（《蕉廊脞录·王夫之及夫人遗像》）

21 玄黓

（66）掩茂之岁，岁小饥，有兵，蚕不登，麦不为，菽昌，民食七升。戌，在壬曰玄黓。（《淮南子·天文》）

按："玄黓"为"岁阳"名，义为"物终而深藏"。"玄"、"黓"均表"黑"义，"黑"为天地浑沌以及成熟孕育之色。

"玄黓"见于《大词典》："玄黓：天干壬的别称，用以纪年。壬年称玄黓。《尔雅·释天》：'（太岁）在壬曰玄黓。'郝懿行义疏：'按玄黓，言物终而幽翳也。'《淮南子·天文训》：'戌在壬曰玄黓。'高诱注：'在壬，言岁终包任万物，故曰玄黓也。'金元好问《壬子冬至新轩张兄圣与求为儿子阿平制名》诗：'玄黓之冬客须城，问平之年纔五龄。'"[1]《大词典》所释是也，然过于简略。

"玄黓"对应之天干为"壬"。何谓"玄黓"？除上述《大词典》所列相关训释外，又《七修类稿·天地·岁月阳名》："在壬曰玄黓，言岁终包任万物而深藏也。"以上显示，"玄黓"即"物终而深藏"之义。

再看"玄黓"所对应天干"壬"之含义。《诗经·小雅·宾之初筵》："烝衍烈祖，以洽百礼。百礼既至，有壬有林。"毛传："壬，大；林，君也。"[20]朱熹集传："壬，大；林，盛也。言礼之盛大也。""象人裹妊之形。承亥壬以子，生之叙也。"[65]《史记·律书》："壬之为言任也。言阳气任养万物于下也。"《汉书·元后传》："初，李亲任政君在身，梦月入其怀。"颜师古注："任，怀任。"[5]㉟《白虎通·五行》："北方者，阴气在黄泉之下，任养万物……南方者，任养之方，万物怀任也。"[69]《说文·壬部》："壬，位北方也。阴极阳生，故《易》曰：'龙战于野。'"[19]可见，"壬"即"任"，又即"妊"，"孕育万物"之义，此与"玄黓""物终而深藏"之义相应，物终而深藏，即为孕育万物之状态。

再看"玄"、"黓"词义。先看"玄"，《诗经·豳风·七月》："载玄载黄，我朱孔阳。"毛传："玄，黑而有赤也。"[20]《楚辞·九章·怀沙》："玄文处幽兮"王逸注："玄，墨也。"[70]㊴《说文·玄部》："黑而有赤色者为玄。"[19]《玉篇·玄部》："玄，黑也。"[52]再看"黓"，《玉篇·黑部》："黓，黑也。"[52]《广韵·职韵》："黓，皁也。"[27]㊵"玄"、"黓"均表"黑"义，"黑"为天地浑沌以及万物成熟、深藏、孕育之色，故"玄黓"可以释为"物终而深藏"之义，亦即"物终孕育万物"之义。

"玄黓"，亦可作"玄弋"，如《别雅》卷五："玄弋，玄黓也。"[44]"黓"、"弋"为同源词。语音方面，《广韵》"黓"与"弋"均为与职切，入声职韵，以母。[27]在意义方面，《汉书·文帝纪》："身衣弋绨，所幸慎夫人衣不曳地，帷帐无文绣，以示敦朴，为天下先。"颜师古注："弋，黑色也。"[5]《潜夫论·浮侈》："孝文皇帝，躬衣弋绨。"汪继培笺："弋，即黓之省。"[71]《广雅·释器》："黓，黑也。"王念孙疏证："黓，字通作弋。"[24]可见，"黓"、"弋"音义相同，兼之字形有同源成分，"黓"、"弋"实为同源词，故"玄弋"又可作"玄黓"。

"玄黓"，《史记》亦作"横艾"。《史记·历书》："横艾淹茂太始元年。"司马贞索隐："横艾，壬也，《尔雅》作'玄黓'。"[3]张守节正义："元年，壬戌岁也。"[3]又"横艾涒滩始元元年"、"横艾敦牂五年"、"横艾执徐四年"、"横艾摄提格二年"。再看"玄黓"与"横艾"之具体音义联系。在语音方面，《广韵》"玄"为胡涓切，平声先韵，匣母；"横"为户盲切，平声庚韵，匣母；"黓"为与职切，入声职韵，以母；"艾"为五盖切，去声泰韵，疑母。[27]在声母方面，"玄"与"横"相同，均为"匣"母；"黓"与"艾"一为"以"母，一为"疑"母，"以"母为喉音，"疑"母为牙音，发音部位相近，"以"、"疑"邻纽可通。在韵母方面，"玄"先韵，"横"庚韵，"黓"职韵，"艾"泰韵，均可发生旁对转。在意义方面，先看"横"，《楚辞·九歌·湘君》："横流涕兮潺湲，隐思君兮陫侧。"蒋骥注："横，充满也。"[72]《吕氏春秋·适音》："太钜则志荡，以荡听钜则耳不容，不容则横塞，横塞则振。"集释引王念孙曰："横，犹充也。"[73]《史记·乐书》："钟声铿，铿以立号，号以立横，横以立武，君子听钟声则思武臣。"裴骃集解引郑玄曰："横，充也。"[3]《急就篇》卷一："乌承禄，令狐横。"颜师古注："横，充也，大也。"[38]《汉书·礼乐志》："扬金光，横泰河，莽若云，增阳波。"颜师古注："横，充满也。"[5]再看"艾"，《左传·定公十四年》："野人歌之曰：'既定尔娄猪，盖归吾艾豭。'"杜预注："艾，老也。"[7]《楚辞·九歌·少司命》："竦长剑兮拥幼艾，荪独宜兮为民正。"王逸注："艾，长也。"[70]《礼记·曲礼上》："五十曰艾，服官政。"郑玄注："艾，老也。"[68]《方言》卷六："艾，长老也。东齐鲁卫之间凡尊老或谓之艾。"[67]《广雅·释诂一》："艾，老也。"[24]可见，"横艾"即"物满"、"物老"之义，与"玄黓"义同。若此，于"物满"、"物老"义上"玄黓"与"横艾"可为同音同义词，故《史记》将"玄黓"写作"横艾"。

综上，"玄黓"义为"物终而深藏"。"玄"、"黓"均表"黑"义，"黑"为天地浑沌以及成熟孕育之色。"玄黓"一作"玄弋"，《史记》亦作"横艾"，"弋"、"黓"为同源词，"玄黓"与"横艾"互为同音同义词。"玄黓"于文献相对常见，又如：

（67）山东人刻《金石录》，于李易安《梭序》："绍兴二年玄黓岁壮月朔。不知壮月之出于《尔雅》，而改为'牡丹'。凡万历以来所刻之书多'牡丹'之类也。"（《日知录·别字》）

22　昭阳

（68）困敦之岁，岁大雾起，大水出，蚕稻麦昌，民食三斗。子，在癸曰昭阳。
（《淮南子·天文》）

按："昭阳"为"岁阳"名，指"阳气始明（生）、万物复苏萌动"之义。"昭"，
"明"也；"阳"，乃"复苏"、"生长"之义。

"昭阳"见于《大词典》："昭阳：1. 岁时名。十干中癸的别称，用于纪年。《尔雅·释
天》：'（太岁）在癸曰昭阳。'《淮南子·天文训》：'亥在癸曰昭阳。'高诱注：
'在癸，言阳气始萌，万物合生，故曰昭阳也。'北周庾信《三月三日华林园马射赋》：
'岁次昭阳，月在大梁。'2. 汉宫殿名。"[1]《大词典》关于"昭阳"指"岁阳"之
释过于简略。

"昭阳"对应天干为"癸"。何谓"昭阳"？除上述《大词典》所引相关训释外，
又《七修类稿·天地·岁月阳名》："在癸曰昭阳，昭，显也；言阳气始萌，万物
将显也。"

关于"癸"，《礼记·月令》："孟冬之月，其日壬癸。"郑玄注："日之行，
东北从黑道，闭藏万物，月为之佐，时万物怀任于下，揆然萌芽，又因以为日名焉。"[68]
《史记·律书》："癸之为言揆也。言万物可揆度也。"《说文·癸部》："癸，冬时，
水土平，可揆度也。"朱骏声通训定声："《释名·释天》：'癸，揆也。揆度而
生乃出土也。'太元元数注：'癸，取其揆然而萌芽也。'"[74]可见，"癸"指冬
时万物闭藏地下而揆然萌芽之义，即高诱所谓"阳气始萌，万物合生"之释。"癸"
虽有萌芽之义，然因此时尚处冬时，仅刚刚处于萌芽之态，阳气尚不足，尚未破土
而出。"癸"承"壬"之"阳气任养万物于下"之状态，"癸"之后，才为"甲"，
即萌芽时受遏遇阻，然后再为"乙"，即万物破土萌芽之义。

再看"昭"、"阳"之义。先看"昭"，《诗经·大雅·抑》："昊天孔昭，
我生靡乐。"此处"昭"即"明亮"义。又《小雅·鹿鸣》："我有嘉宾，德音孔昭。"
郑玄笺："昭，明也。"[20]故"昭"有"明亮"、"显著"之义。再看"阳"，可指"太
阳"、"阳光"，如《诗经·小雅·湛露》："湛湛露斯，匪阳不晞。"毛传："阳，
日也。"[20]又可指"亢阳之气"，如《楚辞·天问》："天式从横，阳离爰死。"
王逸注："人失阳气则死。"[70]又有"鲜明"、"明亮"之义，如《诗经·豳风·七月》：
"载玄载黄，我朱孔阳，为公子裳。"毛传："阳，明也。"[20]又有"复苏"、"生长"
之义，如《庄子·齐物论》："近死之心，莫使复阳也。"成玄英疏："阳，生也。"[32]"阳"
之以上诸义皆相通，均与"阳气萌动"有关，岁阳"昭阳"之"阳"应释为"复苏"、
"生长"之义。"阳"与"昭"亦相应，因阳气之"明"、之"显"而万物才能"复苏"、

"生长"。若此，"昭阳"应理解为"阳气始明（即生），万物复苏萌动"之义较□。

"昭阳"，《史记》又作"尚章"。㊵"昭阳"与"尚章"究竟有何关联？语音上，《广韵》"昭"止遥切，平声宵韵，章母；"尚"市羊切，平声阳韵，禅□；"阳"与章切，平声阳韵，以母；"章"诸良切，平声阳韵，章母。"[27]"宵"、"阳"韵可旁对转，"章"、"禅"母均为"照三"，故"昭"、"尚"音近可通；"阳"、"□"均为"阳"韵，故亦可通。语义上，先看"尚"与"昭"是否有关系，《吕氏春秋·古乐》："乐所由来者尚也，必不可废。"高诱注："尚，曩。"[21]许维遹集释引王念孙曰："尚之为言向也。"[73]"曩"有"向"义，如《左传·襄公二十四年》："曩者志入而□，今则怯也。"陆德明释文："曩，向也。"[43]《说文·日部》："曩，向也。"[19]"□"有"明"义，如《庄子·秋水》："证向今故，故遥而不闷，掇而不跂，无时无止。"郭象注："向，明也。"[32]故"尚"与"曩"、"向"可同义㊷，虽"向"有"明"□，与"昭"义相近，然尚缺乏必要证据证明"尚"有"明"义，故语义上尚不能言"□"与"昭"同义，暂仅将二者关系定为音近可通而已。再看"章"与"阳"，《国语·□语中》："且夫兄弟之怨，不征于他，征于他，利乃外矣。章怨外利，不义。"韦昭注："章，明也。"[8]《吕氏春秋·勿躬》："故善为君者，矜服性命之情，而百官已□矣，黔首已亲矣，名号已章矣。"高诱注："章，明也。"[21]"章"亦有"明"亦与"阳"义亦相近。故于"阳气始明、万物复苏萌动"之义上，"昭阳"可作"尚章"。

综上，"昭阳"指"阳气始明（生）、万物复苏萌动"之义。"昭"，"明"也；"阳"，乃"复苏"、"生长"之义。"昭阳"，《史记》作"尚章"，"尚"与"昭"音近可通；"章"与"阳"音近义同。"昭阳"于文献相对常见。又如：

（69）岁次昭阳，月在大梁。其日上巳，其时少阳。春吏司职，青祇效祥。征万骑于平乐，开千门于建章。（《艺文类聚》卷第四）

（70）《尔雅》疏曰："甲至癸为十日，日为阳；寅至丑为十二辰。辰为阴。"此二十二名，古人用以纪日，不以纪岁。岁则自有阏逢至昭阳十名为岁阳，摄提□至赤奋若十二名为岁名。（《日知录·古人不以甲子名岁》）

（71）同治十有二年，岁在昭阳作噩，斗指酉，庸闲老人漫识于行苇堂，时年六十有二。（《庸闲斋笔记·自序》）

综上所述，要想了解岁阴岁阳系列历法词语的含义，既要从词汇意义入手，又要结合相应地支来分析。据前文分析，"摄提格"为北斗斗杓已指至"摄提"星之□，"摄提"为星名，共六颗，分为左摄提三星和右摄提三星，"摄提"有统摄之义，"格"为"至"义；"单阏"为"尽止"义，即阳气推万物而起，阴气尽止之义，"单"，尽，"阏"，止也，"单阏"一作"亶安"、"蝉焉"，"单阏"与"亶安"为同音同义词关系，"单阏"与"蝉焉"为同音假借，"单阏"今读应为"dānè"；"执徐"即"蛰舒"，为伏蛰之物皆散舒而出之义,"执"通"蛰","蛰"即冬天动物伏蛰之义,"徐"即"舒",指万物舒展之貌;"大荒落"义为万物炽盛成章而聚集,"大"为修饰语,表程度之高,"荒"表大义,"落"为聚集、多之义,"大荒落"亦作"大荒骆"、"大芒落"、"大芒骆","荒"与"芒","骆"与"落"互为同源词;"敦牂"义为盛壮,或茂壮,"敦"即盛义,盛即茂、大义,"牂"即壮、肥之义;"协洽"即万物和合之义,"协"、"洽"同义,均为"和谐"、"调和"之义,"协洽",《史记》作"汁洽"、"叶洽","协"、"汁"、"叶"为同音异体字;"涒滩"表万物吐秀倾垂之貌,"涒"、"滩"均可释为"循",含水流曲折之貌,"涒滩"又作"涒汉"、"涒摊"、"涒叹"、"芮汉"等,其中"滩"与"摊"、"叹"、"汉"为同源词,"涒"与"芮"为音同或音近通假;"作噩"为物熟、物老之义,"作"、"噩"均有物熟之义,"作噩"又作"作鄂"、"作咢"、"作萼"、"作詻"、"作索"等,语音上"噩"与"鄂"、"咢"、"萼"、"詻"、"索"属音同或音近关系,其中"鄂"、"咢"、"萼"为同源词关系;"阉茂"为蔽冒之义,即覆盖、遮盖之义,"阉"、"茂"均有蔽冒义,"阉茂"又作"淹茂"、"掩茂","阉"与"掩"、"阉"互为同源词;"大渊献"为万物深藏以迎阳之义,"大"为修饰语,表程度高,"渊"为深藏之义,"献"为迎接之义;"困敦"即阴阳混沌,万物滋萌之义,"困"为混义,"敦"为沌义;"赤奋若"义为阳气振奋而起,万物顺性而生,"赤"表阳色,"奋"为振奋、奋起之义,"若"为顺之义,即顺阳气之义;"阏逢"义为受遏而欲出,"阏"即遏止、壅遏之义,"逢"为逢遇、受当而欲出之义,"阏逢"亦作"焉逢","阏"、"焉"为同音假借,"阏逢"又作"阏蓬","逢"、"蓬"亦为同源词;"旃蒙"即草木滋长萌芽之义,"蒙"和"旃"互为同义词,均有萌芽之义,"旃蒙",《史记》作"端蒙","端"、"旃"互为同音同义词;"柔兆"为枝叶炳然之义,"柔"为枝叶柔弱之义,"兆"为龟兆、形象,形容万物枝叶飘柔之状,"柔兆",《史记》作"游兆","柔"与"游"互为同音同义词;"强圉"为物强之义,含有物刚、皮坚等特征,"圉",强也,"强圉",《史记》作"强梧","圉"与"梧"互为同源词;"著雍"即正逢和谐、恰好处于和谐状态之义,"著"为恰、正之义,"雍"为和谐之义,"著雍"亦作"著雝","雍"、"雝"互为同源词;"屠维"即言万物的成长、分化、成形,已有别于他物,"屠",别,"维",离也,"屠维",《史记》又作"徒维"、"祝犁","徒"、"屠"为同音假借,"屠维"与"祝犁"互为同音同义词;"上章"为万物章明有实之义,"上",最也,"章",盛也,"上章"并非"尚章";"重光"应为万物很有光泽之义,言物熟之貌,"重"含"多"义,"光"为明亮有光泽之义;"玄黓"为物终而深藏之义,含孕育万物之义,"玄"、"黓"均表黑义,黑为天地浑沌以及成熟孕育之色,"玄黓"一作"玄弋",《史记》

又作"横艾","弋"、"黓"为同源词,"玄黓"与"横艾"互为同音同义词;"昭阳"为阳气始明(即生)、万物复苏萌动之义,"昭",明也,"阳",复苏、生长之义,"昭阳",《史记》作"尚章",两者互为同音同义词。

注释:

①又《史记·天官书》:"左角,李;右角,将。大角者,天王帝廷。其两旁各有三星,鼎足句之,曰摄提。"张守节正义:"大角一星,在两摄提间,人君之象也。""摄提六星,夹大角,大臣之象,恒直斗杓所指,纪八节,察万事者也。"司马贞索隐:"《元命包》云:'摄提之为言提携也。言能提斗携角以接于下也'。"

②因"摄提"星能建十二月,且能建正月,故古人便将太岁在寅月(即夏历正月)之年份取一年名,称为"摄提格"。"摄提格"对应地支为寅,《说文·寅部》:"寅,髌也。正月,阳气动,去黄泉,欲上出,阴尚强,象宀不达,髌寅于下也。"徐锴曰:"寅斥之意,人阳气锐而出,上阂于宀曰,所以摈之也。"寅月,阳气已动。故李巡云"言万物承阳起,故曰摄提格。"

③《史记·天官书》:"单阏岁,岁阴在卯、星居子。"司马贞索隐引李巡曰"阳气推万物而起,故曰单阏。单,尽也。阏,止也。"

④本文所说的"同音"均含音近的情况。

⑤"洽"、"合"实为同源词关系,可参见王力《同源字典》,商务印书馆1982年版。

⑥"协"、"和"、"洽"均为同源词关系,可参见王力《同源字典》,同上。

⑦《大词典》:"单尽:竭尽。单,通'殚'。""滩"有"尽"义,此义蒋礼鸿、徐复、郭在贻诸位先生均有探究,蒋先生综合徐、郭二位先生之说,认为"气力滩"之"滩"字本字当作"瘅"、"瘥"、"勤",指力尽;"冰下滩"之"滩"即《说文》之"灘"字,指水尽,"滩"即"灘"之俗体。参见蒋礼鸿先生《敦煌变文字义通释》"滩"条相关释义。

⑧《大词典》:"涃邻:水曲折回旋貌。"

⑨方言"涃"为"倾注"之义。

⑩高诱注《吕氏春秋·序意》释"涃滩"为"夸人短舌不能言为涃滩也",应是反语,讽刺人短舌说话不够流畅。在语音方面,"涃"、"滩"为一声之转,《广韵》"涃"为他昆切,平声魂韵,透母;"滩"为他干切,平声寒韵,透母。所以陈奇猷引覃戒甫释"涃滩"为"涃、滩为双声联绵字"。

⑪又《集韵》"涃"纡伦切,平声谆韵,影母。

⑫又如《史记·历书》:"昭阳作鄂四年。"司马贞索隐:"作鄂,酉也。"张守节正义:"四年,辛酉岁也。"《淮南子·天文训》:"太阴在酉,岁名曰作鄂。"

⑬"芒"乃"草之末端"、"稻麦子实外壳细刺"之义,如《吕氏春秋·审时》:"得时之稻,大本而茎葆,长秱疏機,穗如马尾,大粒无芒。"《文选·潘岳〈射雉赋〉》:"麦渐渐以擢芒,雉鷕鷕而朝鸲。""芒"为物熟之特征。

⑭见前文之训释。

⑮"茂"即"冒","冒"即"蔽"、"覆"之义,如《周礼·考工记·韗人》:"凡冒鼓,必以启蛰之日。"郑玄注:"冒,蒙鼓以革。"《文选·江淹〈杂体诗·效谢庄"郊游"〉》:"凉叶照沙屿,秋荣冒水浔。"吕延济注:"冒,覆也。"

⑯如《尚书·盘庚上》:"世选尔劳,予不掩尔善。"孔传:"言我世世选汝功勤,不掩蔽汝善。"

⑰另,高诱、孙炎等皆释"茂"为"冒","茂"、"冒"为一组同音同义词,语音上,《广韵》"茂"为莫候切,去声候韵,明母;"冒"为莫报切,去声号韵,明母;又莫北切,入声德韵,明母。"茂"、"冒",上古皆为明母幽部,故"茂"、"冒"音同。词义上,前文已阐释"茂"、"冒"均有"覆盖"之义。故"茂"、"冒"为同音同义词关系。

⑱十月,万物深藏起来,此时阳气虽弱,然已升起,万物自然进入迎接阳气之状态,故"亥"有开始进入迎接阳气之状态之义。

⑲又《汉书·礼乐志》:"青阳开动,根荄以遂。"颜师古注:"草根曰荄。又与核通。"

⑳又如《国语·吴语》:"大夫种乃献谋。"韦昭注:"献,进也。"《楚辞·招魂》:"献岁发春兮,汩吾南征。"王逸注:"献,进。"《玉篇·犬部》:"献,奉也,进也。"《大词典》:"献:进入,进到。""献岁,进入新的一年;岁首正月。""献"之"进入"义为"进献"义引申而来,因"献东西",故要"进入"。"进献"、"进入"很自然引申出"迎接"之义,故高诱释"献"为"迎"。"迎"即"迎接阳气"之义,"迎"包含"进入"之义。

㉑如韩愈《三星行》:"我生之辰,月宿南斗,牛奋其角,箕张其口。"

㉒如《诗经·大雅·常武》:"王奋厥武,如震如怒。"

㉓如《周易·豫》:"雷出地奋。"孔颖达疏:"奋是震动之状。"

㉔《大词典》:"迅:快,迅速。"

㉕又如《吕氏春秋·长攻》:"凡治乱存亡,安危强弱,必有其遇,然后可成,各一则不设。"高诱注:"遇,犹遭也。"《尔雅·释诂下》:"遘、遇也。"郝懿行义疏:"遇谓之遭。"《文选·张衡〈东京赋〉》:"其遇民也,若剃氏之芟草,

既蕴崇之，又行火焉。"薛综注："遇，逢遇也。"

㉖语音上，《广韵》"之"为止而切，平声之韵，章母；"旃"为诸延切，平声仙韵，章母。

㉗"河流"有流动、柔之特性。

㉘据王云路、方一新二位先生研究，中古时"强"之"硬"、"僵硬"义较为普遍。"强"与"坚"、"刚"同义，皆言硬也。参见二位先生之《中古汉语语词例释》有关"强"条之释义。

㉙关于"强圉"，又《楚辞·离骚》："浇身被服强圉兮。"王逸注："强圉，多力也。"《汉书·王莽传》："不侮鳏寡，不畏强圉。"颜师古注："强圉，强梁圉捍也。"《文选·骚上》："浇身被服强圉兮，纵欲而不忍。"李善注："强圉，多力也。"《别雅》卷三："强圉，强御也。"等等。然"强圉"以上之义均不合岁阳"强圉"之语义特点。

㉚"著雒"即"著雍"，详见下文。

㉛"著"又有"始"义，如《尔雅·释天》："太岁在戊曰著雍。"陆德明释文："著，本或作祝。"《国语·郑语》："故命之曰祝融。"韦昭注："祝，始也。"《群经平议·毛诗四》："侯作侯祝。"俞樾按："祝亦始也。""始"与"恰"义差别不大，语义中所含时间于一定语境中可交叉。

㉜另，"著"有"生长"之义，如《齐民要术·插梨》："若稆生及种而不栽者，则著子迟。"韩愈《感春》之四："画蛇著足无处用，两鬓雪白趋埃尘。"如此，则"著雍"可释义为"生长和谐"，亦通，然逻辑性似嫌不强。

㉝见前文。

㉞"维"为"离"义，见前文。

㉟《大词典》又列出一"上章"词条："上章：1.向皇帝上书。《后汉书·百官志二》：'（公交车司马令）掌宫南阙门，凡吏民上章，四方贡献，及征诣公交车者。'宋周密《齐东野语·赵伯美》：'伯美为湖南宪，牟潨叔清知衡阳，行移之间，微有抵牾，伯美遂上章劾叔清。'元刘祁《归潜志》卷四：'时丞相朮虎高琪擅权变乱祖宗法度，公上章劾之。'2.道士上表求神。《晋书·王献之传》：'献之遇疾，家人为上章，道家法应首过，问其有何得失。'《隋书·经籍志四》：'又有诸消灾度厄之法，依阴阳五行数术，推人年命书之，如章表之仪，并具贽币，烧香陈读，云奏上天曹，请为除厄，谓之上章。'"

㊱《诗经·陈风·东门之杨》："昏以为期，明星煌煌。"朱熹集传："煌煌，大明貌。"

㊲又《七修类稿》释"重"为"再"，释"重光"为"万物将就成熟而再新"

"再"相对谁而言,不够明确,然此解可备一说。

㊳"任"通"妊"。

㊴"墨"即"黑"义。

㊵"皁"同"皂",指黑色,如《史记·五宗世家》:"是以每相、二千石至,彭祖衣皁布衣,自行迎,除二千石舍。"

㊶关于《史记》中"尚章"之使用情况详见前文"上章"条。

㊷如均有"从前"义。

参考文献:

[1] 罗竹风主编:《汉语大词典》,汉语大词典出版社 1986—1993 年版。

[2](宋)朱熹注:《楚辞集注》,上海古籍出版社 2001 年版。

[3](汉)司马迁著,(南朝宋)裴骃集解,(唐)司马贞索引,(唐)张守节正义,顾颉刚等点校:《史记》,中华书局 1959 年版。

[4](汉)刘安等编,(汉)高诱注:《淮南子》,上海古籍出版社 1989 年版。

[5](汉)班固撰,(唐)颜师古注:《汉书》,中华书局 1962 年版。

[6](南朝梁)萧统主编,(唐)李善等注:《六臣注文选》,中华书局 2012 年版。

[7](周)左丘明传,(晋)杜预注,(唐)孔颖达疏正义:《春秋左传正义》,北京大学出版社 2000 年版。

[8](三国吴)韦昭注:《国语》,上海古籍出版社 2008 年版。

[9] 余冠英选注:《三曹诗选》,人民文学出版社 1999 年版。

[10](唐)玄应、(唐)慧琳、(辽)希麟著,徐时仪校注:《一切经音义三种校本合刊》,上海古籍出版社 2008 年版。

[11](汉)孔安国撰:《尚书正义》,上海古籍出版社 2007 年版。

[12](清)阮元刻校:《十三经注疏》,中华书局 1980 年版。

[13](汉)郑玄注,(唐)贾公彦疏:《仪礼注疏》,中华书局 1980 年版。

[14](三国魏)何晏撰:《论语集解》,中华书局 1980 年版。

[15](汉)赵岐注,(宋)孙奭疏,(经文)黄侃句读:《孟子注疏》,上海古籍出版社 1990 年版。

[16](汉)扬雄撰,(清)钱绎笺疏:《方言笺疏》,上海古籍出版社 1984 年版。

[17](清)郝懿行撰:《尔雅义疏》,上海古籍出版社 1983 年版。

[18](清)邵晋涵撰:《尔雅正义》,国际文化出版公司 1993 年版。

[19](汉)许慎撰,(清)段玉裁注:《说文解字注》,上海古籍出版社 1988 年版。

[20]（汉）毛亨传，郑玄笺，（唐）孔颖达疏：《毛诗正义》，北京大学出版社1999年版。

[21]（汉）高诱注，（清）毕沅校，徐小蛮标点：《吕氏春秋》，上海古籍出版社2014年版。

[22]（唐）杨倞注：《荀子》，上海古籍出版社2010年版。

[23]（汉）桓宽撰，（明）张之象注：《盐铁论》，上海古籍出版社1990年版。

[24]（三国魏）张揖撰，（清）王念孙疏证：《广雅疏证》，江苏古籍出版社2000年版。

[25]（汉）许慎撰，（清）王筠句读：《说文解字句读》，中华书局1988年版。

[26] 杨伯峻著：《列子集释》，中华书局1979年版。

[27] 周祖谟著：《广韵校本》，中华书局2004年版。

[28]（宋）丁度等编：《集韵》（影印本），上海古籍出版社1985年版。

[29]（清）孙诒让撰，孙启治点校：《墨子间诂》，中华书局2001年版。

[30]（清）王念孙撰：《读书杂志》，江苏古籍出版社2000年版。

[31]（清）王先慎撰：《韩非子集解》，中华书局1998年版。

[32]（清）郭庆藩撰：《庄子集释》，中华书局2004年版。

[33]（南唐）徐锴撰：《说文解字系传》，中华书局1998年版。

[34]（汉）刘熙撰，（清）毕沅疏，（清）王先谦补，祝敏彻、孙玉文校：《释名疏证补》，中华书局2008年版。

[35]（唐）李鼎祚撰：《周易集解》，上海古籍出版社1989年版。

[36]（春秋）孙武著，（汉）曹操、（唐）杜牧等注：《名家集注孙子兵法》，印刷工业出版社2011年版。

[37]（晋）郭璞注，（宋）邢昺疏，王世伟整理：《尔雅注疏》，上海古籍出版社2010年版。

[38]（汉）史游撰，（唐）颜师古注，（宋）王应麟补注，（清）钱保塘补音：《急就篇》，中华书局1985年版。

[39] 商务印书馆编辑部等编：《辞源》（修订本），商务印书馆1988年版。

[40]（清）阮元等撰集：《经籍籑诂》，中华书局1982年版。

[41]（南朝宋）范晔撰，李贤等注：《后汉书》，中华书局1997年版。

[42]（清）陈廷敬、张玉书等编撰：《康熙字典》，中华书局1958年版。

[43]（唐）陆德明撰，张一弓点校：《经典释文》，上海古籍出版社2013年版。

[44]（清）吴玉搢撰：《别雅》，台湾商务印书馆1986年版。

[45]（三国魏）王弼撰：《老子注》，台湾商务印书馆1986年版。

[46]（宋）蔡沈注，钱宗武、钱忠弼整理：《书集传》，凤凰出版社 2010 年版。

[47]（清）王先谦撰：《诗三家义集疏》，中华书局 1987 年版。

[48]（清）王引之撰：《经义述闻》，江苏古籍出版社 2000 年版。

[49]（清）王聘珍撰：《大戴礼记解诂》，中华书局 1983 年版。

[50]（清）李富孙撰：《左传异文释》，上海书店 1988 年版。

[51]（晋）范宁注，（唐）杨士勋疏：《春秋榖梁传注疏》，上海古籍出版社 1990 年版。

[52]（南朝梁）顾野王撰：《原本玉篇残卷》（影印本），中华书局 1985 年版。

[53]（清）马瑞辰撰，陈金生点校：《毛诗传笺通释》，中华书局 1989 年版。

[54]（清）徐灏注笺：《说文解字注笺》，安徽教育出版社 2002 年版。

[55]（清）孙诒让撰：《周礼正义》，商务印书馆 1982 年版。

[56]（清）冯登府撰：《三家诗异文疏证》，上海鸿宝斋，光绪十七年（1891）石印本。

[57]（汉）刘向编，（汉）高诱注：《战国策注》，台湾商务印书馆 1986 年版。

[58]（清）朱右曾撰：《逸周书集训校释》，台湾世界书局 1980 年版。

[59] 王力著：《同源字典》，商务印书馆 1982 年版。

[60]（唐）杜甫著，（清）仇兆鳌注：《杜诗详注》，中华书局 1999 年版。

[61] 黄怀信等著：《逸周书汇校集注》，上海古籍出版社 2007 年版。

[62]（汉）何休注，（唐）徐彦疏，黄侃经文句读：《春秋公羊传注疏》，上海古籍出版社 1990 年版。

[63] 高亨著：《周易古经今注》，中华书局 1984 年版。

[64]（宋）洪兴祖撰：《楚辞补注》，中华书局 2002 年版。

[65]（宋）朱熹撰，赵长征点校：《诗集传》，中华书局 2011 年版。

[66]（三国魏）何晏注，（宋）邢昺疏：《论语注疏》，中华书局 1980 年版。

[67]（汉）扬雄撰，（晋）郭璞注，（清）戴震疏证：《輶轩使者绝代语释别国方言》，中华书局 1985 年版。

[68]（汉）郑玄注，陈戌国点校：《周礼·仪礼·礼记》，岳麓书社 2006 年版。

[69]（清）陈立撰：《白虎通疏证》，中华书局 1994 年版。

[70]（汉）王逸注，黄灵庚疏证：《楚辞章句疏证》，中华书局 2007 年版。

[71]（汉）王符撰，（汉）汪继培笺，彭铎校正：《潜夫论笺校正》，中华书局 2009 年版。

[72]（清）蒋骥注：《山带阁注楚辞》，上海古籍出版社 1984 年版。

[73] 许维遹著：《吕氏春秋集释》，中华书局 2009 年版。

[74]（清）朱骏声撰：《说文通训定声》，中华书局 1984 年版。

古代训诂学关于子书语言研究成就略论

　　子书即子部书籍的简称。子部指我国古代对图书进行经、史、子、集四部分类的第三类，也称丙部。按《隋书·经籍志》，古籍分为儒家、道家、法家、名家、墨家、纵横家、杂家、农家、小说家、兵家、天文、历数、五行、医方十四类，而清《四库全书总目》则分为儒家、兵家、法家、农家、医家、天文算法、术数、艺术、谱录、杂家、类书、小说家、释家、道家十四类。

　　子书是学术争鸣和文化发展的结晶，作为经史子集的一个重要组成部分，子书历来受到古今学者的重视。自先秦至现代，学界对于子书语言的研究一直兴盛不衰，这些研究体现在两个时间段，一是古代的研究，一是现代的研究。古代的研究指先秦以后至辛亥革命以前的研究，现代的研究指辛亥革命以后的研究。本文主要探讨古代关于子书语言的研究成就。

　　古代对于子书语言的研究主要体现在训诂方面，传统的训诂学内容丰富，除了以包括词义为重点的语义训释为主外，还涉及文字、音韵、语法、修辞等方面。古代训诂学对于子书语言的研究主要体现在注释性训诂著作和通释性训诂专著两个方面，注释性训诂著作主要定位于某部具体作品的研究，而通释性训诂专著则不定位于某部具体作品，而是针对群籍的一种综合研究，往往具有通释性或工具书的性质，包括词典、字书、韵书、语法书籍、修辞书籍等。

1　注释性训诂著作对于语义等的研究

　　注释性训诂著作主要针对具体专书进行语义考辨训释，有时也涉及句意、章旨、文字、音韵、语法、修辞等内容，但重点是词义。现从训诂学史①的角度来梳理一下古代训诂学对于不同阶段子书的语言研究概况。

1.1　先秦萌芽与发展时期的研究

先秦是我国训诂学的萌芽与发展时期，其中殷商及春秋前期是训诂学的萌芽时期，春秋后期至战国时期是训诂学的发展时期。训诂学萌芽与发展的动因主要是社会交际的需要，兼之文字的出现、教育的推行、百家争鸣的兴起等，都客观上推动了训诂学的萌芽与发展。

殷商及春秋前期，训诂主要以口耳相传的形式或散见于文献正文的形式出现，此期的训诂方式主要体现为句读、校勘、释词、解句、补叙事实等方面。

春秋后期至战国时期，训诂方式又新出现了作序、揭示写法、考辨疑误、论述内容、作图、发凡等方面。此期文献中出现训诂性语句的情况明显增多，《老子》、《墨子》、《管子》、《孙子》、《庄子》、《荀子》、《韩非子》、《尹文子》等子书都有不少训诂语句，如《老子·德经》："生而不有，为而不恃，长而不宰，是谓玄德。"《墨子·非命上》："何谓三表？子墨子言曰：'有本之者，有原之者，有用之者。'"《庄子·大宗师》："其一与天为徒，其不一与人为徒，天与人不相胜也，是之谓真人。"《尹文子·大道下》："刑者，所以威不服。"不过这些训诂还不是真正意义上直接针对子书的注解。

先秦子书中出现了不少随文释义的训诂形式，这些训诂主要以原文与注文分篇并载的形式出现，如《管子》有《牧民》、《形势》、《立政》、《版法》、《明法》等篇，又有《牧民解》、《形势解》、《立政九败解》、《版法解》、《明法解》等篇；《墨子》有《经上》、《经下》两篇，又有《经说上》、《经说下》两篇；这里带"解"或"说"的篇章都是针对前边各篇的注解。也有以原文与注文同篇共现的形式出现的，如《韩非子》的《内储说》与《外储说》均为先列经文，然后再进行解说。或者以某些篇章专释其他书籍的形式出现，如《韩非子》中的《解老》、《喻老》两篇，就是专门针对《老子》的注文。以上这些随文释义都是直接针对子书的训诂。

1.2　两汉兴盛时期的研究

由于先秦时期的初步发展，到西汉建立时训诂学已经取得一些成果，同时积累了一些经验，从而为两汉训诂学的兴盛提供了可能；秦朝时的焚书坑儒使文化遭到了极大的破坏，两汉时随着经济的繁荣、社会的稳定，文化发展日益得到重视，这样抢救古籍的举措便成为一项急迫的任务；同时由于文字形体的演变，以及词义的发展等，先秦古籍越发难读，这也成为训诂学发展的直接动力；另外，两汉今文经学与古文经学的激烈斗争客观上也成为训诂学兴盛的重要动因。

相对于先秦时期，此期训诂方式又增加了标音、疏解注文、揭示语法、翻译等方面。

此期除了儒家经典得到大量注释外，儒家经典之外的文献注释也逐渐多起来。其中子书方面，据《汉书·艺文志》所载西汉只涉及《老子》一家，有《老子邻氏经传》、《老子傅氏经说》、《老子徐氏经说》及刘向《说老子》，共四种五十一篇。另有河上公《老子注》，为《七略》、《汉书·艺文志》所未载，亦有伪书之嫌。东汉时，受道家学说和谶纬迷信思想的影响，子书注释范围有所扩大，除马融和严遵两家的《老子》注释外，纬书有宋均《易纬注》、《书纬注》、《诗纬注》、《礼纬注》、《乐纬注》、《春秋纬注》、《孝经纬注》、郑玄《易纬注》、《书纬注》、《礼纬注》、《尚书中侯注》、《礼记默房注》、何休《七分注训》、《风角注训》等，计十四种；另外还有郑玄的《黄帝九宫经注》、《九宫行棋经注》等。

1.3 魏晋南北朝隋唐五代沿袭与深入发展时期的研究

随着社会的发展和语言的演变，两汉训诂到魏晋以后大多已经不易看懂了，因而新的注释成为必要；随着东汉佛教的传入，此期佛教在我国已经进入兴盛时期，统治者出于自身统治的需要，大力提倡佛教，提倡讲经，这样儒释道三家便互相影响、互相调和，读书人为佛学典籍作注的情况也越来越多，客观上促进了训诂学的发展；魏晋时，由于以王肃为代表的王学与以郑玄为代表的郑学的争论，兼之玄学之风的盛行，也大大推动了经学和训诂学的深入发展；南北朝时，"南学"之训诂受到王学、玄学、佛学等的影响，长于阐发义理，"北学"之训诂受郑玄、服虔、何休等影响较大，保持汉代经说的传统，较少涉及义理；隋唐时，由于国家统一、社会稳定、经济富庶、文化繁荣，兼之科举考试的推行等，训诂学也得到大力发展；五代由于政权更迭，社会动荡，训诂成就不大。总体来看，此期包括子书在内的训诂，既沿袭了两汉的训诂途径，又有较大的发展，尤其义疏体和集解体的兴起与发展。

此期训诂范围从经、史、子、集扩大到佛藏、少数民族语言和外国语言。其中子书以道家的《老子》和《庄子》注释最多，这主要是魏晋崇尚玄学的缘故，据《隋书·经籍志》，《老子》注疏有三十家，《庄子》注疏有十五家，道家另有张湛《列子注》。纵横家有皇甫谧《鬼谷子注》；小说家有刘孝标《世说新语注》；兵家有曹操《孙子兵法注》、魏武王凌《孙子兵法集解》、张子尚《孙武兵法注》、孟氏《孙子兵法解诂》、贾诩《吴起兵法注》；五行类有李氏《九宫经注》；医方类有吕博望《黄帝众难经注》、陶弘景《本草经集注》、雷公《神农本草集注》、姚最《本草音义》、甄立言《本草音义》、王冰《皇帝素问注》；等等。至少有九十余部，其中流传至今的主要有李轨的《法言注》、杨倞的《荀子注》、房玄龄《管子注》、王冰《黄帝素问注》、李淳风《周髀算经注》、张湛《列子注》、王弼《老子注》、曹操《孙子兵法注》、刘孝标《世说新语注》等。另佛教经典的注疏有《大乘经疏》

三百七十九卷、《小乘律讲疏》二十三卷、《大乘论疏》四十七卷、《小乘论讲疏》七十六卷、《杂论讲疏》一百三十八卷。

1.4 宋代创新变革时期的研究

北宋建立统一政权后，社会安定，学术得以发展。自欧阳修、刘敞等人之后，宋代学术敢于疑古、敢于创发新义，从而开启了包括训诂学在内的疑古创新的学术风尚；兼之右文说与金石学的成就，宋代训诂学取得了一定的成就。

此期训诂内容主要为考辨疑误、考证原委、评论得失、解释词义、阐述义理、翻译串讲等。此期子部儒家、道家、释家类训诂较多，其中儒家类如《太玄》有司马光《集注太玄经》、徐庸《注太玄经》、僧全莹《太玄略例》等；道家类对《列子》、《关尹子》、《文子》、《阴符经》、《参同契》的训诂增多，如宋代沈该《阴符经注》、金赵秉文《列子补注》等；释家类的注解逐渐增多，除释门高僧作注外，一些大官僚和文人学士也为佛籍作注，如王安石注《维摩诘经》、张戒《楞伽集注》、金李纯甫《金刚经别解》等。另外，此期子部科技类书籍的注解也逐渐增多。如贾宪《黄帝九章算经细草》、苏颂《校本草图经》，金成无己注《伤寒论》等。

1.5 元明衰落时期的研究

元代蒙古贵族统一全国后，对汉人实行高压政策，文化发展受到阻碍，后又接受程朱理学，汉文化仍停滞不前，训诂学随之衰落；明代统治者为加强封建统治，继续提倡程朱理学，兼之八股取士制度严重禁锢人们的思想，训诂学仍起色不大。综观元明时期，我国训诂学总体处于明显的衰落时期。

此期虽然也有一些训诂成就，但总体较小，训诂方式主要以考辨释词等为主。就子书训诂而言，道家类如元代杜道坚《关尹子阐玄》、《文子缵义》，明代商廷试《订注参同契经传》等；释家类的注解明太祖《集注金刚经》、方泽《华严要略》等；科技书籍的注解如元代李晞范注《难经》、金岳熙载注《李淳风天文类要》、明代孙兆《素问注释考误》等。另外，元代还有专注宋代道学家著作的训诂书籍，如陈樵《太极图解》、程时登《西铭补注》、朱本《通书解》、徐骧《皇极经世发微》等。

1.6 清代复兴时期的研究

清朝建立后，总结了元朝失败的教训，对汉族知识分子采取了一定的怀柔政策，鼓励他们尊孔读经；一部分爱国知识分子倡导经世致用，重视经史研究，带动学术发展，顾炎武、王夫之等人开朴学之先河；雍正、乾隆时期由于大兴文字狱，为了免遭迫害，学者多致力于文献的考据、整理和辑佚工作；兼之历时两千多年积累起来的训诂成果可资利用，使得清代训诂学得以复兴。

清代的训诂学继承了汉学求实的传统，对义理的阐发较少，不盲从旧说，不妄立新义。主要表现为对词义等考辨疑误、考证原委、评论得失、校勘讹误、疏证与训等。所出现的各种训诂著作数量之多，前所未有，一般注释书籍与训诂专著都取得了较高的成就。其中子部的训诂几乎遍及诸子百家，其中儒家类连宋元以来的各种重要著作也都有了训释。医药、天算、术数类的训诂著作也明显增多。仅据《清史稿·艺文志》所载统计，子部训诂著作约有四百二十五部，著名的有王先谦《荀子集解》、汪继培《潜夫论笺》、李光地《通书注》、王植《太极图说集释》、戴望《管子校正》、王先慎《韩非子集解》、孙诒让《墨子间诂》、陈昌齐《淮南子正误》、赵曦明《颜氏家训补注》、檀萃《穆天子传注疏》、任大椿《阴符经注》、姚鼐《老子章义》、王先谦《庄子集解》、刘英龙《参同契集注》、张琦《素问释义》、陈念祖《金匮要略浅注》、梅文鼎《七政细草补注》、李锐《汉三统术注》、李潢《九章算术细草图说》等。清人训诂著作，实际数量要比《清史稿·艺文志》所收大得多。[1][2][3][4][5][6][7]

2 通释性训诂专著的分类综合研究

古代通释性训诂专著主要包括通释语义、字形、语音、音义、形义、虚词、修辞等内容在内的词典、字书、韵书、语法书籍、修辞书籍等，涉及语义学、文字学、音韵学、语法学、修辞学等领域。②通释性训诂专著虽然不是专门研究子书的，但这类训诂书籍往往要涉及子书的内容，即它们是以包括子书在内的群籍为研究对象的。也就是说，通释性训诂专著对子书语言的研究也主要体现在词义、文字、音韵、语法、修辞等方面。

这类通释性训诂专著自先秦就已出现，在以后各个训诂阶段都不断有新的著作涌现。首先来看一下各时期的通释性训诂专著的总体概况，然后再举例分析其对于子书语言的具体研究情况。

2.1 各时期的通释性训诂专著

2.1.1 先秦萌芽与发展时期的通释性训诂专著

此期出现了我国第一部通释词义的训诂专著《尔雅》③，《尔雅》也被认为是我国第一部词典，汇集了先秦训诂研究的成果，为我训诂学的研究奠定了基础。

2.1.2 两汉兴盛时期的通释性训诂专著

此期通释性的训诂专著主要有扬雄《方言》、刘熙《释名》、佚名《小尔雅》、许慎《说文解字》、服虔《通俗文》。其中《方言》既是一部重要的训诂学著作，也是我国方言学的开山之作；《释名》因声求义，推求事物命名由来，开我国语源学之先河；《小尔雅》专释词义，补《尔雅》之所阙；《通俗文》专释俚俗之语；字书《说文解字》的出现，则标志着我国文字学开始走上独立发展的道路。

2.1.3　魏晋南北朝隋唐五代沿袭与深入发展时期的通释性训诂专著

此期出现的通释性训诂专著较多，如语义类的有魏张揖《广雅》，音义类的有唐释玄应《一切经音义》、唐释慧琳《一切经音义》等，字书类的有晋吕忱《字林》、葛洪《要用字苑》、陈顾野王《玉篇》、唐颜元孙《干录字书》等；对前代训诂专著进行注解的，有晋郭璞《尔雅注》、《方言注》、晋李轨《小尔雅解》、佚名氏《说文音隐》、宋吴恭《字林音义》、吴韦昭《辩释名》、梁庾俨《演说文》、梁沈旋《集注尔雅》等；对群籍进行考证辨误的有唐颜师古《匡谬正俗》、李匡乂《资暇集》、李涪《刊误》、苏鹗《苏氏演义》、五代丘光庭《兼明书》等；另外，此期音韵研究开始独立发展，韵书有魏李登《声类》、晋吕静《韵集》、梁沈约《四声》、隋陆法言《切韵》等。

2.1.4　宋代创新变革时期的通释性训诂专著

此期出现了一批通释性训诂专著，语义类的有陆佃《埤雅》、罗愿《尔雅翼》、王应麟《小学绀珠》等，音义类的有辽僧希麟《续一切经音义》等，韵书有陈彭年等重修的《广韵》、丁度主编的《集韵》，字书有王安石《字说》、王洙和司马光等《类篇》、辽僧行均《龙龛手鉴》、陈彭年等重修的《玉篇》等；对于以前训诂专著进行训解的，有邢昺《尔雅注疏》、孙奭《尔雅释文》、宋咸《尔雅注》、王雱《尔雅注》、陆佃《尔雅新义》、郑樵《尔雅注》、潘翼《尔雅注》、徐铉校定《说文》、徐锴《说文系传》等；群籍考证辨误类专著如黄朝英《靖康缃素杂记》、吴曾《能改斋漫录》、王观国《学林》、洪迈《容斋随笔》、王应麟《困学纪闻》等。

2.1.5　元明衰落时期的通释性训诂专著

此期出现了一些训诂专著，语义类有明朱谋㙔《骈雅》、方以智《通雅》、黄扶孟《字诂》和《义府》等；字书有明梅膺祚《字汇》、张自烈《正字通》；语法类有元代有卢以纬《语助》；群籍考证辨误专著如明杨慎《丹铅总录》、方以智《通雅》等。

2.1.6　清代复兴时期的通释性训诂专著

此期通释性训诂专著较多，语义类如洪亮吉《比雅》、阮元《经籍纂诂》等，字书如《康熙字典》、《佩文韵府》、《骈字类编》等，其中《佩文韵府》、《骈字类编》也属于修辞学著作，韵书类如吴廷华《九经韵证》、江有诰《诗经韵读》等；群籍杂考辨误类著作较多，有顾炎武《日知录》、万斯同《群书疑辨》、黄生《义府》、钱大昕《十驾斋养新录》、何焯《义门读书记》、王念孙《读书杂志》、俞正燮《癸已类稿》、朱一新《无邪堂答问》、孙诒让《札迻》、陈澧《东塾读书记》、俞樾《诸子平议》及《古书疑义举例》等；对于以前训诂专著进行训解的，如邵晋涵《尔雅正义》、郝懿行《尔雅义疏》、王念孙《广雅疏证》、戴震《方言疏证》、江声《释名疏证》、胡承珙《小尔雅义证》、段玉裁《说文解字注》、桂馥《说文解字义证》、朱骏声《说文通训定声》、王筠《说文释例》等。

2.2 通释性训诂专著对于子书的研究

通释性训诂专著对于子书语义、音义、文字、音韵、语法、修辞等的研究主要以引用分析的方式体现，这种引用分析有时不做特别交代，有的则标明引书来源并详列例句。

2.2.1 语义专著对于子书语义的研究

古代通释性语义专著较多，其对子书的引用分析也较多。有些没有明确说明引书，但从内容来看其结论应该是建立在包括对子书的研究基础之上得出的。如《尔雅》何九盈《中国古代语言学史》："《尔雅》保存了一些天文、历法、地理、动植物等方面的资料，反映了战国时代自然科学研究方面的某些成果。"[5] 又如《释名》濮之珍《中国语言学史》："《释名》自序：'夫名之于实，各有义类。百姓日称而不知其所以之意。故撰天地、阴阳、四时、邦国、都鄙、车服、丧纪，下及民间应用之器，论叙指归，谓之《释名》，凡二十七篇。' 刘熙在《自序》中指出，也是继承了先秦诸子探求名实的精神来进行研究的。"[7] 又 "《释名》和《尔雅》、《方言》一样，既运用了书面材料，也运用了口语材料。"[7] 先秦文献资料丰富，同时与诸子的贡献也是密不可分的④，所以对于《尔雅》、《释名》这些专著，应该包含了对子书的研究。

对于子书大量确切引用分析的，这里可以"雅书"系列为例。如《广雅》，濮之珍《中国语言学史》引王念孙《广雅疏证序》："魏太和中博士张君稚让，继两汉诸儒后参考往籍，遍记所闻，分别部居，依乎《尔雅》，凡所不载，悉著于篇，其自《易》、《书》、《诗》、《三礼》、《三传》经师之训，《论语》、《孟子》、《鸿烈》、《法言》之著，《楚辞》、汉赋之解，谶纬之记，《仓颉》、《训纂》、《滂熹》、《方言》、《说文》之说，靡不兼载。"[7] 可见《广雅》在大量引用经书资料的同时，也引用了不少包括《鸿烈》、《法言》、谶纬等子书在内的其他文献资料。又如宋代陆佃《埤雅》，《埤雅》引用了大量资料，如据何九盈《中国古代语言学史》统计，"卷十一《释虫》中的'释鼠'，写了一千多字，引有《说文》、《诗》、《毛传》、《广雅》、《兵法》、《博物志》、《庄子》、《易》、《燕山录》、东方朔、《尔雅》、《禽经》、《荀子》、马融、《韩非子》、杜甫诗等十六种资料。"其中《兵法》、《博物志》、《庄子》、《荀子》、《韩非子》等都属子书。其实，《埤雅》引用子书的情况十分频繁，又如卷六《释鸟》"释鹊"：
"鹊知人喜，作巢取在木杪枝，不取堕地者，皆传枝受卵，故一曰干鹊。而《庄子》云：
'乌鹊孺，鱼傅沫也。'鹊以传枝少欲，故曰孺也。《列子》所谓'纯雄其名稚蜂也'
与此同义。《淮南子》曰：'太阴所建，蛰虫首穴而处，鹊巢向而为户。'又曰：'蛰
虫鹊巢，皆向天一。'盖鹊巢开户向天一而背岁，故《博物志》曰：'鹊背太岁也。'"

再以注疏"雅书"专著为例，如郝懿行《尔雅义疏》，《尔雅·释诂》："战、
栗、震、惊、戁、竦、恐、慹，惧也"郝疏引《庄子·天运》云："吾始闻之惧。"
又《庚桑楚》云："南荣趎惧然。"《尔雅·释言》："谖、兴，起也。"郝疏引《列
子·黄帝》云："则未尝见舟而谖操之者也。"《尔雅·释宫》："九达谓之逵。"
郝疏引《列子·说符》云："歧路之中又有歧焉。"《尔雅·释天》："螮蝀谓之雩，
螮蝀，虹也。"郝疏引《淮南·说山篇》云"天二气则成虹"是也。《尔雅·释丘》：
"绝高为之京，非人为之丘。"郝疏引《淮南·览冥篇》云："筑重京。"等等。

2.2.2 音义专著对于子书音义的研究

关于音义兼释的专著，这里以陆德明《经典释文》、玄应《一切经音义》、慧琳《一
切经音义》、希麟《续一切经音义》为例。其中《经典释文》共三十卷，以考证经
书古音为主，兼辨训义。其中《周易》一卷，《古文尚书》二卷，《毛诗》三卷，《周
礼》二卷，《仪礼》一卷，《礼记》四卷，《春秋左氏传》六卷，《公羊传》一卷，
《穀梁传》一卷，《孝经》一卷，《论语》一卷，《老子》一卷，《庄子》三卷，《尔
雅》二卷。《老子》、《庄子》本不是经书，但因魏晋以后影响较大，故亦被收入。
正如何九盈《中国古代语言学史》所言，《经典释文》"采集汉魏六朝关于易、书、
诗、三礼、三传、孝经、论语、老、庄、尔雅等书的音义，计230余家"。[5]

玄应《一切经音义》二十五卷、慧琳《一切经音义》一百卷、希麟《续一切经音义》
十卷在佛经音义的阐释方面做出了杰出的贡献。如玄应《一切经音义》卷十一："奜
柄：而兖反。下乃困反，《字苑》作腜，柔脆也。《通俗文》作桋，再生也。又作嫩，
近字也。"引用阐释了《正法念经》第卷八的内容；慧琳《一切经音义》卷十四："梵行：
凡泛反。梵言梵摩，此云清净，或曰清洁、正言寂静，葛洪字苑云'梵洁'，取其义矣。"
引用阐释了《四分律》第一卷的内容；希麟《续一切经音义》卷三："提堤犀鱼：
次都奚反，三音西，非印度言，龟兹语也，此云莲花精进彼国三藏法师名也。"又"郭
昕：下许斤反，人名也，案字日欲出也，释名云昕者，忻也，言皎日将出万物忻然也。"
均引用阐释了《新译十地经》第一卷的内容。

2.2.3 字书对于子书文字的研究

古代字书类训诂专著对于子书的引用分析也较多，这里仅以《说文》系列为例。
如《说文》，濮之珍《中国语言学史》："《说文解字》一书对每个字的解说的材

料来源，许慎在《说文解字序》中说："博采通人，至于小大，信而有证。'根据研究，《说文》在对文字形音义各方面解释，引用了孔子、董仲舒等三十一家解说，一云博士说也有八家。引了汉代所传古代文献，如《易孟氏》、《书孔氏》、《诗毛氏》、《礼》、《周官》、《春秋左传》、《论语》、《孝经》、《老子》、《尔雅》等三十四种文献古籍。"[7]《说文》引子书的例子如《皿部》释"盅"时引《老子》曰："道盅而用之。"《糸部》释"绋"时引《墨子》曰："禹葬会稽，桐棺三寸，葛以绋之。"《卪部》释"㔾"时引《弟子职》曰："问㔾何止。"《又部》释"取"时引《司马法》曰："载献聝。"《马部》释"骉"时引《司马法》曰："飞卫斯舆。"《心部》释"忨"时引《司马法》曰："善者，忻民之善，闭民之恶。"《心部》释"惄"时引《司马法》曰："有虞氏惄于国中。"《耳部》释"聅"时引《司马法》曰："小罪聅，中罪刖，大罪剄。"《戈部》释"戉"时引《司马法》曰："夏执玄戉，殷执白戚，周左杖黄戉，右秉白髦。"《鬼部》释"夔"时引《淮南传》曰："吴人鬼，越人夔。"

《说文》注释类专著也大量引用分析了子书相关内容，这里以段玉裁注和桂馥义证为例。《说文·马部》："骜，马重貌也。"段玉裁注引《庄子·马蹄》云"驙栀骜曼"。《人部》："侐，静也。"段玉裁注引《庄子》书云"以言其老洫也"。《竹部》："菰，吹鞭也。"段玉裁注引《风俗通》所引《汉书》旧注曰"菰者，吹鞭也。"《攴部》："敲，击头也。"段玉裁注引《淮南》书曰："以年之少，为闾丈人说事，救敲不给，何道之能明也！"《艸部》："荠，蒺藜也。从艸齐声。《诗》曰：'墙有荠。'"桂馥《义证》引《梁冀别传》曰："子产治郑，蒺藜不生。"又引《师旷占》："岁欲旱，旱草先生，蒺藜是也。"又引《说苑·辨物》曰："晋平公布蒺藜于阶上，召师旷，师旷解履刺足。"

2.2.4　韵书对于子书音韵词义的研究

韵书和一般注音的书籍还不一样，韵书要涉及包括文字读音在内的整个音韵系统，有的也解释字义（词义），而一般注音书籍仅仅为文字注音而已，不涉及整个音韵系统。韵书中有一部分具有词典性质，这类韵书对于包括子书在内的群籍往往引用分析较多。以《广韵》为例，《广韵》除了引用《说文》、《诗》、《周礼》、《尔雅》、《释名》等外，也较多引用子书，如《东韵》在释"弓"时引用《墨子》曰"羿作弓。"又引《孙子》曰："倕作弓。"《虞韵》在释"虞"时引用《风俗通》云："凡氏之兴九事：一氏于号，唐、虞、夏、殷是也。"《霰韵》在释"殿"时引用《风俗通》曰："殿堂象东井形，刻为荷菱。荷菱，水物，所以厌火。"《谈韵》在释"闿"时引用《语林》云："大夫向闿而立。"《姥韵》在释"虎"时引用《淮南子》曰"虎啸谷风至。"又引用《风俗通》曰："汉有合浦太守虎旗，其先八元伯虎之后。"《梗韵》在释"杏"时引用《广志》曰："荥阳有白杏，邺有赤杏、黄杏。"

有些书籍虽为非音韵专书，但其某些章节则专门讨论音韵问题，如《颜氏家训·音辞》，《音辞》篇显然具有类似韵书的性质。《音辞》篇引书较多，如扬雄《方言》、许慎《说文》、刘熙《释名》、孙叔言《尔雅音义》、吕忱《字林》、《战国策》、《穆天子传》、《左传》、《汉书》、《通俗文》、《庄子》等，通过引用包括子书在内的材料来说明语音的变化，如"《通俗文》曰：'入室求曰搜。'反为兄侯。"又"《庄子》云：'天邪？地邪？'"就是通过子书《通俗文》与《庄子》的材料来说明当时"搜"、"邪"的语音变化的。

2.2.5 语法书对于子书语法的研究

古代训诂中的语法研究主要体现在虚词方面，语法书的虚词分析往往离不开包括子书在内的文献材料。就以王引之《经传释词》而言，《经传释词》卷九在释"适"时就引《韩非子》进行分析："适，犹若也。《韩子·内储说》郑袖诚御者曰：'王适有言，必亟听从王言。'言王若有言也。又曰：'秦侏儒善于荆王左右，荆适有谋，侏儒常先闻之。'言荆若有谋也。《外储说·右篇》：国羊谓郑君曰：'臣适不幸而有过，愿君幸而告之。'言臣若不幸而有过也。"又如卷八在释"且"是就引用了包括《庄子》在内的大量古籍进行论证，如"《广雅》曰：'且，借也。'隐元年《公羊传》曰：'且如桓立，则恐诸大夫之不能相幼君也。'何注曰：'且如，假设之辞。'《庄子·齐物论》曰：'今且有言于此。'"

又如刘淇《助字辨略》也大量引用子书语料进行分析训释，如卷一在释"而"时就多处引用了子书，如引《荀子》："《荀子·强国篇》：'故自四五万而往者强。'杨注云：'而往，犹已上也。'"又"《荀子》：'黮然而雷击之，如墙压之。'"引《韩非子》："《韩非子》：'嗣公知之故而驾鹿。'"引《说苑》："《说苑》越诸发曰：'意而安之，愿假冠以见，意如不安，愿无变国俗。'又曰：'而有用我者，吾其为东周乎！'"引《新序》："《新序》引邹阳书：'白头而新，倾盖而故。'"引《庄子》："《庄子·列御寇篇》：'如而夫者，一命而吕巨。'郭注云：'而夫，凡夫也。'"《助字辨略》对子书的研究引用可见一斑。

2.2.6 修辞书对于子书修辞的研究

自先秦诸子起，我国就开始了对修辞的探索。南宋陈骙《文则》是我国第一部修辞学专著，《文则》之前，不少著作已对修辞进行了或多或少的探讨，如汉刘安《淮南子》、《诗大序》、魏曹丕《典论》、晋陆机《文赋》、南梁钟嵘《诗品序》、北齐颜之推《颜氏家训》、唐刘知己《史通》等都对修辞有所研究；《文则》之后修辞学著作如明吴讷《文章辨体》、徐师曾《文体明辨》、费经虞《雅论》、清李渔《闲情偶寄》、章学诚《文史通义》、刘青芝《续锦机》、刘熙载《艺概》等，以及修辞工具书如清代的《佩文韵府》、《骈字类编》、《分类字锦》等。⑤古代修辞学主要立足于文章学而非语言学，尽管如此，古代修辞学仍离不开对语言的理解、引用、分析等。

修辞书对于子书的研究同样主要体现在对语言材料的理解、引用、分析等方面。《文则》引用子书就不少，如《丙一》在讨论"比喻"时引用了《庄子》、《荀子》等："一曰直喻：或言犹，或言若，或言似，灼然可见……《庄子》曰：'凄然以秋。'此类是也。""五曰对喻：先比后证，上下相符……《荀子》曰：'流丸止于瓯臾，流言止于智者。'此类是也。""八曰详喻：须假多辞，然后义显。《荀子》曰：'夫耀蝉者，务在乎明其火，振其树而已；火不明，虽振其树，无益也。今人主有能明其德者，则天下归之，若蝉之归明火也。'此类是也。"又《庚一》阐述了"用一类字"修辞："文有数句用一类字，所以壮文势，广文义也。然皆有法。"其中在介绍"或法"时引用了《老子》："《老子》曰：'故物或行或随，或嘘或吹，或强或羸，或载或隳。'"可见，没有对包括子书在内的古籍中的词语、句子等语言成分的确切理解，是不可能正确引用和得出结论的。

总之，古代训诂学对于子书语言的研究主要体现在注释性训诂著作和通释性训诂专著两个方面，注释性训诂著作主要定位于某部具体作品的研究，通释性训诂专著主要针对群籍的一种综合研究。古代训诂学内容丰富，对于子书语言研究，除了以包括词义为重点的语义训释为主外，还涉及文字、音韵、语法、修辞等方面。古代训诂学在子书语言研究方面取得了不小的成就，为今天的文献及相关语言研究奠定了坚实的基础。

注释：

①关于子书语言的研究情况，本文参考了周大璞主编《训诂学初稿》（武汉大学出版社 2002 年修订版），冯浩菲《中国训诂学》（山东大学出版社 1995 年版）许威汉《训诂学导论》（北京大学出版社 2003 年修订版），袁晖、宗廷虎主编《汉语修辞学史》（山西人民出版社 1995 年修订版），何九盈《中国古代语言学史》与《中国现代语言学史》（广东教育出版社 2000 年版），濮之珍《中国语言学史》（上海古籍出版社 2002 年版），黄德宽、陈秉新《汉语文字学史》（安徽教育出版社 2006 年增订本），方一新《中古近代汉语词汇学》（商务印书馆 2010 年版）等，文章叙述中不再具体交代。

②尽管自《说文解字》就标志着我国文字学开始走上独立发展的道路，自魏李登《声类》、晋吕静《韵集》等就标志着我国音韵学开始走上独立发展的道路，且

古代的文字学、音韵学与训诂学仍关系十分密切，很难完全分割开来；古代的传统语法研究也主要是虚词的训诂，直到《马氏文通》的出现才开启了汉语语法学的独立发展道路；古代修辞学主要是研究文章之学，主要寓于训诂之中，直到 1905 年龙伯纯《文字发凡·修辞》卷和汤振常《修词学教科书》的出现才代表现代意义上的修辞学的诞生（据袁晖、宗廷虎主编《汉语修辞学史》，山西人民出版社 1995 年修订版）。鉴于古代文字学、音韵学、语法学、修辞学等与训诂学关系密切，为简便起见，这里将它们均放在训诂学里叙述，不再单独分类阐述。关于《马氏文通》以后至辛亥革命以前出现的现代语言学著作，虽然时间上属于清末，但鉴于其实质上属于现代著作，故暂不归入本文分析之中。

③关于《尔雅》的作者与成书时代，学界自古就有争议。据周大璞主编《训诂学初稿》："《尔雅》这本书的撰著人，从前有三种说法：郑玄《驳五经异义》云：'玄之闻也，《尔雅》者，孔子门人所作，以释六艺之言，盖不误也。'《西京杂记》卷三引扬雄说'《尔雅》，孔子门徒游、夏之俦以解释六艺者也。'这是第一种说法。张揖《上〈广雅〉表》云：'昔在周公……践阼理政，六年制礼，以导天下，著《尔雅》一篇，以释其义……今俗所传三篇，或言仲尼所增，或言子夏所益，或言叔孙通所补，或言沛郡梁文所考，皆解家所说，先师口传……疑不能明也。'这是第二种说法。欧阳修《诗本义》云：'《尔雅》……考其文理，乃是秦汉之间学诗者纂集说诗博士解诂。'《朱子语类》云：'《尔雅》是取传注以作，后人却以《尔雅》证传注。'《四库全书总目提要》也认为'其书在毛亨以后，大抵小学家缀辑旧文，递相增益，周公、孔子，皆依托之词'。这是第三种说法。"此处主要采用何九盈《中国古代语言学史》的观点，即"《尔雅》当成书于战国末年，其编纂者是齐鲁儒生。"又"《尔雅》不是渊源于汉初经师的'诂训'，而是春秋战国时期的名物释义的汇编，是不应该有问题的。"

④先秦诸子对于学术的贡献较大，仅如讨论"名"、"实"问题的，文献确载的就有老子、孔子、墨子、杨朱、公孙龙子等人。

⑤参见袁晖、宗廷虎主编《汉语修辞学史》，山西人民出版社 1995 年修订版。

参考文献：

[1] 周大璞主编：《训诂学初稿》（修订版），武汉大学出版社 2002 年版。

[2] 冯浩菲：《中国训诂学》，山东大学出版社 1995 年版。

[3] 许威汉：《训诂学导论》，北京大学出版社 2003 年版。

[4] 袁晖、宗廷虎主编：《汉语修辞学史》，山西人民出版社 1995 年版。

[5] 何九盈：《中国古代语言学史》，广东教育出版社 2000 年版。

[6] 何九盈：《中国现代语言学史》，广东教育出版社 2000 年版。

[7] 濮之珍：《中国语言学史》，上海古籍出版社 2002 年版。

[8] 黄德宽、陈秉新：《汉语文字学史》（增订本），安徽教育出版社 2006 年版。

[9] 方一新：《中古近代汉语词汇学》，商务印书馆 2010 年版。

桓谭《新论》词语例释

桓谭为两汉之际著名哲学家、经学家及琴家。其主要著作为《新论》，该书反对谶纬神学、灾异迷信等，其所阐发之唯物论与无神论思想，具有重要哲学意义，对王充《论衡》亦产生重要影响。《新论》计二十九篇，均已亡佚，后世所见乃辑佚本。清人孙冯翼、严可均等均有辑本，今人朱谦之先生亦有校辑本《新辑本桓谭新论》。[1]《新论》于语言学亦意义显著，该书保存不少重要词语，多为汉之新词，亦不多见于其他文献，对于汉语词汇史及辞书编纂等均具重要意义。本文在朱谦之先生校辑本的基础上，对"意措"、"四凑"、"量备"、"当赴"、"衰显"、"定成"、"弹索"、"饶羡"、"阇照"、"正齐"、"攻拒"、"致密"、"垂流"、"重爱"等词予以释义。

1　意措

（1）如昔汤、武之用伊、吕，高宗之取传说，桓、穆之授管、甯、由、奚，岂众人所识哉？彼群下虽好意措，亦焉能贞斯以可居大臣辅相者乎？（《新论·谴非》）

按："意措"当释为"窥测"、"猜测"。《汉语大词典》（以下简称《大词典》）未收。

"意措"不见于《大词典》，但"措意"见于《大词典》，简录如：

"措意：1. 留意；在意。《孔子家语·致思》：'有一丈夫方将厉之，孔子使人并涯止之……丈夫不以措意，遂渡而出。' 2. 用心。《魏书·崔鸿传》：'鸿弱冠便有著述之志，见晋魏前史，皆成一家，无所措意……乃撰为《十六国春秋》。' 3. 指诗文的立意。唐皎然《诗式·诗有五格》：'其有不用事而措意不高者，

黜入第二格。'" [2]

然《新论·谴非》之"意措"当为"窥测"、"猜测"之义，不宜释为"措意"。"措意"之前二义项虽亦与内心活动关系密切，然与"窥测"、"猜测"之义仍相去显著。①故"意措"与"措意"非简单之倒序，义相异也。

从"彼群下虽好意措，亦焉能贞斯以可居大臣辅相者乎"一句句意看，"意措"当与"贞"义相同。《说文·卜部》："贞，卜问也。" [3] "贞"又与"占"、"侦"义同，如《周易·恒》："恒其德贞，妇人吉，夫子凶。"李富孙异文释："缁衣引作德侦。" [4] 俞樾《群经平义·周易一》："贞与占同义。" [5] 《集韵·清韵》："贞，或作侦。" [6] "占"、"侦"有"测度"、"猜测"、"测算"义，如《史记·淮南衡山列传》："王爱陵，常多予金钱，为中诇长安。"司马贞索隐引三国魏孟康曰："诇音'侦'。西方人以反闲为侦。"又服虔曰："侦，候也。" [7] 韩愈《苦寒》"鸾皇苟不存，尔固不在占。"叶适《校书郎王公夷仲墓志铭》："所谓高第者天子常亲擢赐之，天下以此占上意好恶。"②故"贞"当有"测度"、"猜测"、"测算"等义，"意措"亦当有此义。

关于"意"，《说文·心部》："意，志也。从心察言而知意也。" [3] "意"本义指"意向"、"愿望"，引申为"志向"、"意思"、"想法"、"内心"、"情意"、"意味"、"意气"、"思念"、"猜测"、"怀疑"、"回忆"等义。其"猜测"义如《孙子·计》："攻其无备，出其不意。"《新唐书·尉迟敬德传》："众人意公必叛，我独保无它，何相报速耶？"

关于"措"，《说文·手部》："措，置也。" [3] "措"之本义当为"安置"、"安放"，引申出"安排"、"运用"、"制订"、"筹办"、"搁置"等义。其"运用"义如《周易·系辞上》："推而行之谓之通，举而措之天下之民谓之事业。"高亨注："措，施也。" [8] "措"之此义③又可理解为"进行"，常指动作之进行，不一定翻译出来。"措"可与思维类动词词素一起构成复音词，表示思维之进行，如"措想"、"措思"等④。

故"意措"当释为"窥测"、"猜测"。"意措"于文献未多见。

2 四凑

（2）夫王道之治，先除人害，而足其衣食，然后教以礼仪，而威以刑诛，使知好恶去就。是故大化四凑，天下安乐，此王者之术。（《新论·王霸》）

按：此处"四凑"当释为"传播四方"。《大词典》未收。

《说文·水部》："凑，水上人所会也。""凑"本指"会合"、"聚集"之义，如《逸周书·作雒》："(周公)及将致政，乃作大邑成周于土中……以为天下之大凑。"孔晁注："凑，会也。"[9]《楚辞·刘向〈九叹·逢纷〉》："赴江湘之湍流兮，顺波凑而下降。"王逸注："凑，聚也。"[10]《盐铁论·力耕》："虽有凑会之要，陶宛之术，无所施其巧。"古汉语中相关复音词有"凑拢"、"凑聚"、"凑会"、"凑集"、"凑泊"、"凑合"等。

"会合"、"聚集"为动词，其动作方向，以一方为目标，各方从四面会聚而来，然若换个方向看，如以"各方"之角度看则为"奔赴"、"趋向""一方"，与"会合"、"聚集"恰恰相反。古汉语中有些词同时兼具正反或相对之两种意义，如"他年"类词语，又如反训现象之词等⑤。"凑"之"奔赴"、"趋向"义如《礼记·檀弓上》："柏椁以端，长六尺。"郑玄注"以端，题凑也。"孔颖达疏："凑，向也。"[11]又《丧服大记》："君殡用輴，攒至于上。"郑玄注"木题凑攒"孔颖达疏："凑，乡也。"[11]《淮南子·精神》："衰世凑学，不知原心反本。"高诱注："凑，趋也。"[12]《太玄·玄棿》："秉圭戴璧，胪凑群辟。"范望注："凑，至也。"[13]《汉书·扬雄传上》："上乃帅群臣横大河，凑汾阴。"颜师古注："凑，趣也。"[14]《说文·水部》朱骏声通训定声："凑，假借为走。"[15]《广雅·释诂一》："凑，邅也。"王念孙疏证："燕策：士争凑燕。史记燕世家凑作趣。"[16]《慧琳音义》卷十二"所凑"注："凑，归也。"[17]"四凑"之"凑"当为"奔赴"、"趋向"义。⑥

再看"四"，"四"为数词，可置于动词前作状语，或与动词语素构成偏正词语。根据其后动词之意义与动作方向之不同，"四"之含义亦有两种：

一种表示由四方向中心（会聚），词语有"四至"、"四合"、"四集"、"四会"等，如《文选·宋玉〈高唐赋〉》："纤条悲鸣，声似筝簧，清浊相和，五变四会。"《吕氏春秋·不屈》："士民罢潞，国家空虚，天下之兵四至。"班固《西都赋》："人不得顾，车不得旋，阛城溢郭，旁流百廛，红尘四合，烟云相连。"《后汉书·寇恂传》："士马四集，幡旗蔽野。"

一种表示由中心向四方（扩散），词语有"四施"、"四致"、"四达"、"四散"、"四射"、"四驰"等，如《庄子·刻意》："精神四达并流，无所不极，上际于天，下蟠于地。"《鹖冠子·泰鸿》："按图正端，以至无极，两治四致。"宋玉《高唐赋》："滂洋洋而四施兮，蓊湛湛而弗止。"韩愈《知名箴》："内不足者，急于人知；霈焉有余，厥闻四驰。"《晋书·刘琨传》："流移四散，十不存一。"清王士禛《池北偶谈·谈异七·女侠》："妇人神采四射，其行甚驶。"

《新论·王霸》之"四凑"一词即由"四"之第二种含义与"凑"之第二种含义结合而成，义即"传播四方"。"大化四凑"义即"广远深入之教化传播四方"。此义于文献中不多见。

文献中，"四凑"另有一义与"传播四方"相反，由"四"之第一种含义与"凑"之第一种含义结合而成，义为"四方会聚"，于文献中亦不多见，如：

（3）前则行旅四凑，通衢交会，水泛轻舟，陆方羽盖。（《艺文类聚》卷第六十三）

3　量备

（4）由是观之，夫患害奇邪不一，何可胜为设防量备哉？（《新论·求辅》）

按："量备"当释为"设防"、"防备"，指心理层面而言。"量备"与"设防"为同义词，均为动宾结构。其中"量"与"设"，"备"与"防"亦均为同义词。《大词典》未收。

"量"可指计量物体多少之容器，引申为"容量"、"限界"、"气量"、"才能"、"标准"、"思虑"、"评价"等义。其"思虑"义如《魏书·乐志》："上违成敕用旧之旨，辄持己心，轻欲制作。臣窃思量，不合依许。"叶适《忠翊郎武学博士蔡君墓志铭》："上悟，为量修城，罢筑堰。"古汉语中相关复音词有"量分"、"量交"、"量忖"等。

在"思虑"义上，"量"与"设"同义。关于"设"，《说文·言部》："设，施陈也。"[3] "设"有"陈列"、"设置"、"施用"、"建立"、"完备"、"设想"、"谋划"等义。关于其"设想"、"谋划"义，如《管子·心术上》："是以君子不怵乎好，不迫乎恶，恬愉无为，去智与故。其应也，非所设也；其动也，非所取也。"古汉语中相关复音词有"设念"、"设虑"、"设谋"等。"量"之"思虑"义与"设"之"设想"、"谋划"义相近，二者应为同义词。

再看"备"。"备"有"完备"义，引申出"储备"、"准备"、"防备"、"设备"、"充任"等义。其"防备"义如《孙子·计》："攻其无备，出其不意。"《左传·定公十年》："且盍多舍甲于子之门，以备不虞？"《虎钤经·防敌》："夫顿兵敌境，暇则秣食，不常其时，备不测之寇。"

在"防备"义上，"备"与"防"同义。"防"本指"堤岸"、"堤坝"，引申出"筑堤"、"田界"、"堵塞"、"防备"、"防卫"、"关防"等义。其中"防"之"防备"义如《周易·小过》："弗过防之，从或戕之，凶。"高亨注："当人未有过失之时，宜预防之。"[8] 故"备"与"防"均有"防备"义，为同义词。

既然"量"与"设"为同义词，"备"与"防"为同义词，则"量备"与"设防"无疑为同义词，均表"设防"、"防备"义，为动宾结构。此义之"量备"于文献中未多见。

另于《旧五代史·唐书·庄宗本纪》中检得一处"量备"用例："戊寅，诏德胜舰、莘县、杨刘口、通津镇、胡柳陂皆战阵之所，宜令逐处差人收掩战士骸骨，量备祭奠，以慰劳魂。"此"量备"当为"考虑准备"之义，与《新论·求辅》之"量备"义相去甚远。

4 当赴

（5）王翁前欲北伐匈奴，及后东击青、徐众郡赤眉之徒，皆不择良将，而但以世姓及信谨文吏，或遣亲属子孙，素所爱好，咸无权智将帅之用，猥使据军持众，当赴强敌。（《新论·言体》）

按："当赴"当释为"抵挡"、"与之战斗"。《大词典》未收。

《说文·田部》："当，田相值也。"[3]"当"本指"相当"、"对等"之义，引申出"匹配"、"对着"、"充当"、"承当"、"主持"、"抵当"、"判处"、"当值"、"如同"、"空当"等含义。其"抵当"义如《邓析子·无厚》："虑不先定，不可以应卒。兵不闲习，不可以当敌。"《左传·桓公五年》："郑子元请为左拒，以当蔡人、卫人；为右拒，以当陈人。"《说苑》卷第十五："用兵之道，其犹然乎？此善当敌者也。"《三国志·魏志·武帝纪》："公以至弱当至强，若不能制，必为所乘，是天下之大机也。"《西游记》第五二回："普天神将皆无敌，十万雄师不敢当。"古汉语中相关复音词有"当抵"、"当御"等。

《说文·走部》："赴，趋也。"[3]"赴"本义为"趋向"、"前往"，引申出"投入"、"跳进"、"插入"、"投身"、"应合"、"依附"、"往救"、"奔丧"等义。其"投入"、"跳进"义如《庄子·秋水》："赴水则接腋持颐，蹶泥则没足灭跗。"《楚辞·渔父》："宁赴湘流，葬入江鱼之腹中。"《吕氏春秋·知分》："于是赴江刺蛟，杀之而复上船。"高诱注："赴，入也。"[18]《北史·张普惠传》："普惠曰：'圣上之养庶物，若慈母之养赤子，今赤子几临危壑，将赴水火，以烦劳而不救，岂赤子所望于慈母。'""投入"、"跳进"义如用于战争语境，则当有"冲向"、"投入战斗"之义。古汉语中相关复音词有"赴敌"、"赴追"、"赴战"、"赴斗"等。

故"当赴"当释为"抵挡"、"与之战斗"。"当赴"于文献中未多见。

5 衰显

（6）汉高祖始定天下，背亡秦之短计，导殷、周之长道，衰显功德，多封子弟，后虽多以骄佚败亡，然汉之基本，得以定成，而异姓强臣，不能复倾。（《新论·谴非》）

按："褱显"当释为"大显"、"广宣"。

《大词典》："褱同'襃'。"《大词典》无"褱显"，然有"襃显"：

"襃显：亦作'褒显'。襃崇宣扬。《汉书·丙吉传》：'愿将军详大议，参以蓍龟，岂宜襃显，先使入侍，令天下昭然知之，然后决定大策，天下幸甚！'明胡应麟《寺薮续编·国朝上》：'自方正学死事，海内讳言其文，近始大行襃显，而祠庙尚缺。'清唐甄《潜书·任相》：'左右誉之而襃显，民安之而贬黜，国亡。'"[2]

"褱"虽同"襃"，然语义范围仍有所区别。"襃"有"襃崇"义，而据训诂资料及书证看，"褱"却无"襃崇"义。

另从《新论·遣非》"背亡秦之短计，导殷、周之长道，褱显功德，多封子弟"之句式结构看，应为二并列对称句，其中"背亡秦之短计，导殷、周之长道"内部对称，"褱显功德，多封子弟"内部对称，细究则"背"、"导"对称，"褱显"、"多封"对称。"褱显"与"多封"内部，"褱"、"多"相对，"显"、"封"相对，由此则"褱"与"多"意义相近，词性相同。

《诗经·小雅·常棣》："原隰裒矣，兄弟求矣。"毛传："裒，聚也。"[19]又引申出"聚敛"、"搜集"、"众"、"多"等义。其"众"、"多"如《诗经·周颂·般》："敷天之下，裒时之对。"郑玄笺："裒，众。"[19]《尔雅·释诂下》"裒，多也。"[20]

"褱"又同"襃"，"襃"亦作"褒"。《说文·衣部》："襃，衣博裾。"段玉裁注："博裾，谓大其褱襃也。《汉书》：'襃衣大袑。'谓大其衣绔之上也。引伸之为凡大之偁。"[21]如《孔丛子·儒服》："子高衣长裾，振襃袖，方履锯繶见平原君。""襃"又引申出"大"、"盛"、"广"、"嘉奖"、"称赞"等义。其"大"、"盛"、"广"义如马王堆汉墓帛书乙本《老子·德经》："道襃无名。"《淮南子·主术训》："是故得道者不为丑饰，不为伪善，一人被之而不襃，万人蒙之而不褊。"高诱注："襃，大也。"[12]《急就篇》卷二："襌衣蔽膝布毌繑。"颜师古注："襌衣，似深衣而襃大。"[22]"大"、"盛"、"广"等修饰动词与形容词时当与"多"同义。古汉语中相关复音词有"襃大"、"襃益"、"襃广"、"襃增"等。

关于"显"，《说文·页部》："显，头明饰也。"段玉裁注："头明饰者冕弁充耳之类。"[21]"显"之本义为"头明饰"，引申出"光明"⑦、"显露"、"明显"、"显扬"、"显赫"、"显示"、"显扬"、"彰显"、"表面"等义。"显"之"显扬"、"彰显"义如《孟子·公孙丑上》："管仲以其君霸，晏子以其君显。"赵岐注："晏子相景公以显名。"[23]《史记·太史公自序》："不背柯盟，桓公以信，九合诸侯，霸功显彰。""褱显"之"显"当为"显扬"或"彰显"义。

《新论·谴非》之"褒显"、"襃显"当为"大显"、"广宣"之义。其中"襃"又作"褒",为"大"、"盛"、"广"、"多"义;"显"为"显扬"、"彰显"义。

另,就"褒"而言,其后接"奖惩"义词素构成复音词时,似乎亦不宜一律将"褒"视作"褒崇"、"褒奖"义⑧。《大词典》释义"褒表"、"褒美"、"褒许"、"褒旌"、"褒扬"、"褒嘉"、"褒称"、"褒奖"、"褒赞"等赞扬类词时,"褒"均释为"褒奖"、"赞扬"类义,未有"大"、"盛"、"多"等义;而其释义贬斥类词语时,"褒"则并非完全如此释义,有时作无义处置,如"褒贬:批评;指责。明李贽《复麻城人书》:'此诗俗子辈视之便有褒贬,吾以为皆实语也,情可哀也。'"[2]"褒弹:批评,指摘;非议。元汤式《夜行船·送景贤回武林》套曲:'品藻杜司空,褒弹张殿元。'"[2]又"褒弹:缺点;毛病。明贾仲名《萧淑兰》第四折:'我这里偷看,不由人心欢,没褒弹,忒丰韵,表正形端。'"[2]"褒"义均未显示。难道此类"褒"均无义或均属于"偏义"复词范畴?可否将此类词视作由表"大"、"多"、"盛"义之"褒"所构成之偏正结构呢?似乎值得我们探索。倘若此思路能成立,则"褒"与赞扬类语素构词时,部分"褒"亦可作"大"、"多"、"盛"等义讲;同理,"褒"与褒奖类语素构词时,有些具体情况恐亦视为由表"大"、"多"、"盛"义之"褒"构成之偏正结构或许更为恰当。⑨故释义含"褒显"等词语时当谨慎为好,具体情况恐宜具体对待。当否,可商榷。

"褒显"与"襃显"于文献中不甚常见。又如:

(7)今邦宇谧静,实名等之略,寻其功勋,宜在襃显。(《南齐书·东南夷传》)

(8)祖宗庙谥称号,所以褒显功德,非所当讳。(《姜氏秘史》卷二)

6 定成

(9)汉高祖始定天下,背亡秦之短计,导殷、周之长道,褒显功德,多封子弟,后虽多以骄佚败亡,然汉之基本,得以定成,而异姓强臣,不能复倾。(《新论·谴非》)

(10)故曰:"观贤由善,察佞由恶。"善恶定成,贤佞形矣。(《论衡·答佞》)

按:"定成"当释为"奠定"、"确定"。《大词典》未收。

《说文·宀部》:"定,安也。"[3]"定"之本义即"安定",引申出"平定"、"完成"、"奠定"、"稳定"、"确定"、"约定"、"修改"、"必定"、"聘订"等义。其"完成"、"奠定"义如《诗经·周颂·武》:"胜殷遏刘,耆定尔功。"高亨注:"定,成也。"[24]《左传·僖公二十七年》:"报施救患,取威定霸,于是乎在矣。"《淮南子·天文》:"清妙之合专易,重浊之凝竭难,天先成而地后定。"

古汉语中相关复音词有"定国"、"定霸"、"定迭"等。

关于"成",《说文·戊部》:"成,就也。"[3]"成"之本义即"完成"、"成功",如《尚书·咸有一德》:"匹夫匹妇,不获自尽,民主罔与成厥功。"《诗经·大雅·灵台》:"庶民攻之,不日成之。"《说苑》卷第八:"夫成王霸固有人,亡国破家亦固有人。"《颜氏家训·教子》:"帝每面称之曰:'此黠儿也,当有所成。'"由此义之"成"所构复音词有"成化"、"成文"、"成功"、"成造"、"成衣"、"成言"、"成败"、"成遂"、"成劳"、"成劳"、"成绩"等。

结合句意,"定成"当释为"奠定"、"确定"。此义之"定成"于文献中不常见。另"定成"亦有"一定能成"之义,其中"成"为"成就"、"变成"等义,如:

（11）如此修行,定成佛道,变三毒为戒定慧。（《六祖坛经·般若品》）

（12）闻吾弟就学鬼谷,良玉受琢,定成伟器。（《东周列国志》第八十八回）

7 弹索

（13）王翁不自非悔;及遂持屈强无理,多拜将率,调发兵马,运徙粮食财物以弹索天下。（《新论·谴非》）

按:"弹索"当释为"竭尽"、"穷尽"。《大词典》未收。

先看"索",《说文·宀部》:"索,艸有茎叶,可作绳索。"[3]《大词典》"索:粗绳。泛指绳索。"[2]"索"本义当为"绳索"[10],如《尚书·五子之歌》:"予临兆民,懔乎若朽索之驭六马。"《论衡·谢短》:"挂芦索于户上,画虎于门阑。"引申出"链子"、"发辫"、"拧绳"、"思索"、"索取"、"搜索"、"聘娶"[11]、"尽"、"孤独"[12]、"须"[13]等义。其"尽"义如《尚书·牧誓》:"牝鸡之晨,惟家之索。"孔传:"索,尽也。"[25]《史记·滑稽列传》:"淳于髡仰天大笑,冠缨索绝。"司马贞索隐:"索训尽,言冠缨尽绝也。"[7]《宋史·杨存中传》:"锜曰:'本来救濠,濠既已失,进无所依,人怀归心,胜气已索,此危道也。不若退师据险,俟其去,为后图。'诸将皆曰:'善。'""弹索"之"索"当为"尽"义。

再看"弹",《说文·弓部》:"弹,行丸也。"[3]"弹"本义为"弹弓",《庄子·山木》:"庄周曰:'此何鸟哉,翼殷不逝,目大不睹?'蹇裳躩步,执弹而留之。"成玄英疏:"把弹弓而伺候。"[26]引申出"弹丸"、"圆果"、"禽卵"、"用弹丸射击"、"射杀"、"摇动"、"弹弦"、"弹击"、"绳索"等多义。其"绳索"义如元王祯《农书》卷十四:"秧弹、秧垄以篾为弹。弹犹弦也。世呼船牵曰弹,字义俱同。""弹"虽可指"绳索",然不能似"索"可引申出"尽"义。故综合考察,"弹索"之"弹"当为"殚"之通假,表"尽"义,与"索"并列成词。古汉语中,"弹"、"殚"可通假,《广韵》中"弹"定母翰韵,"殚"端母寒韵,[27]

音近具备通假条件。《新论》"弹"当作"殚",又如李白《打猎赋》:"弹地庐与神居。"王琦辑注:"弹当作殚,尽也。"[28]"殚"本义为"尽",《说文·歺部》:"殚,殛尽也。"[3]《大词典》:"殚:尽,竭尽。"[2]⑭

故"弹索"当释为"竭尽"、"穷尽",其中"弹"通"殚",于《新论·谴非》中当为形容词之使动用法。"弹索"或"殚索"于文献中未多见。

8　饶羡

（14）汉文帝躬俭约,修道德,躬先天下,天下化之,故致充实殷富,泽加黎庶,谷至石数钱,上下饶羡。（《新论·言体》）

（15）知之者,知贫人劣能共百,以为富人饶羡有奇余也;不知之者,见钱俱百,以为财货贫富皆若一也。（《论衡·量知》）

按:"饶羡"当释为"富裕"、"富余"。《大词典》未收。

《说文·食部》:"饶,饱也。"[3]"饶"由"饱"义引申出"富裕"、"众多"、"剩余"、"厚赐"、"安逸"等义。其"富裕"、"剩余"义如《战国策·秦策一》:"田肥美,民殷富,战车万乘,奋击百万,沃野千里,蓄积饶多,地势形便,此所谓天府,天下之雄国也。"《文选·王粲〈从军诗〉之一》:"军中多饫饶,人马皆溢肥。"吕向注:"饶,余也。"[29]古汉语中相关复音词有"饶多"、"饶足"、"饶衍"、"饶盈"、"饶羡"、"饶财"、"饶益"、"饶裕"、"饶饱"、"饶溢"等。

"羡"本指"爱慕"、"羡慕",引申出"丰富"、"超过"、"剩余"、"丧失"等义。其"丰富"、"剩余"义如《诗经·小雅·十月之交》:"四方有羡,我独居忧;民莫不逸,我独不敢休。"《汉书·食货志下》:"以临万货,以调盈虚,以收奇羡,则官富实而末民困,六矣。"颜师古注:"羡,饶溢也。"[14]颜真卿《柳恽西亭记》:"邑宰李清请而修之,以摅众君子之意。役不烦费,财有羡余。"《新唐书·食货志三》:"牛仙客为相,有彭果者献策,广关辅之籴,京师粮禀益羡,自是玄宗不复幸东都。"古汉语中相关复音词有"羡利"、"羡盈"、"羡财"、"羡息"、"羡溢"、"羡余"、"羡钱"、"羡赢"等。

故"饶羡"当释为"富裕"或"富余"。"饶羡"于文献中不其常见。又如:

（16）时淮西用兵,国用不足,异使江表以调征赋,且讽有土者以饶羡入贡,至则不剥下,不浚财,经费以赢,人颇便之。（《旧唐书·程异传》）

9　闇照

（17）若材能有大小,智略有深浅,听明有闇照,质行有薄厚,亦则异度焉。

（《新论·言体》）

按："阍照"当释为"暗明"。《大词典》未收。

《说文·门部》："阍,闭门也。"由"闭门"义引申出"暗"、"晦暗"、"不□"之义,⑮如《周礼·春官·视祲》："视祲掌十辉之灋,以观妖祥,辨吉凶,一曰祲,二曰象,三曰镌,四曰监,五曰阍,六曰瞢,七曰弥,八曰叙,九曰隮,十曰想。"孙诒让正义引俞樾曰："阍即《春秋》所谓晦也。僖十五年己卯晦,成十六年甲午晦,《公羊传》并曰:'晦者何?冥也。'是其事也。"[30]《庄子·齐物论》："则人固受其黮阍,吾谁使正之?使同乎若者正之?既与若同矣,恶能正之!"《吕氏春秋·明贤》："明火不独在乎火,在于阍。"高诱注："阍冥无所见,火乃光耳。故曰'生于阍'也。"[18]"阍照"之"阍"即"暗"义,由此义之"阍"所构复音词有"阍夕"、"阍中"、"阍汶"、"阍冥"、"阍乱"、"阍黮"等。

"照"之本义为"照明"、"照耀",《说文·火部》："照,明也。"[3]桂馥义证"明也者,本书'明,照也。'"[31]引申出"辉映"、"明亮"、"明白"、"比照"、"证明"、"对付"等义。其"明亮"义如《诗经·陈风·月出》："月出照兮,佼人燎兮。舒夭绍兮,劳心惨兮。"《汉书·中山靖王刘胜传》："白日晒光,幽隐皆照;明月曜夜,蟊蛊宵现。""阍照"之"照"当为"明亮"义,由此义之"照"所构之复音词有"照明"、"照照"等。

故"阍照"当释为"暗明"。《新论·言体》中"阍照"与"大小"、"深浅"、"薄厚"四者结构一致,均为反义组合式并列结构词语。"阍照"于文献中未多见。

10 正齐

（18）国家设理官,制刑辟,所以定奸邪,又内量中丞御吏,以正齐縠下。（《新论·谴非》）

按："正齐"当释为"治理"、"整治"。

"正齐"及其同素异序词"齐正"均见于《大词典》,如下：

"正齐:谓使衣冠保持整齐。《礼记·聘义》:'日莫人倦,齐庄正齐而不敢解惰'孔颖达疏:'日暮人倦,齐庄正齐者,谓日暮晚,人斯懈倦,犹齐庄而自整齐也。'"[2]

"齐正:整治。《诗序》'故诗有六义'唐孔颖达疏:'天子则威加四海,齐正万方。'"[2]

然据句意看,《新论·谴非》之"正齐"非《大词典》所释"正齐"之义,而与其同素异序词"齐正"之释义吻合,即"治理"、"整治"义。

《说文·正部》："正,是也。"[3]又《是部》："是,直也。"[3]"正"本义即"正中"、"不偏"之义,如《文选·张衡〈东京赋〉》："及至农祥晨正,土膏脉起，乘銮辂而驾苍龙，介驷问以剡粗。"薛综注："农祥，天驷，即房星也。晨时正中也。"[29] 引申出"直"、"端正"、"正直"、"公正"、"正确"、"标准"、"真诚"、"严正"、"纠正"、"治理"、"决定"等义。其"治理"义如《周易·蹇》："当位贞吉，以正邦也。"《商君书·农战》："圣人知治国之要，故令民归心于农。归心于农，则民朴而可正也。"三国魏刘劭《人物志·流业》："兼有三才，三才皆备，其德足以厉风俗，其法足以正天下，其术足以谋庙胜，是谓国体，伊尹吕望是也。"古汉语中相关复音词有"正事"、"正域"、"正国"、"正治"等词。

关于"齐"，《说文·齐部》："齐，禾麦吐穗上平也。"[3]《汉语大字典》："齐，禾麦吐穗上平整。"[30] 其本义当为"整齐"⑩，如《周易·说卦》："齐也者，言万物之絜齐也。"高亨注："齐者，整齐也。"[8] 引申出"一致"、"正"、"犹如"、"齐备"、"召集"、"陈列"、"平等"、"告诫"、"整治"、"治理"等义。其"整治"、"治理"义如《荀子·富国》："必将修礼以齐朝，正法以齐官，平政以齐民。"杨倞注："齐，整也。"[33]《礼记·大学》："欲治其国者，先齐其家。"清李渔《风筝误·闺哄》："不会齐家会做官，只因情法有严宽。"相关复音词有"齐家"、"齐家治国"等。

故"正齐"当释为"治理"、"整治"。此义之"正齐"于文献中未多见。

11　攻拒

（19）安危尚未可知，而猥复侵刻匈奴，往攻夺其玺绶，而贬损其大臣号位，变易旧常，分单于为十五，是以恨志大怒，事相攻拒。（《新论·谴非》）

按："攻拒"当释为"抵制"。《大词典》未收。

《说文·支部》："攻，击也。"[3]"攻"本义为"攻击"、"进攻"，引申出"侵袭"、"抵制"、"排斥"、"指责"、"专心从事"、"治理"、"营建"、"砍伐"、"开凿"等义。其"抵制"、"排斥"义如张载《正蒙·太和》："天地之气，虽聚散、攻取百涂，然其为理也顺而不妄。"王夫之注："同者取之，异者攻之，故庶物繁兴，各成品汇。"[34]"攻拒"之"攻"当为"排斥"、"抵制"义。

"拒"不见于《说文》，《广韵·语韵》："拒，捍也。"[27]"拒"之本义为"抵御"、"抵挡"，引申出"抵制"、"排斥"、"抵达"、"关闭"、"伸展"等义。其"抵制"、"排斥"义如《论语·子张》："可者与之，其不可者拒之。"《后汉书·傅燮传》："燮正色拒之：'遇与不遇，命也；有功不论，时也。傅燮岂求私赏哉！'"

结合句意，《新论·谴非》之"攻拒"当释为"抵制"较妥。此义之"攻拒"于文献中未多见。"攻拒"亦可据具体情况之不同而释为"抵御"、"抗击"等义，如：

（20）先于安戎城左右筑两城，以为攻拒之所，顿兵于蓬婆岭下，运剑南道资粮以守之。（《旧唐书·吐蕃传上》）

（21）蔡人日纵侵掠陈、郑、许、毫之郊，频年大战，虔裕掩袭攻拒。（《旧五代史·梁书·王虔裕传》）

（22）斩之不能禁释，谁不知你是孤穷刘备？你在新野被曹操领兵追袭，不敢领兵攻拒，弃妻子而奔于夏口，若不是关、张二弟扶持，这其间定死在奸雄之手。（元无名氏《刘玄德醉走黄鹤楼》第三折）

（23）您众官务要保举得力之人，攻拒草寇，平定寰区也。（元无名氏《阀阅舞射柳蕤丸记》第一折）

12 致密

（24）是故非君臣致密坚固，割心相信，动无间疑，若伊、吕之见用，传说通梦，管、鲍之信任，则难以遂功竟意矣。（《新论·求辅》）

按：此处"致密"当释为"亲密可信"，专用于人际关系。

"致密"即"緻密"。关于"致密"，《大词典》列出二词条四义项，即：

"致密：细致周密。致，'緻'的古字。《诗·大雅·假乐》'威仪抑抑'汉郑玄笺：'成王立朝之威仪，致密无所失。'孔颖达疏：'致密无失，谓举止详悉，事无非礼。'"[2]

"緻密：1.周密；细密。南朝梁元帝《金楼子·立言上》：'夫荷旃被毳者难与道纯绵之緻密。'宋苏辙《光州开元寺重修大殿记》：'栋楹峻峙，瓦甓緻密。'2.严密；紧密。《东观汉记·冯鲂传》：'若向南者多取帷帐，东西完塞诸窗，望令緻密。'北魏郦道元《水经注·汶水》：'言是昔人居山之处，薪爨固墨，犹存谷中，林木緻密，行人鲜有能至矣。'3.细致坚实。《灵枢经·本藏》：'卫气和则分肉解利，皮肤调柔，腠理緻密矣。'"[2]

又列出一"密緻"词条，简录如下：

"密緻：亦作'密致'。1.细密；致密。汉陆贾《新语·资质》：'夫楩柟豫章，天下之名木……精捍直理，密緻博通，虫蝎不能穿，水湿不能伤。'汉王充《论衡·齐世》：'孔子知世浸弊，文薄难治，故加密緻之网，设纤微之禁，检柙守押，备具悉极。'2.严密。中国近代史资料丛刊《太平天国·御制千字诏》：'护卫密緻，联络强坚。'"[2]

显然，《大词典》关于"緻密"及"密緻"之释义均不合《新论·求辅》中"致密"之含义，后者当释为"亲密可信"，专用于人际关系。

"致"本指"送达"、"使达到"之义，如《说文·攵部》："致，送诣也。"[3]

引申出"奉献"、"给予"、"表达"、"施加"、"归还"、"招致"、"获得"、"置办"、"事理"、"深奥微妙之道理"等，由"事理"、"深奥微妙之道理"义进而引申出"精致"、"坚密"、"周密"等义。关于"致"之今字"緻"，《大词典》："緻：细密；精密。"[2]如《诗经·小雅·都人士》："彼君子女，绸直如发。"汉郑玄笺："其情性密緻，操行正直，如发之本末无隆杀也。"[19]"精緻"、"坚密"、"细密"、"精密"之义本指物，然引申之亦可指人，指人际关系之亲密可信，如《荀子·非相》："文而致实，博而党正。"《初刻拍案惊奇》卷七："（裴晤）便焚起一炉香来，对着死尸跪了，致心念诵。"王念孙《读书杂志·荀子二》："致读为质。质，信也。谓信实也。"[35]此与《新论·求辅》中"致密"之义相符。

"密"本指"形状象堂屋之山"，如《说文·山部》："密，山如堂者。"[3]引申出"隐秘"、"秘密"、"严密"、"精密"等义，再引申出"亲密"之义，如韩愈《南山诗》："或戾若仇雠，或密若婚媾。"《晋书·王敦传论》："王敦历官中朝，威名夙著，作牧淮海，望实逾隆，遂能托鱼水之深期，定金兰之密契，弼成王度，光佐中兴。"《初刻拍案惊奇》卷二："却说姚家有个极密的内亲，叫做周少溪。"古汉语中相关复音词，"密"为"亲密"义者有"密友"、"密切"、"密近"、"密和"、"密侍"、"密契"、"密姻"、"密密"、"密然"、"密意"、"密亲"、"密党"等。

故《新论·求辅》中"致密"当为人际关系之"亲密可信"义，词条"致密"应新增此义项。此义于文献中不常见。又如：

（25）于是莽人人延问，致密恩意，厚加赠送，其不合指，显奏免之，权与人主侔矣。（《汉书·王莽传上》）

（26）"资质淑茂，道术通明，论议正直，秉心有常，发愤悃愊。"张晏曰："愊，致密也。"（《汉书·刘向传》张晏《音释》）

13　垂流

（27）是以周武王克殷，未下舆而封黄帝、尧、舜、夏、殷之后，及同姓亲属、功臣、德行，以为羽翼，佐助鸿业，永垂流于后嗣。（《新论·谴非》）

按："垂流"当释为"传递"、"留传"。《大词典》未收。

旧校①疑"流"为"统"，"流统"见于《大词典》："垂统：把基业留传下去。多指皇位的承袭。《孟子·梁惠王下》：'君子创业垂统，为可继也。'《史记·三王世家》：'而家皇子为列侯，则尊卑相踰，列位失序，不可以垂统于万世。'"[2]"流统"意义符合《新论·谴非》，且"流"与"统"字形极为相近，旧校之怀疑不无道理。

然"垂流"亦能成词，且意义与"流统"基本相同⑱，故旧校之疑恐非也。

关于"垂"，《说文·土部》："垂，远边也。"[3]《大词典》将"挂下"、"悬挂"义列为"垂"之第一义项，《汉语大字典》则将"边疆"、"边际"义列为其第一义项，并认为此义之"垂"即"陲"之古字，[32]而《大词典》则认为"垂"与"陲"为通假字[3]。结合"垂"之字形及其各语义之间引申关系看⑲，《大词典》是，《大字典》非，"垂"之本义当为"挂下"、"悬挂"。引申出"伏"、"落下"、"流传"、"施与"、"跟随"、"将近"等含义。其"流传"义如《尚书·微子之命》："功加于时，德垂后裔。"曹植《精微篇》："关东有贤女，自字苏来卿。壮年报父仇，身没垂功名。"唐李中《寄左偓》："垂名如不朽，那恨雪生头。"文天祥《正气歌》："时穷节乃见，一一垂丹青。"《新论·求辅》"垂荣"之"垂"即"流传"义。古汉语中相关复音词有"垂芳"、"垂不朽"、"垂名"、"垂美"、"垂裕"、"垂勋"等。

关于"流"，《说文·水部》："流，水行也。"[3]"流"之本义当为"水之移动"，引申出"物体移动"、"漂流"、"流浪"、"虚浮"、"演变"、"留传"⑳、"流露"、"放纵"、"潮流"等义。其"留传"义如《周易·谦》："地道变盈而流谦。"孔颖达疏："丘陵川谷之属，高者渐下，下者益高，是改变盈者，流布谦者也。"[11]《史记·樊郦滕灌列传论》："方其鼓刀屠狗卖缯之时，岂自知附骥之尾，垂名汉廷，德流子孙哉？"《三国志·蜀书·秦宓传》："今处士任安，仁义直道，流名四远，如令见察。"唐郑世翼《过严君平古井》："卖卜成都市，流名大汉中。"古汉语中相关复音词有"流布"、"流光"、"流名"、"流毒"、"流风"、"流音"、"流声"、"流响"等。

结合句意，"垂流"当释为"传递"、"留传"。此义之"垂流"于文献中未多见。另文献中"垂流"有"垂下"、"落泪"等义，如：

（28）袅袅和烟映玉楼，半垂桥上半垂流。今年渐见枝条密，恼乱春风卒未休。（《鉴诫录·亡国音》）

（29）仙人一睹，泪双垂流。（《敦煌变文集新书·太子成道变文》）

（30）东泉人未知，在我左山东。引之傍山来，垂流落庭中。（唐元结《引东泉作》）

（31）玉箸夜垂流，双双落朱颜。（李白《闺情》）

14　重爱

（32）彼亡秦、王翁，欲取天下时，乃乐与人分之；及已得而重爱不肯予，是惜肉唾筳之类也。"（《新论·谴非》）

按：此处"重爱"当释为"吝惜"、"吝啬"。

"重爱"见于《大词典》："重爱：偏爱；厚爱。《管子·任法》：'故为人主者，不重爱人，不重恶人；重爱曰失德，重恶曰失威。'《国语·晋语二》：'终君之重爱，受君之重贶。'《史记·卫将军骠骑列传》：'天子为治第，令骠骑视之，对曰："匈奴未灭，无以家为也。"由此，上益重爱之。'"[2]

从《大词典》之书证看，其释义无问题。然《新论·谴非》中"重爱"显然当释为"吝惜"、"吝啬"义更为妥当。"吝惜"、"吝啬"义与"偏爱"、"厚爱"义有别，前者程度更重，后者程度相对要轻；其适用对象亦不完全相同，前者主要针对事物，而后者则可针对人或物。

《说文·重部》："重，厚也。"[3] "重"之本义当为"厚"，主要与"薄"相对。如《周易·系辞上》："夫茅之为物薄，而用可重也。"《淮南子·俶真》："九鼎重味。"高诱注："重，厚也。"[12] 范仲淹《让观察第二表》："享千钟之厚禄，加千金之重赐。"引申出"分量重"义，与"轻"相对。再引申出"重量"、"分量"㉑、"繁重"、"稳重"、"慎重"、"难"、"重视"、"吝惜"、"推崇"、"昂贵"、"敬重"、"重任"、"浓重"等义，《大词典》仅"zhòng"音即列出了三十余义项。其"吝惜"义如《史记·陈丞相世家》："项王为人，恭敬爱人，士之廉节好礼者多归之。至于行功爵邑，重之；士亦以此不附。"《汉书·季布栾布田叔传》："贤者诚重其死。夫婢妾贱人，感概而自杀，非能勇也，其画无俚之至耳。"司马光《太子太保庞公墓志铭》："陛下安得不以俭约为师，奢靡为戒，重惜国用，以狗民之急。"

关于"爱"，《说文·夂部》："爱，行皃。从夂㤅声。"[3] 又《心部》："㤅，惠也。"[3] 高翔麟《字通》："徐锴曰：'古以㤅为慈爱，故以此为行皃。'"[36] "爱"之本义当为"待人或物之深情"，如《庄子·山木》："（孔子）徐行翔佯而归，绝学捐书，弟子无挹于前，其爱益加进。"引申出"有深情"、"仁惠"㉒、"喜欢"、"喜爱之人"、"仰慕"、"爱护"、"爱惜"、"吝惜"、"爱恋"等义。其"吝惜"义如《论语·八佾》："子贡欲去告朔之饩羊。子曰：'赐也！尔爱其羊，我爱其礼。'"《孟子·梁惠王上》："百姓皆以王为爱也，臣固知王之不忍也。"赵岐注："爱，啬也。"[23] 由"爱"所构成复音词中，"爱"含"吝惜"、"吝啬"义者有"爱恡"、"爱财如命"、"爱惜"、"爱藉"等。

结合句意，《新论·谴非》中"重爱"当释为"吝惜"、"吝啬"。此义之"重爱"于文献中未多见。

另除"吝惜"、"吝啬"义及《大词典》所释之"偏爱"、"厚爱"义外，"重爱"于文献中又有"爱惜"、"珍惜"义，如：

（33）太子执报桓荣书曰："君慎疾加餐，重爱玉体。"（《东观汉记·桓荣传》）

（34）夫愚人不自重爱，力求奇殊方，可得须臾，反预置死器死处，求得死。（《太平经·冤流灾求奇方诀》）

（35）上皇之子三十人，今所存惟圣体，不可不自重爱。（《宋史·儒林传五·明安国》）

注释：

①"措意"之"意"为名词"心思"、"心意"之义，而"意措"之"意"为"窥测"、"猜测"之义。可参见下文。

②"占"亦有"窥察"之义，如《周易·革》："未占，有孚。"虞翻注："占，伺视也。"

③"措意"之"措"即此义。

④"措"后如接名词语素，则"措"义应翻译出来，如苏辙《〈元佑会计录〉序》："秦隋之忧，臣无所措心矣。""措心"即"用心"。

⑤前者指"他年"、"他日"、"他时"等一类之时间词，具体参见陈明富、张鹏丽《"他年"类词语语义特征及成因考察》，《语言科学》，2012 年 05 期。后者如王念孙《广雅疏证》卷三下："敛为欲，而又为与；乞、丐为求，而又为与；贷为借，而又为与；禀为受，而又为与。义有相反而实相因者，皆此类也。"因此现象成因不一，甚为复杂，此不详论。

⑥蔡镜浩《魏晋南北朝词语例释》"凑"条："凑，犹至、去，故'至凑'同义并列。"又据王云路、方一新二位先生《中古汉语语词例释》"至凑"条，中古佛经常见之词"至凑"当为"至"、"往"义，属同义连文，亦作"至奏"，"奏"、"凑"古通，具体参见二位先生之之释义。"凑"之"至"、"去"、"往"义与本文所言之"奔赴"、"趋向"义实质相同。

⑦《大字典》将"头明饰"义列为第一义项，将"光明"义列为第二义项；而《大词典》将"光明"义列为第一义项，无"头明饰"义，似不妥。

⑧如《大词典》："褒美：亦作'裦美'。嘉奖赞美。《后汉书·邓寇传》：'帝嘉之，数赐书褒美。'宋苏舜钦《答李锐书》：'退而寻绎，乃谓予以道自公，夫而不忧，有至高至难之节，其言褒美过甚，不敢领览。'清昭梿《啸亭杂录·宋总兵》：'计剿小金川未及五月，而侵地全收，圣谕褒美。'"其中第二个用例中"褒美过甚"之"褒"，从句意分析，应该释为"赞美"义，而非"嘉奖"义。

⑨如《宋史·谢麟传》："诏使经制宜州獠，降其种落四千八百人，纳思广同

民千四百室，得铠甲二万，褒赐甚渥。"《大词典》："褒赐：褒扬赏赐。"此处主要言及实际赏赐，故用"甚渥"修饰，而非语言"褒扬"，"褒"似不宜释为"褒奖"类词，"褒赐"恐释为"赏赐"、"重赏"为妥，具体由偏正结构构成。

⑩《大字典》释为"大绳子"，《大词典》释为"粗绳"，疑似不妥。

⑪如《三国志·魏志·袁术传》："术欲结布为援，乃为子索布女，布许之。"据蒋礼鸿先生《敦煌变文字义通释》"索"条研究，敦煌变文里"索"有娶妻之义，"索"于写本里常与"色"通用，又可写作别体字""。又江蓝生《魏晋南北朝小说词语汇释》"索"条："'索'义为'娶'，指娶妻。""'索'字此义当从其'求'义而来。"

⑫如韩愈《喜侯喜至赠张籍张彻》："孟生去虽索，侯氏来还歉。"

⑬如张相《诗词曲语辞汇释》"索"条："索，犹须也；应也；得也。"又如《大词典》："索：须；应；得。"

⑭"殚索"亦不见于《大词典》。

⑮进而引申出"愚昧"、"深"、"深黑"、"不明了"、"暗中"、"湮没"、"蒙蔽"等义，此处从略。

⑯按《说文》与《大字典》，"齐"之本义当为"禾麦吐穗上平"。然考察之，"齐"为抽象义，古人造字只好用形象手法表示，乃用禾麦穗之上平形象表示，而意在表示"整齐"之义，故疑《大字典》不必设此义项，当如《大词典》之处理，将"整齐"义设为第一义项为妥。

⑰本文所说"旧校"，引自朱谦之校辑之《新辑本桓谭新论》，中华书局，2009年版。下同。

⑱"垂流"为并列结构，"流统"为动宾结构。

⑲"垂"之其他意义与"边疆"、"边际"义关系不大。

⑳或"流传"。

㉑《大字典》之语义引申路径与此同，而《大词典》则将"重量"、"分量"列为第一义项，将"分量重"列为第二义项，无"厚"之义项，《大词典》似不妥。

㉒《大词典》之语义引申路径与此同，而《大字典》则将"惠"、"仁爱"列为第一义项，将"待人或物有深情"列为第二义项，无"有深情"之义项《大词典》《大词典》由具体到一般，揭示本意时结合《说文》中动词"行"，《大词典》处理较为妥当。

参考文献：

[1](汉)桓谭撰，朱谦之校辑：《新辑本桓谭新论》，中华书局 2009 年版。

[2]罗竹风主编：《汉语大词典》，汉语大词典出版社 1986—1993 年版。

[3](汉)许慎撰：《说文解字》（附检字），中华书局 1963 年版。

[4](清)李富孙撰：《易经异文释》（王先谦辑《皇清经解续编》本），清光绪
十四年江阴南菁书院刊本。

[5]俞樾撰：《群经平议》（王先谦辑《皇清经解续编》本），清光绪十四年江
阴南菁书院刊本。

[6](宋)丁度等编：《集韵》（影印本），上海古籍出版社 1985 年版。

[7](汉)司马迁著，（南朝宋）裴骃集解，（唐）司马贞索引，（唐）张守节正义，
顾颉刚等点校：《史记》，中华书局 1959 年版。

[8]高亨著：《周易古经今注》，中华书局 1984 年版。

[9]黄怀信等：《逸周书汇校集注》，上海古籍出版社 2007 年版。

[10](汉)王逸注，黄灵庚疏证：《楚辞章句疏证》，中华书局 2007 年版。

[11](清)阮元刻校：《十三经注疏》，中华书局 1980 年版。

[12](汉)刘安等编，（汉)高诱注：《淮南子》，上海古籍出版社 1989 年版。

[13](汉)杨雄撰，（晋)范望、（宋)司马光等注：《太玄经》，北京图书馆出
版社 2004 年版。

[14](汉)班固撰，（唐)颜师古注：《汉书》，中华书局 1962 年版。

[15](清)朱骏声撰：《说文通训定声》，中华书局 1984 年版。

[16](三国魏)张揖撰，（清)王念孙疏证：《广雅疏证》，江苏古籍出版社 2000
年版。

[17](唐)玄应、（唐)慧琳、（辽)希麟著，徐时仪校注：《一切经音义三种校本合刊》，
上海古籍出版社 2008 年版。

[18](汉)高诱注，（清)毕沅校，徐小蛮标点：《吕氏春秋》，上海古籍出版社
2014 年版。

[19](汉)毛亨传，郑玄笺，（唐)孔颖达疏：《毛诗正义》，北京大学出版社
1999 年版。

[20](晋)郭璞注，（宋)邢昺疏，王世伟整理：《尔雅注疏》，上海古籍出版
社 2010 年版。

[21](汉)许慎撰，（清)段玉裁注：《说文解字注》，上海古籍出版社 1988 年版。

[22](汉)史游撰，（唐)颜师古注，（宋)王应麟补注，（清)钱保塘补音：《急就篇》，

中华书局 1985 年版。

[23]（汉）赵岐注，（宋）孙奭疏，（经文）黄侃句读：《孟子注疏》，上海古籍出版社 1990 年版。

[24] 高亨注：《诗经今注》，上海古籍出版社 1980 年版。

[25]（汉）孔安国撰：《尚书正义》，上海古籍出版社 2007 年版。

[26]（晋）郭象注，（唐）成玄英疏，曹础基、黄兰发校：《庄子注疏》，中华书局 2011 年版。

[27] 周祖谟著：《广韵校本》，中华书局 2004 年版。

[28]（清）李白撰，（清）王琦辑注：《李太白全集》，中华书局 2013 年版．

[29]（南朝梁）萧统主编，（唐）李善等注：《六臣注文选》，中华书局 2012 年版。

[30]（清）孙诒让撰：《周礼正义》，商务印书馆 1982 年版。

[31]（清）桂馥撰：《说文解字义证》，中华书局 1987 年版。

[32] 徐中舒主编：《汉语大字典》（缩印本），成都：四川辞书出版社、武汉：湖北辞书出版社 1993 年版。

[33]（唐）杨倞注：《荀子》，上海古籍出版社 2010 年版。

[34]（清）王夫之撰：《张子正蒙注》，中华书局 1975 年版。

[35]（清）王念孙撰：《读书杂志》，江苏古籍出版社 2000 年版。

[36]（清）高翔麟撰：《说文字通》，道光十八年海昌查元偁精刊。

词法与句法

《碧岩录》复音词结构及相关考察

《碧岩录》共十卷，全称《佛果圆悟禅师碧岩录》，又名《碧岩集》，属禅宗语录汇编性质，近14万字，是南宋徽宗政和初年，临济宗杨歧派著名禅师圆悟克勤以雪窦禅师的《百则颂古》为底本，加以垂示、著语、评唱，又经过门人辑录而成；是宋代文字禅的代表作，在中国禅宗史上占有十分重要的地位，被后人赞誉为"宗门第一书"。[①]非但如此，此书在语言上也很有特色，其中大量的复音词具有很高的研究价值。《碧岩录》是禅籍中有代表性的著作，也是研究近代汉语词汇的珍贵材料之一，研究其复音词，有助于了解禅籍复音词的特点，也有助于探讨近代汉语复音词的面貌。

本文主要对《碧岩录》中联合式、偏正式、主谓式、支配式、补充式、重叠式、附加式共七类结构的复音词进行详尽的描写和分析，从而管窥禅籍复音词的使用特点与发展规律，进一步展现此期汉语复音词的基本面貌和特点。

1 联合式复音词

《碧岩录》中共有联合式复音词774个，占全书复音词总数（3 023个）的25.6%。[②]其中名词最多，共334个，动词、形容词次之，各为287个和107个，其他词类较少，如副词、连词、代词、数词、量词等，共46个。

我们主要从语义、词性、词序三个方面对联合式复音词的结构特点和发展情况进行分析和描写。

1.1 语义构成

根据构成语素之间的意义关系，可以分为同义语素联合、类义语素联合和反义语素联合三种。

1.1.1　同义语素联合

指构成复音词的两个语素的某个义位相同或相近。在《碧岩录》中，同义语素联合词共 471 个，占联合式复音词的 60.9%，是联合式复音词中最主要的语义构成方式。从词性来看，主要是名词、动词和形容词，也有少量的副词、连词和代词。

1.1.1.1　名词

共 157 个，占同义语素联合词的 33.3%，占联合式复音词的 20.3%。如：

（1）释迦老子，四十九年，说一大藏教，末后唯传这个宝器。永嘉道："不是标形虚事持，如来宝杖亲踪迹。"若作保福见解，宝器持来，都成过咎。（卷八）

（2）垂示云：明眼汉没窠臼，有时孤峰顶上草漫漫，有时闹市里头赤洒洒。（卷九）

（3）肃宗皇帝，在东宫时，已参忠国师，后来即位，敬之愈笃，出入迎送躬自捧车辇。（卷十）

1.1.1.2　动词

共 217 个，占同义语素联合词的 46.1%，占联合式复音词的 28%。如：

（4）雪窦见得透，方乃颂出。天马驹日行千里，横行竖走，奔骤如飞，方名天马驹。（卷三）

（5）禾山垂示云："习学谓之闻，绝学谓之邻，过此二者，是为真过。"（卷三）

（6）如今人只管去语言上，作活讲云："白是明头合，黑是暗头合。"只管钻研计较，殊不知，古人一句截断意根，须是向正脉里，自看始得稳当。（卷八）

1.1.1.3　形容词

共 72 个，占同义语素联合词的 15.3%，占联合式复音词的 9.3%。如：

（7）至三百六十会，说一代时教，只是方便。所以脱珍御服，着弊垢衣，不得已，而向第二义门中浅近之处，诱引诸子。（卷一）

（8）刘铁磨久参，机锋峭峻，人号为刘铁磨，去沩山十里卓庵。（卷三）

（9）五祖老师道："释迦牟尼佛，下贱客作儿。庭前柏树子一二三四五。"（卷五）

1.1.1.4　其他

即副词、连词、代词，共 25 个，占同义语素联合词的 5.3%，占联合式复音词的 3.2%。如：

（10）风穴一句中便具三玄戈甲，七事随身，不轻酬他。若不如此，争奈卢陵面后面雪窦要出临济下机锋，莫道是卢陵，假饶楚王城畔，洪波浩渺，白浪滔天，尽去朝宗，只消一喝，也须教倒流！（卷四）

（11）垂示云：诸佛不曾出世，亦无一法与人。祖师不曾西来，未尝以心传授。自是时人不了，向外驰求。殊不知<u>自己</u>脚跟下，一段大事因缘。（卷六）

（12）又云："石人机似汝，也解唱巴歌。汝若似石人，雪曲<u>应须</u>和。"（卷十）

在《碧岩录》中，也存有义位完全相同的等义联合词，如"眼目"、"盖覆"、"跨跳"、"刹海"等，但数量极少。多数同义语素联合词的构成语素只是近义关系，即构成义位的基本意义相同，而它们的附属意义则存有细微差别。如："车辇"、"锋芒"、"毛羽"、"皮壳"、"奔骤"、"游泳"、"瞌睡"、"问询"、"惊愕"、"恐怕"、"辛苦"、"老耄"等。

1.1.2　类义语素联合

指构成联合词的两个语素虽具有不同的义位，但包含相同义素，同属某个意义范畴。《碧岩录》中共有 227 个，占联合式复音词的 29.3%。主要是名词、动词和形容词，也有少量的副词、连词、数词和量词。

1.1.2.1　名词

共 118 个，占类义语素联合词的 52%，占联合式复音词的 15.2%。如：

（13）"牛头没，马头回"，雪窦分明说了也，自是人不见，所以雪窦如此郎当颂道："打鼓看来君不见。"痴人还见么？更向尔道："百花春至为谁开？"可谓豁开<u>户牖</u>，与尔一时八字打开了也。（卷一）

（14）砖瓦灶神悟此则故是，其僧乃蕴成身，亦云破也堕也，二俱开悟。且四大<u>五蕴</u>，与砖瓦泥土，是同是别？（卷十）

（15）垂示云：龙吟雾起，虎啸风生。出世宗猷，<u>金玉</u>相振。通方作略，箭锋相拄。遍界不藏，远近齐彰，古今明辨，且道是什么人境界？试举看。（同上）

1.1.2.2　动词

共 57 个，占类义语素联合词的 25.1%，占联合式复音词的 7.4%。如：

（16）云门寻常一句中，须具三句，谓之<u>函盖</u>乾坤句，随波逐浪句，截断众流句，放去收来，自然奇特，如斩钉截铁，教人义解卜度他底不得。（卷二）

（17）且道云门为复是答他话，为复是与他酬唱？若道答他话，错认定盘星；若道与他<u>唱和</u>，且得没交涉。（卷三）

（18）时有僧问云："既不在明白里，<u>护惜</u>个什么？"州云："我亦不知。"（卷六）

1.1.2.3　形容词

共 33 个，占类义语素联合词的 14.5%，占联合式复音词的 4.3%。如：

（19）胜妙到这里，须是机关尽意识忘，山河大地，草芥人畜，无些子渗漏。若不如此，古人谓之犹在<u>胜妙</u>境界。（卷四）

（20）或有学人，应一个清净境，出善知识前，知识辨得是境，把他抛向坑里。（同上）

（21）如今禅和子，只向架下行，不能出他一头地。所以道："欲得亲切，莫将问来问。五峰答处，当头坐断，不妨快俊。"（卷八）

1.1.2.4　其他

即连词、副词、数词、量词，共 19 个占类义语素联合词的 8.4%，占联合式复音词的 2.5%。如：

（22）这二老汉，虽然打风打雨，惊天动地，要且不曾打着个明眼汉。（卷二）

（23）后回闽中住象骨山，自贻作颂云："人生倏忽暂须臾，浮世那能得久居。出岭才登三十二，入闽早是四旬余。他非不用频频举，已过应须旋旋除。奉报满朝朱紫贵，阎王不怕佩金鱼。"（卷三）

（24）千百他两人会处都只一般。看他古人出来，作千万种方便，意在钩头上，多少苦口，只令诸人各各明此一段事。（卷九）

（25）雪窦道：尔若大鹏能搏风鼓浪，也太杀雄壮。若以大悲千手眼观之，只是些子尘埃忽生相似，又似一毫厘风吹未止相似。（同上）

《碧岩录》中的类义语素联合词从语义上来看，具有以下一些特点：

第一，概括性。指构成此类复音词的两个语素原来义位不同，代表两个不同概念，组合后融为一个义位，代表一个更具有概括性的概念。如"日月"、"儿孙"、"稼穑"、"百亿"、"纸墨"、"人畜"等。

第二，形象性。指部分此类复音词的意义是其构成语素组合后的比喻义或借代义，具有形象修辞性。如"瓦砾"、"铢量"、"丝毫"、"衣钵"、"爪牙"、"门户"、"手脚"等。

第三，偏义性。指由两个具有类义关系的语素构成的复音词，其词义在特定语境中仅是其中一个语素的意义，另一个语素无义，只起陪衬音节的作用。如"名字"、"家国"、"知道"、"闻说"、"气力"、"力量"等。

1.1.3　反义语素联合

指由两个相反或相对的义位所构成联合词。《碧岩录》中共有 76 个，占联合式复音词的 9.8%，主要是名词和动词，也有极少的形容词和副词。

1.1.3.1　名词

共 59 个，占反义语素联合词的 77.6%，占联合式复音词的 7.6%。如：

（26）沩山老汉，也不管他，若不是沩山，也被他折挫一上。看他沩山老作家相见，只管坐观成败，若不深辨来风，争能如此。（卷一）

（27）古人道："承言须会宗，勿自立规矩。"古人言不虚设，所以道，大凡问个事

也须识些子好恶，若不识尊卑去就，**不识净触**，信口乱道，有什么利济？（卷三）

（28）这个虽是无得失底事，着拈起来，依旧有亲疏有**皂白**。若论此事，不在言句上，却要向言句上辨个活处。（卷五）

1.1.3.2　动词

共13个，占反义语素联合词的17.1%，占联合式复音词的1.7%。如：

（29）今日学者，**抑扬**古人，或宾或主，一问一答，当面提持，有如此为人处，所以道"对扬深爱老俱胝"，且道雪窦爱他作什么？（卷二）

（30）雪窦拈帝网明珠，垂范况此大悲话，直是如此，尔若善能向此珠网中，明得拄杖子，神通妙用，**出入**无碍，方可见得手眼。（卷九）

（31）后达摩为易其名曰慧可。后接得三祖灿大师，既传法隐于舒州皖公山。属后周武帝破灭佛法沙汰僧，师**往来**太湖县司空山，居无常处，积十余载无人知者。（卷十）

1.1.3.3　形容词

共2个，占反义语素联合词的2.6%，占联合式复音词的0.3%。即：

（32）长庆玄沙，有这般手脚，雪窦道，"棱师备师不奈何"，人多道长庆玄沙不奈何，所以雪窦独美云门，且得没交涉。殊不知三人中，机无得失，只是有**亲疏**。（卷三）

（33）嵩山破灶堕和尚，不称姓字，言行叵测，隐居嵩山。一日领徒，入山坞间，有庙甚灵，殿中唯安一灶，**远近**祭祀不辍，烹杀物命甚多。（卷十）

1.1.3.4　副词

共2个，占反义语素联合词的2.6%，占联合式复音词的0.3%。即：

（34）所以道荆棘林须是透过始得，若不透过，**终始**涉廉纤，斩不断。（卷八）

（35）这僧虽出去，这公案，却未了在。乌臼**始终**要验他实处，看他如何，这僧却似撑门拄户，所以未见得他，乌臼却云："屈棒元来有人吃在。"（同上）

1.2　词性构成

从词性构成方面来看，《碧岩录》中的联合式复音词的词性基本上与构词语素的词性相一致，同先秦联合式复音词的词性规律相同。[1]数量最多的是动＋动→动，共294个，占联合式复音词总数的38.6%，其次是名＋名→名，共256个，占联合式复音词总数的33.6%，再次是形＋形→形，共99个，占联合式复音词总数的13%。

1.2.1　名＋名→名

如：

（36）参得这般禅，尽大地森罗万象，天堂地狱，<u>草芥人畜</u>，一时作一喝来，他亦不管；掀倒禅床，喝散大众，他亦不顾。（卷一）

（37）这老婆会他沩山说话，丝来线去，一放一收，互相酬唱，如两镜相照<u>无影像</u>可观，机机相副，句句相投。（卷三）

（38）离四句者：有，无，非有，非无，非非有，非非无，离此四句，绝其百非，只管作道理，不识话头，讨<u>头脑</u>不见。（卷八）

1.2.2 动 + 动→动

如：

（39）垂一句语，须要归宗，若不如此，只是杜撰。此事无许多<u>论说</u>，而未透彻，却要如此，若透得，便见古人意旨，看取雪窦打葛藤。（卷一）

（40）尔若参得透去，见他恁么如寻常人说话一般，多被言语<u>隔碍</u>，所以不会。（卷三）

（41）他父子相投，机锋相合。那个举头，他便会尾。如今学者，不识古人转处，空去意路上<u>卜度</u>。（卷七）

1.2.3 形 + 形→形

如：

（42）"象骨岩高人不到，到者须是弄蛇手。"雪峰山下有象骨岩，雪峰机峰<u>高峻</u>，罕有人到他处。（卷三）

（43）他是向北人，最<u>朴直</u>，既得之后，更不出世，后来全用临济机，也不妨颖脱。（卷四）

（44）这个公案，山僧旧日，在成都参真觉，觉云："只消看马祖第一句，自然一时理会得。"且道这僧，是会来问，不会来问？此问不妨<u>深远</u>。（卷八）

另外，还有少量的副＋副→副，连＋连→连，代＋代→代，数＋数→数，量＋量→量。现分别举例说明。

1.2.4 副 + 副→副

如：

（45）三员无事道人中，要选一人为师，正是这般生铁铸就的汉，何故？或遇恶境界，或遇奇特境界，到他面前，<u>悉皆</u>如梦相似，不知有六根，亦不知有旦暮。（卷三）

1.2.5 连 + 连→连

如：

（46）垂示云：有佛处不得住，住着头角生；无佛处急走过，不走过，草深一丈。<u>直饶</u>净裸裸赤洒洒，事外无机机外无事，未免守株待兔。（卷十）

1.2.6　代+代→代

如：

（47）彼此罗山会下有僧，便用这个意，致问招庆，庆云："彼此皆知。何故？"（卷六）

1.2.7　数+数→数

如：

（48）佛谓之调御，便是十号之一数也。一身化十身，十身化百身，乃至百亿身，大纲只是一身，这一颂却易说。（卷十）

1.2.8　量+量→量

如：

（49）雪窦道：尔若大鹏能抟风鼓浪，也太杀雄壮。若以大悲千手眼观之，只是些子尘埃忽生相似，又似一毫厘风吹未止相似。（卷九）

在《碧岩录》中，也有少量联合式复音词的词性与构词语素的词性不一致的现象，共89个，占联合式复音词总数的11.6%，构成方式较多，共15种，主要是形+形→名和动+动→名。现举例说明。

1.2.9　形+形→名

如：

（50）首座预去白槃云："问话上座，甚不可得，和尚何不穿凿教成一株树去，与后人为阴凉。"（卷二）

（51）古人道："衲被蒙头万事休，此时山僧都不会。"若能如此，方有少分相应，虽然如此，争奈一点也瞒他不得。山依旧是山，水依旧是水，无造作，无缘虑，如日月运于太虚，未尝暂止。（卷八）

（52）金鹅长老，一日访雪窦，他是个作家，乃临济下尊宿，与雪窦论此药病相治话，一夜至天光，方能尽善。（卷九）

1.2.10　动+动→名

如：

（53）闲方知不是寻常人，乃默而识之。后到盐官会中，请大中作书记，黄檗在彼作首座。（卷二）

（54）是时临济一宗大盛，他凡是问答垂示，不妨语句尖新，攒花簇锦，字字皆有下落。（卷四）

（55）垂示云：建法幢立宗旨，还他本分宗师。定龙蛇别缁素，须是作家知识。剑刃上论杀活，棒头上别机宜则且置，且道独据寰中事一句作么生商量？试举看。（卷七）

1.2.11　其他

这类构成方式及相应的词目为：③

动＋动→形	脱洒；	形＋形→动	短乏；	名＋名→形	腻脂
动＋动→副	毕竟；	形＋形→副	恰好；	数＋数→名	四六
量＋量→名	铢量；	量＋量→形	寻常；	形＋动→名	苦屈
动＋形→动	具足；	动＋副→副	居常；	形＋动→形	懵懂
数＋代→代	几何				

通过以上描写可以看出，《碧岩录》中联合式复音词的词性构成，具有以下一些特点：

第一，联合式复音词的词性同构词语素的词性相一致的情况仍占主导地位，共649个，占联合式复音词总数的85.2%。数量最多的是动＋动→动，其次是名＋名→名，再次是形＋形→形，这与前期的情况基本相同。此外，还有副＋副→副，连＋连→连，代＋代→代，数＋数→数，量＋量→量几种形式。

第二，在《碧岩录》中，也有少量联合式复音词的词性与构词语素的词性不相一致，主要是动＋动→名和形＋形→名，这与敦煌变文[2]和《景德传灯录》[3]的情况基本相同。构成方式较多，共15种，与敦煌变文相比，多了6种。[2]

1.3　词序构成

《碧岩录》中的联合式复音词同上古汉语一样，也存在着同素异序的现象，即构成联合式复音词的两个语素不变，但组合次序不同。[4][5]具体可以分为两类：一是一组同素异序词，即 AB 和 BA 同时存在于《碧岩录》中；二是《碧岩录》中只有 BA，与现代汉语 AB 异序。

1.3.1　异序词 AB 和 BA 同存于《碧岩录》中

此类共33组，其中名词9组，动词12组，形容词4组，其他8组（副词5组，连词2组，数词1组）。分别举例如下。

1.3.1.1　名词

尘埃\埃尘

（56）神秀大师云："身是菩提树，心如明镜台，时时勤拂拭，勿使惹<u>尘埃</u>。"（卷三）

（57）吃粥吃饭，随分过时，却来梁土，怎么指注择案一下，便下座，便是也惹<u>埃尘</u>处。（卷七）

言语 \ 语言

（58）此事若向<u>言语</u>上觅，一如掉棒打月，且得没交涉。（卷九）

（59）垂示云：动弦别曲，千载难逢。见兔放鹰，一时取俊。总一切<u>语言</u>为一句，摄大千沙界为一尘。同死同生，七穿八穴，还有证据者么？试举看。（卷十）

脚手 \ 手脚

（60）睦州机锋，如闪电相似，爱勘座主，寻常出一言半句，似个荆棘丛相似，着<u>脚手</u>不得。（卷一）

（61）此二老如排百万军阵，却只斗扫帚。若论此事，须是杀人不眨眼的<u>手脚</u>，若一向纵而不擒，一向杀而不活，不免遭人怪笑。（卷九）

生死 \ 死生

（62）"曾向沧溟下浮木"，如今谓之<u>生死</u>海，众生在业海之中，头出头没，不明自己，无有出期。（卷二）

（63）临机具眼，不顾危亡，所以道，不入虎穴，争得虎子。百丈寻常如虎插翅相似，这僧也不避<u>死生</u>，敢将虎须，便问："如何是奇特事？"（卷三）

1.3.1.2　动词

解注 \ 注解

（64）忠国师问紫岢供奉："闻说供奉<u>解注</u>《思益经》，是否？"奉云："是。"（卷五）

（65）云门便拈来示众，已是十分现成，不可更似座主相似，与尔<u>注解</u>去。（卷七）

挫折 \ 折挫

（66）门拟议，便被推出门，一足在门阃内，被州急合门，<u>挫折</u>云门脚，门忍痛作声，忽然大悟。（卷一）

（67）这僧虽然作窠窟，也不妨奇特。若是曲录木床上老汉，顶门无眼。也难<u>折挫</u>他。投子有转身处，这僧既做个道理，要揽他行市，到了依旧不奈投子老汉何。（卷八）

点检 \ 检点

（68）人多错会道，白日青天说无向当话，无事生事，夏末先自说过，先自<u>点检</u>，免得别人点检他，且喜没交涉，这般见解，谓之灭胡种族。（卷一）

（69）药山当时若无后语，千古之下遭人检点。（卷九）

转动＼动转

（70）言迹之兴，白云万里，异途之所由生也。设使一时无言无句，露柱灯笼何曾有言句，还会么？若不会，到这里也须是转动始知落处。（卷二）

（71）五祖先师道："有一般人参禅，如琉璃瓶里捣糍糕相似，更动转不得抖撒不出，触着便破。若要活泼泼地，但参皮壳漏子禅，直向高山上，扑将下来亦不破亦不坏。"（卷十）

1.3.1.3　形容词

苦辛＼辛苦

（72）后面雪窦自颂他平生所以用心参寻，"二十年来曾苦辛，为君几下苍龙窟似个什么？一似人入苍龙窟里取珠相似，后来漆桶，将谓多少奇特，原来只消得个"五帝三皇是何物"。（卷一）

（73）古人参禅多少辛苦，立大丈夫志气，经历山川，参见尊宿。（卷二）

妙玄＼玄妙

（74）何故？不见香严道："子啐母啄，子觉无壳，子母俱忘，应缘不错，同道唱和，妙玄独脚。"（卷二）

（75）巨浸乃十二头水牯牛，为钓饵，却只钓得一鳖出来。此语且无玄妙，亦无道理计较。（卷四）

亲疏＼疏亲

（76）这个虽是无得失底事，着拈起来，依旧有亲疏有皂白。若论此事，不在言句上，却要向言句上辨个活处。（卷五）

（77）居士乃有颂云："无我亦无人，作么有疏亲？劝君休历座，争似直求真金刚般若性，外绝一纤尘。我闻并信受，总是假称名。"（卷十）

浅深＼深浅

（78）归川住院四十年，八十岁方迁化。尝云："我四十年，方打成一片。"凡示众云："大凡行脚，参寻知识，要带眼行，须分缁素，看浅深始得，先须立志而释迦老，在因地时，发一言一念，皆是立志。"（卷二）

（79）至于衲僧门下，一言一句，一机一境，一出一入，一挨一拶，要见深浅要见向背，且道将什么？试请举看。（卷三）

1.3.1.4　其他

乃方\方乃

（80）若于此句透得，直得上下四维无有等匹，森罗万象，草芥人畜，着着全彰自己家风。所以道："万象之中独露身，惟人自肯**乃方**亲。昔年谬向途中觅，今日看来火里冰。"（卷一）

（81）雪窦见得透，**方乃**颂出。天马驹日行千里，横行竖走，奔骤如飞，方名天马驹。（卷三）

终始\始终

（82）所以道荆棘林须是透过始得，若不透过，**终始**涉廉纤，斩不断。（卷八）

（83）看他两个机锋互换，丝来线去，打成一片，**始终**宾主分明，有时主却作主。（同上）

然虽\虽然

（84）虽有路，只是空萧索。雪窦到此，自觉漏逗，更与尔打破。**然虽**如是，也有非萧索处。（卷四）

（85）古人一机一境，一言一句，**虽然**出在临时，若是眼目周正，自然活泼泼地。（卷九）

千百\百千

（86）五祖先师颂云："贱卖担板汉，贴称麻三斤。**千百**年滞货，无处着浑身。"（卷二）

（87）网珠者，乃天帝释善法堂前，以摩尼珠为网，凡一珠中映现**百千**珠，而百千珠俱现一珠中，交映重重，主伴无尽，此用明事事无碍法界也。（卷九）

1.3.2　《碧岩录》中只有 BA，与现代汉语 AB 异序

此类共 26 个，其中名词 10 个，动词 11 个，形容词 5 个。分别举例如下。

1.3.2.1　名词

邪正

（88）雪窦拈教人识**邪正**辨得失，虽然如此，在他达人分上，虽处得失，却无得失，若以得失见他古人，则没交涉。（卷九）

毛羽

（89）雪窦是他屋里人，<u>毛羽</u>相似，同声相应，同气相求，也须是通方作者共相证明。（卷三）

意旨

（90）垂一句语，须要归宗，若不如此，只是杜撰。此事无许多论说，而未透彻，却要如此，若透得，便见古人<u>意旨</u>，看取雪窦打葛藤。（卷一）

其他还有：声响、尘沙、气力、家国、音声、正偏、语话、杰俊。

1.3.2.2 动词

盖覆

（91）到这里，无一丝毫属凡，无一丝毫属圣，遍界不曾藏，一一<u>盖覆</u>不得，所谓无心境界，寒不闻寒，热不闻热，都庐是个大解脱门。（卷四）

问询

（92）一日刘王诏师入内过夏，共数人尊宿，皆受内人<u>问询</u>说法，唯师一人不睬，亦无人亲近。（卷一）

告报

（93）金牛乃马祖下尊宿，每至斋时，自将饭桶，于僧堂前作舞，呵呵大笑云："菩萨子吃饭来。"如此者二十年，且道他意在什么处？若只唤作吃饭，寻常敲鱼击鼓，亦自<u>告报</u>矣，又何须更自将饭桶来，作许多伎俩。（卷八）

其他还有：经历、欢喜、当抵、引诱、习学、通贯、行履。

1.3.2.3 形容词

紧要

（94）雪窦偏会下注脚，他是云门下儿孙，凡一句中，具三句底钳锤，向难道处道破，向拨不开处拨开，去他<u>紧要</u>处颂出，直道"兔马有角，牛羊无角"。（卷六）

峭峻

（95）刘铁磨久参，机锋<u>峭峻</u>，人号为刘铁磨，去沩山十里卓庵。（卷三）

其他还有：张乖、脱洒、净洁。

《碧岩录》中的同素异序现象，主要有以下一些特点：

第一，《碧岩录》中 AB 和 BA 同存的居多数（共 33 组），单独存在的 BA 较少（共 26 个），这与《景德传灯录》的情况基本相同 [3]，与敦煌变文的情况相反 [2]。在敦煌变文中，AB 和 BA 同存的占少数，单独存在的 BA 居多，此种差异可能与两书的语体及篇幅有关。

第二，在《碧岩录》中，大多数同素异序词异序后，词性和词义均未发生变化，应当看作同一个词。但也有少数词异序后，词性和词义均发生了变化，如"来往"，动词，指"交往"，而"往来"有时为动词，有时变为名词，意义为"（来往的）高僧"，如："（隋）后归川，先于棚口山路次，煎茶接待往来，凡三年。后方出世，开山在大隋。"（卷三 29 则）；有的词性未变，词义发生了变化，如"脚手"，指"脚和手"，而"手脚"有时则指"本领，能力"。如："垂示云：大凡扶竖宗教，须是英灵底汉；有杀人不眨睛的手脚，方可立地成佛。"（卷一 5 则）

第三，从《碧岩录》中异序词传至现代汉语的情况看，只有少数 AB 和 BA 都传承至今，如"言语"和"语言"、"生死"和"死生"、"开展"和"展开"、"往来"和"来往"等，但其中有的词性或词义发生了变化，如"语言"在现代汉语中只作名词。异序词大部分只流传下来一个，BA 传承下来的更为罕见，且传承下来的大多数异序词都以 AB 词序固定下来。

通过对《碧岩录》联合式复音词的考察，我们发现以下一些特点与规律：

第一，从数量上看，联合式复音词仍占主要地位，是最重要的构词方式之一。从词类来看，名词最多，动词、形容词次之，其他词类较少。从语义构成来看，同义语素联合最主要，其次是类义语素联合，反义语素联合最少。从词性构成来看，复音词的词性基本上与构词语素的词性相一致，同前期联合式复音词的词性规律相同。[1][6] 也有词性不相一致的情况，主要是动＋动→名和形＋形→名。构成方式较多，共 15 种。从词序来看，《碧岩录》中存在数量较多的同素异序词，且流传下来的异序词都以 AB 词序固定下来。

第二，同前期相比，《碧岩录》联合式复音词产生了为数众多的新词、新义。

新词如：

净触"触"通"浊"，故"净触"为反义语素联合词，为"净浊、净污"义。又作"触净"，如《五灯会元·明招德谦禅师》："师在婺州智者寺，居第一座，寻常不受净水。主事嗔曰：'上座不识触净，为甚么不受净水？'"

败缺：义为"受挫折、挫败"[7]。也作"败阙"，如《祖堂集·雪峰和尚》："师上堂良久，便起来云：'为你得彻困也。'孚上座云：'和尚败阙也。'"

搽胡：义为"污蔑"[8]。也作"茶糊"、"涂糊"、"涂污（污）"、"搽糊"。

名邈：义为"刻画"。

钝置：义为“折磨、折腾”。也作“钝致”。

稳密：义为“周密”。

诓唬：义为“欺骗”。

端的：义为“真切、明确”。

懡㦬：义为“羞愧”。

新义如：

《碧岩录》中有些联合式复音词前代已有，但意义不同。如：

针线：本义指针和线。在《碧岩录》中指写文章或做学问的工夫。如：自是他古人，绝情尘意想，彼此作家，亦不道有得有失，虽是一期间语言，两个活泼泼地都有血脉针线，若能于此见得，亦乃向十二时中，历历分明。（卷八）

影像：本指画像或遗像。在《碧岩录》中指影子。如：这老婆会他沩山说话丝来线去，一放一收，互相酬唱，如两镜相照，无影像可观，机机相副，句句相投。（卷三）

注解：本指用文字来解释字句，也指解释字句的文字。在《碧岩录》中指泛指解释。如：且道他笑个什么，直得清风凛凛，为什么末后却道：“只应千古动悲风。”也是死而不吊，一时与尔注解了也，争奈天下人咬啄不入，不知落处，纵是山僧也不知落处，诸人还知么？（卷七）

切须：本指急需。在《碧岩录》中指务必、必须。如：檗便作虎声，丈便拈斧作斫势，檗遂打百丈一掴，丈吟吟而笑便归，升座谓众云：“大雄山有一大虫，汝等诸人切须好看，老僧今日，亲遭一口。”（卷三）

提掇：本指提搬。在《碧岩录》中指提携。如：沩山把定封疆，五峰截断众流，这些子，要是个汉当面提掇，如马前相扑，不容拟议，直下便用紧迅危峭，不似为山盘礴滔滔地。（卷八）

第三，与现代汉语相比较，《碧岩录》中一些联合式复音词的词义、词性、词形发生了一些变化。

词义不同：主要包括词的基本意义不同、词义的抽象程度不同、词义的感情色彩不同等方面。如：

师资：在现代汉语中指可以当教师的人才。在《碧岩录》中指师徒。如：陆亘大夫作宣州观察使，参南泉，泉迁化。亘闻丧，入寺下祭，却呵呵大笑。院主云：“先师与大夫有师资之义，何不哭？”（卷二）

功能：在现代汉语中指作用、效能。在《碧岩录》中指才能。如：古人道：“人人有一卷经。”又道：“手不执经卷，常转如是经。”若据此经灵验，何止转重令轻，转轻不受，设使敌圣功能，未为奇特。（卷十）

理性：在现代汉语中指理智或与感性相对的理性。在《碧岩录》中指本性。如：三圣自临济受诀，遍历诸方，皆以高宾待之，看他致个问端，多少人摸索不着。且不涉理性佛法，却问道"透网金鳞以何为食"，且道他意作么生？（卷五）

音韵：在现代汉语中指声母、韵母、声调三要素的总称。在《碧岩录》中指抑扬顿挫的和谐乐音。如：不见真净有颂云："打鼓弄琵琶，相逢两会家。云门能唱和，长庆解随邪。古曲无音韵，南山鳖鼻蛇。何人知此意，端的是玄沙。"（卷三）

纸墨：在现代汉语中指书写工具纸和墨。在《碧岩录》中指借指文字。如：檗与裴相国为方外友，裴镇宛陵请师至郡，以所解一编示师，师接置于座，略不披阅，良久乃云："会么？"裴云："不会。"檗云："若便恁么会得，犹较些子。若也形于纸墨，何处更有吾宗？"（卷二）

知识：在现代汉语中指人类在实践中认识自然和社会的经验或成果。在《碧岩录》中指正值而有德行、能教导众生修行善法之人。如：凡示众云："大凡行脚，参寻知识，要带眼行，须分缁素，看浅深始得，先须立志，而释迦老，在因地时，发一言一念，皆是立志。"（卷二）

伎俩：在现代汉语中指花招、手段。在《碧岩录》中指本领。如：德山后来呵佛骂祖，打风打雨，依旧不出他窠窟，被这老汉见透平生伎俩。（卷一）

感情色彩由中性变为贬义。

词性不同如：

理论：在现代汉语中作名词。在《碧岩录》中为动词。如：古人露机处，已是漏逗了也。如今学者，不省古人意，只管去理论出水与未出水，有什么交涉？（卷三）

标榜：在现代汉语中作动词。在《碧岩录》中为名词。如：临济当初在黄檗会下栽松次，檗云："深山里栽许多松作什么？"济云："一与山门作境致，二与后人作标榜。"（卷四）

精彩：在现代汉语中作形容词。在《碧岩录》中为名词。如："的的分明箭后路"，若要中的，箭后分明有路。且道作么是箭后路？也须是自着精彩始得。（卷六）

决定：在现代汉语中作动词。在《碧岩录》中为副词。如：雪窦头上太孤峻生，末后也漏逗不少，若参得透见得彻，自然如醍醐上味相似。若是情解未忘，便见七花八裂，决定不能会如此说话。（卷一）

即便：在现代汉语中作连词。在《碧岩录》中为副词。如：雪窦直截道："如今要见黄头老"，所以道，要见即便见，更要寻觅方见，则千里万里也。（卷十）

根本：在现代汉语中作副词。在《碧岩录》中为名词。如：这里些子，是衲僧性命根本，更总不消得如许多葛藤，只消道个忽悟水因，自然了当。（卷八）

恐怕：在现代汉语中作副词。在《碧岩录》中为动词。如：雪窦恐怕人逐情见，

所以拨转关捩子，出自己见解云："休相忆，清风匝地有何极。"（卷一）

词形不同：与现代汉语相比较，《碧岩录》中一些联合式复音词词形的变化除了上面所讨论的同素异序词外，还有同义词类聚体中词形的变化。如：表"高峻"义的同义词类聚体，《碧岩录》中有"峭峻、高峻、险峻、孤峻、危峻、岌嶪、孤危、峥嵘"八个，现代汉语中仅保存了"高峻、险峻、峥嵘"3个词形，"峭峻"词形变为"峻峭"，"孤峻、危峻、岌嶪、孤危"则被淘汰。表"言说"义的同义词类聚体，《碧岩录》中有"言说、言语、语言、语话、语论、谈论、讲说、说话、论说、话语、说教、评论、议论、论议"14个，现代汉语中保存了"言说、言语、语言、谈论、说话、论说、话语、说教、评论、议论"10个，其余4个则被淘汰了。

2　偏正式复音词

《碧岩录》中共有偏正式复音词1 221个，占全书复音词总数（3023个）的40.3%。其中以名词最多，共926个，动词次之，为166个，其他词类如形容词、副词、连词、代词较少，共35个。

我们主要从语义、词性两个方面来探讨此类复音词的结构特点。

2.1　语义构成

根据偏语素所修饰、限制的正语素的意义范畴，《碧岩录》中的偏正式复音词有三种类型：正语素的意义是表示人或事物的；正语素的意义是表示动作、行为的；正语素的意义是表示性质、状态的。

2.1.1　正语素表示人或事物的

按照偏、正语素间的意义关系，又可划分出以下11种情况。

2.1.1.1　表示身份、职业

此类复音词正语素的意义同人有关，且常为某些大类名，偏语素的意义较为宽泛，如可以是身份、职业、性别、年龄、籍贯、质量、方位等。《碧岩录》中此类正语素共有26个，常见的有"人、僧、客、士、师、子、主、头、儿、臣、家、汉"12个。

[～人]

"人"是构词能力最强的正语素，在《碧岩录》中共构成36个偏正式复音词。如：

（96）时魏孝明帝当位，乃此北人种族，姓拓跋氏，后来方名中国。（卷一）

（97）僧云："什么处是学人颠倒处？"山云："若不颠倒，为什么认奴作郎。"（卷十）

[～子]

共 12 个。如：

（98）帝与娄约法师、傅大士、昭明<u>太子</u>，持论真俗二谛。（卷一）

（99）岩头后值沙汰，于湖边作<u>渡子</u>，两岸各悬一板，有人过敲板一下，头云："尔过那边？"（卷六）

[～师]

共 11 个。如：

（100）时后魏光统<u>律师</u>，菩提流支三藏，与师论议，师斥相指心，而褊局之量，自不堪任，竟起害心，数加毒药，至第六度，化缘已毕，传法得人，遂不复救，端居而逝，葬于熊耳山定林寺。（卷一）

（101）大原孚上座本为<u>讲师</u>，一日登座讲次，说法身云："竖穷三际，横亘十方。"（卷五）

[～家]

共 9 个。如：

（102）便见他雪窦后面颂，只是下注脚，又道"谁瞎汉。"且道是<u>宾家</u>瞎，是<u>主家</u>瞎，莫是宾主一时瞎么？"（卷一）

（103）古人道："聋人也唱<u>胡家</u>曲，好恶高低总不闻。"（卷四）

[～汉]

共 8 个。如：

（104）山后举问耽源："如何出得井中人？"耽源曰："咄！<u>痴汉</u>，谁在井中？"（卷二）

（105）若是<u>活汉</u>，终不去死水里浸却。若作恁么见解，似狂狗逐块。（卷九）

[～僧]

共 8 个。如：

（106）又一日与众官登楼次，望见数僧来，一官人云："来者总是<u>禅僧</u>。"操云："不是。"（卷四）

（107）雪窦到此颂杀了，复转机道，只此潇洒绝，直饶是碧眼<u>胡僧</u>也难辨别。碧眼<u>胡僧</u>尚难辨别，更教山僧说个什么？（卷五）

[～主]

共 6 个。如：

（108）是时五代离乱，郢州<u>牧主</u>请师度夏。（卷四）

（109）又问<u>浴主</u>："浴锅阔多少？"主云："请和尚量看。"（卷五）

[～客]

共 4 个。即：

（110）南禅师拈云："侍者只知报客，不知身在帝乡。赵州入草求人，不觉浑身泥水。"（卷一）

（111）大原孚上座本为讲师，一日登座讲次，说法身云："竖穷三际，横亘十方。"有一禅客，在座下闻之失笑。（卷五）

[～士]

共4个。如：

（112）是时值雪下，居士指雪云："好雪片片不落别处。"全禅客云："落在什么处？"（卷五）

（113）古人亦有闻声悟道见色明心。若一人悟去则故是，因甚十六开士，同时悟去？（卷八）

[～头]

共4个。如：

（114）古人接物利生，有奇特处，只是不妨辛勤。三上投子，九到洞山，置桑桶木杓，到处作饭头，也只为透脱此事。（卷一）

（115）"如何是第三句？"济云："但看棚头弄傀儡，抽牵全藉里头人。"（卷四）

[～儿]

共4个。如：

（116）只如德山似什么？……广遂诈死，睨其傍有一胡儿骑善马，广腾身上马推堕胡儿，夺其弓矢，鞭马南驰，弯弓射退追骑，以故得脱。（卷一）

（117）檗云"吾宗到汝大兴于世"，大似怜儿不觉丑。（卷四）

[～臣]

共4个。如：

（118）穆宗在位时，因早朝罢，大中乃戏登龙床，作揖群臣势，大臣见而谓之心风，乃奏穆宗，穆宗见而抚叹曰："我弟乃吾宗英胄也。"（卷二）

（119）有益智臣，善会四义，王若欲洒洗，要仙陀婆，臣即奉水，食索奉盐食讫奉器饮浆，欲出奉马，随意应用无差。（卷十）

其他如：～夫（凡／耕／大），～将（番／战／猛），～众（大／圣），～王（法／宝），～流（俊／众），～官（盐／颂），～徒（参／学），～女（石／贤），～祖（佛／继），～神（山／灶），～使（中），～父（慈），～孙（胡），～兄（师）。

2.1.1.2　表示状貌、特征

正语素表示具体事物，偏语素则从状貌、特征等方面进行描述和限制。

表示状貌的，如：

（120）又僧问云门："佛法如水中月是否？"门云："清波无透路。"（卷四）

（121）古人权设方便为人，及其啼止，<u>黄叶</u>非金，世尊说一代时教，也只是止啼之说。（卷十）

表示特征的，如：

（122）雪窦似倚天长剑，凛凛全威。若会得雪窦意，自然千处万处一时会。（卷一）

（123）"大唐扶得真天子，曾踏毗卢顶上行。"若是具眼衲僧眼脑，须是向毗卢顶上行，方见此十身调御。（卷十）

2.1.1.3 表示材料、质地

偏语素从材料、质地方面对表示某种具体事物的正语素进行说明和限定。如：

（124）夹山下三个点字，诸人还会么？有时将一茎草，作丈六金身用；有时将丈六<u>金身</u>，作一茎草用。（卷一）

（125）垂示云：休去歇去，<u>铁树</u>开花；有么有么，黠儿落节。直饶七纵八横，不免穿他鼻孔。且道淆讹在什么处？试举看。（卷四）

2.1.1.4 表示用途、功能

偏语素从用途、功能方面对表示用具、器物的正语素进行说明和限定。如：

（126）及至后头雪窦颂，也只颂这两错，雪窦要提活泼泼处，所以如此。若是皮下有血的汉，自然不向言句中作解会，不向系驴<u>橛</u>上作道理。（卷四）

（127）世尊云，我见<u>香台</u>则可知，我若不见香台时，尔作么生见？（卷十）

2.1.1.5 表示性质

偏语素对正语素所表示事物的性质进行说明和限定。如：

（128）今三月三，桃花开时，天地所感，有鱼透得<u>龙门</u>，头上生角昂鬣尾，拿云而去，跳不得者点额而回。（卷一）

（129）"烧尾者不在拿云攫雾"，鱼过禹门，自有<u>天火</u>烧其尾，拿云攫雾而去。（卷六）

2.1.1.6 表示方式、手段

偏语素对正语素所表示事物的使用方式或手段进行描写和说明。如：

（130）垂示云：机不离位，堕在毒海，语不惊群，陷于<u>流俗</u>。忽若击石火里别缁素，闪电光中辨杀活，可以坐断十方，壁立千仞，还知有恁么时节么？试举看。（卷三）

（131）投子一日为赵州置茶筵相待，自过<u>蒸饼</u>与赵州，州不管，投子令行者过糊饼与赵州，州礼行者三拜，且道他意是如何？（卷五）

2.1.1.7 表示时间

偏语素或正语素表示时间意义。如：

（132）香林十八年为侍者，凡接他，只叫远侍者，远云："喏。"门云："是什么？"如此十八年，一日方悟。门云："我<u>今后</u>更不叫汝。"（卷一）

（133）大隋真如和尚承嗣大安禅师，乃东川盐亭县人。参见六十余员善知识，<u>昔时</u>在沩山会里作火头，一日沩山问云："子在此数年,亦不解致个问来看如何。"(卷二)

偏语素或正语素表示方位、处所意义。如：

（134）后在鳌山阻雪，谓岩头云："我当时在<u>德山棒下</u>，如桶底脱相似。"（卷一）

（135）后来僧问："如何是<u>室内</u>一盏灯？"林云："三人证龟成鳖。"（卷二）

2.1.1.8　表示领属关系

偏语素和正语素之间存在着领属关系，可扩展成"A(偏语素)的B(正语素)"。如：

（136）雪峰一日<u>僧堂</u>前拈拄杖示众云："这个只为中下根人。"（卷三）

（137）后隐居投子，凡去住持，将袈裟裹草鞋与<u>经文</u>。（卷六）

2.1.1.9　表示数量

偏语素在数量方面对正语素加以描写和说明。如：

（138）昔日灵山会上<u>四众</u>云集，世尊拈花，唯迦叶独破颜微笑，余者不知是可宗旨。雪窦所以道，"八万四千非凤毛，三十三人入虎穴。"（卷二）

（139）垂示云：该天括地，越圣超凡。<u>百草</u>头上指出涅盘妙心，干戈丛里点定衲僧命脉。且道承个什么人恩力便得恁么？试举看。（卷六）

2.1.1.10　表示类属

偏语素表示属名，正语素表示类概念名，可扩展成"A(偏语素)这类B(正语素)"。如：

（140）一日僧问赵州："如何是祖师西来意？"州云："<u>庭前柏树子</u>。"（卷二）

（141）十洲皆海外诸国之所附。一祖洲，出反魂香。二瀛洲，<u>生芝草</u>玉石泉如酒味。（卷七）

2.1.1.11　表示称代

偏语素为代词性，由其限定正语素而构成。如：

（142）如来昔于燃灯佛时，布发掩泥，以待彼拂。燃灯曰："<u>此处</u>当建梵刹。"（卷六）

（143）"人天从此见空生"，不见须菩提岩中宴坐，诸天雨花赞叹。尊者云："空中雨花赞叹，复是何人？"天云："我是梵天。"（卷九）

2.1.2　正语素表示动作、行为

根据偏正语素之间的语义关系，又可以分为以下五小类。

2.1.2.1　偏语素表示动作、行为的方式、手段

正语素表示一种动作行为，偏语素则说明限定动作行为的方式方法。如：

（144）雪窦见得透，方乃颂出。天马驹日行千里，<u>横行</u>竖走，奔骤如飞，方名天马驹。（卷三）

（145）嵩山破灶堕和尚，不称姓字，言行叵测，<u>隐居</u>嵩山。（卷十）

2.1.2.2　偏语素表示动作、行为的情态

正语素表动作、行为，偏语素表动作、行为的情貌、状态。如：

（146）（大中）后与志闲<u>游</u>方到庐山，因志闲题瀑布诗云："穿云透石不辞劳，地远方知出处高。"闲吟此两句仁思久之，欲钓他语脉看如何。（卷二）

（147）垂示云：一槌便成，超凡越圣。片言可折，去缚解粘。如冰凌上行，剑刃上走，<u>声色</u>堆里坐，<u>声色</u>头上行。纵横妙用则且置，刹那便去时如何？试举看。（卷五）

当偏语素由名词充当时，此类结构的复音词具有明显的比喻色彩。如：

（148）昔日灵山会上四众<u>云集</u>，世尊拈花，唯迦叶独破颜微笑，余者不知是何宗旨。雪窦所以道，"八万四千非凤毛，三十三人入虎穴。"（卷二）

（149）峰自点胸云："某甲这里未稳在，不敢自瞒。"头云："我将谓尔已后，向孤峰顶上，<u>盘结</u>草庵，播扬大教，犹作这个语话。"（卷三）

偏语素为谦敬动词。如：

（150）垂示云：建法幢立宗旨，锦上铺花。脱笼头卸角驮，太平时节。或若辨得格外句，举一明三，其或未然，依旧<u>伏听</u>处分。（卷三）

（151）石头云："着槽厂去。"师<u>礼谢</u>，入行者堂，随众作务，凡三年。（卷八）

2.1.2.3　偏语素表示动作、行为的数量

如：

（152）且据雪窦颂此公案，<u>一似</u>善舞大阿剑相似，向虚空中盘礴，自然不犯锋芒。（同上）

（153）殊不知，古人千变<u>万化</u>，现如此神通，只为打破尔这精灵鬼窟。（卷六）

2.1.2.4　偏语素表示动作、行为的时间、处所

如：

（154）三玄洲，出仙药，服之<u>长生</u>。（卷七）

（155）五祖先师道："大小云门元来胆小，若是山僧，只向他道第八机。"（卷九）

2.1.2.5　偏语素表示动作、行为的程度

如：

（156）洞山不<u>轻酬</u>这僧，如钟在扣，如谷受响，大小随应，不敢轻触。（卷二）

（157）穴云："出没卷舒，与师同用。"清云："杓卜听虚声，<u>熟睡</u>饶谵语。"（卷四）

2.1.3　正语素表示性质、状态的

如：

（158）浙中永和尚道："言锋若差，乡关万里，直须悬崖撒手，自肯承当，绝

后再苏，欺君不得。非常之旨，人焉瘦哉！"（卷五）

（159）阿难意道："世界灯笼露柱，皆可有名，亦要世尊指出此妙精元明，唤作什么物，教我见佛意。"（卷十）

2.2 词性构成

2.2 词性构成

《碧岩录》中的偏正式复音词以名词居多，共 926 个，占 75.8%；其次是动词共 166 个，占 13.6%；形容词较少，共 12 个；此外还有副词、连词、代词，共 23个。

从词性构成来看，构成方式呈多样化特点：

构成名词的有 [名+名]、[动+名]、[形+名]、[数+名]、[量+名]、[副+名]、[代+名]、[名+动]、[名+量]、[副+形]、[形+形]、[形+动]、[形+数]、[形+量]、[形+名]、[数+名]、[数+量]、[副+动]18 种；

构成动词的有 [动+动]、[名+动]、[副+动]、[形+动]、[数+动]5 种；

构成形容词的有 [形+形]、[代+形]、[副+形]、[副+动] 4 种；

构成副词的有 [副+副]、[副+名]、[副+动]、[形+名]、[数+名]、[数+形]、[形+副]7 种；

构成代词的有 [代+名]、[代+量]、[形+名]3 种；

构成连词的有 [副+副]、[副+动]、[副+代]3 种。

2.2.1 构成名词

2.2.1.1 名+名→名

如：

（160）后来僧问："如何是室内一盏灯？"林云："三人证龟成鳖。"（同上）

（161）垂示云：竿头丝线具眼方知，格外之机作家方辨。且道作么生是竿头丝线，格外之机？试举看。（卷九）

2.2.1.2 动+名→名

如：

（162）又问浴主："浴锅阔多少？"主云："请和尚量看。"（卷五）

（163）如今人多向情解上作活计，道佛是三界导师，四生慈父，既是古佛，为什么却与露柱相交？若恁么会，卒摸索不着。（卷九）

2.2.1.3 形+名→名

如：

（164）使者笑曰："且劝尊者拭涕。"瓒曰："我岂有工夫为俗人拭涕耶？"（卷四）

（165）大珠和尚云："向空屋里堆数函经，看他放光么？"（卷十）

2.2.1.4 数+名→名

如：

（166）南泉小睡话，雪窦大睡语，虽然作梦却作得个好梦。前头说<u>一体</u>，这里说不同。（卷四）

（167）孚如其言，一夜静坐，忽闻打<u>五更钟</u>，忽然大悟，遂敲禅者门云："我会也。"（卷五）

（168）这僧夺得主家权柄，道得也杀道，只道得八成，若要<u>十成</u>，便与掀倒禅床。（卷十）

2.2.1.5　量＋名→名

如：

（168）垂示云：一槌便成，超凡越圣。<u>片言</u>可折，去缚解粘。如冰凌上行，剑刃上走，声色堆里坐，声色头上行。纵横妙用则且置，刹那便去时如何？试举看。（卷五）

（169）如今参学者，若以此心为祖宗，参到弥勒佛下生，也未会在。若是大丈夫汉，心犹是儿孙，天地未分已是<u>第二头</u>。且道正当恁么时，作么生是先天地？（卷六）

2.2.1.6　副＋名→名

如：

（170）只如这僧问祖师西来意，却向他道西来无意，尔若恁么会，堕在无事界里。所以道："须参活句，莫参死句。活句下荐得，<u>永劫</u>不忘；死句下荐得，自救不了。"龙牙恁么道，不妨尽善。（卷二）

（171）垂示云：要道便道，<u>举世</u>无双；当行即行，全机不让。如击石火，似闪电光，疾焰过风，奔流度刃。拈起向上钳锤，未免亡锋结舌。放一线道，试举看。（卷五）

2.2.1.7　代＋名→名

如：

（172）法眼出世，有五百众，<u>是时</u>佛法大兴，时韶国师久依疏山，自谓得旨，乃集疏山平生文字顶相，领众行脚，至法眼会下，他亦不去入室，只令参徒随众入室。（卷一）

（173）如来昔于燃灯佛时，布发掩泥，以待彼拂。燃灯曰："<u>此处</u>当建梵刹。"（卷六）

（174）尊者云："空中雨花赞叹，复是<u>何人</u>？"天云："我是梵天。"（卷九）

2.2.1.8　名＋动→名

如：

（175）雪窦于他初句下，着这一句，不妨奇特。且道，毕竟作么生辨的？直饶

铁眼铜睛，也摸索不着，到这里，以情识卜度得么？（卷一）

（176）垂示云：建法幢立宗旨，锦上铺花。脱笼头卸角驮，太平时节。或若辨得格外句，举一明三，其或未然，依旧伏听处分。（卷三）

2.2.1.9　名＋量→名

如：

（177）三个老汉，殊途而同归一揆，一齐太直。若是识得他去处，七纵八横不离方寸，百川异流，同归大海。（卷七）

（178）药山当时若无后语，千古之下遭人检点。山云"看箭"，这僧便倒，且道是会是不会？若道是会，药山因什么却恁么道"弄泥团汉"？（卷九）

2.2.1.10　形＋形→名

如：

（179）论中语言，皆与宗门说话相符合。不见镜清问曹山："清虚之理，毕竟无身时如何？"（卷七）

（180）忠国师善巧方便，接肃宗帝，盖为他有八面受敌的手段。"十身调御"，即是十种他受用身。法报化三身，即法身也。何故？报化非真佛，亦非说法者。据法身，则一片虚凝，灵明寂照。（卷十）

2.2.1.11　形＋动→名

如：

（181）岩头、雪峰近前礼拜云："这新戒不识好恶，触忤上座，望慈悲且放过。"（卷四）

（182）三圣是临济下尊宿，少具出群作略，有大机有大用。在众中，昂昂藏藏，名闻诸方。后辞临济，遍游淮海，到处丛林，皆以高宾待之。（卷七）

2.2.1.12　形＋数→名

如：

（183）垂示云：声前一句，千圣不得传，未曾亲觌，如隔大千。设使向声前辨得，截断天下人舌头，亦未是性燥汉。（卷一）

2.2.1.13　形＋量→名

如：

（184）这个公案，与龙牙的一般。德山归方丈，则暗中最妙。岩头大笑，他笑中有毒。若有人辨得，天下横行，这僧当时若辨得出，千古之下，免得检责。（卷七）

（185）三个老汉，殊途而同归一揆，一齐太直。若是识得他去处，七纵八横不离方寸，百川异流，同归大海。（同上）

2.2.1.14　形＋名→名

如：

（186）马**大师**不安，院主问："和尚近日尊候如何？"大师云："日面佛月面佛。"（卷一）

（187）万法皆出于自心。一念是灵，既灵即通，既通即变。古人道："青青翠竹，尽是真如；郁郁**黄花**，无非般若。"（卷十）

2.2.1.15　数＋名→名

如：

（188）昔日灵山会上**四众**云集，世尊拈花，唯迦叶独破颜微笑，余者不知是何宗旨。雪窦所以道，"八万四千非凤毛，三十三人入虎穴。"（卷二）

（189）孚如其言，一夜静坐，忽闻打**五更**钟，忽然大悟，遂敲禅者门云："我会也。"（卷五）

（190）这僧夺得主家权柄，道得也杀道，只道得八成，若要**十成**，便与掀倒禅床。（卷十）

2.2.1.16　数＋量→名

如：

（191）云门不同别人，有时把定，壁立万初，无尔凑泊处。有时与尔开一线道，同死同生。云门**三寸**甚密。（卷四）

（192）雪窦于此经上指出，若有人持此经者，即是诸人本地风光本来面目。若据祖令当行，本地风光本来面目，亦斩为三段。三世诸佛十二分教不消一捏，到这里设使有**万种**功能，亦不能管得。（卷十）

2.2.1.17　副＋动→名

如：

（193）石室善道和尚，当时遭沙汰，常以拄杖示众云："过去诸佛也恁么，**未来诸佛**也恁么，现前诸佛也恁么。"（卷三）

（194）丈乃作礼，却归侍者察哭。**同事**侍者问云："尔哭作什么？"丈云："尔去问取和尚。"（卷六）

2.2.1.18　副＋形→名

如：

（195）武宗继位，常唤大中作痴奴，一日武宗恨大中昔日戏登父位，遂打杀致后苑中，以**不洁**灌，而复苏。遂潜遁在香严闲和尚会下。后剃度为沙弥，未受具戒。（卷二）

2.2.2　构成动词

2.2.2.1　动＋动→动

如：

（196）风穴一句中便具三玄戈甲，七事随身，不轻酬他。若不如此，争奈卢陂何。后面雪窦要出临济下机锋，莫道是卢陂，假饶楚王城畔，洪波浩渺，白浪滔天，尽去朝宗，只消一喝，也须教倒流！（卷四）

（197）沩山五峰云岩，同侍立百丈，百丈问沩山："并却咽喉唇吻，作么生道？"山云："却请和尚道。"（卷七）

（198）嵩山破灶堕和尚，不称姓字，言行叵测，隐居嵩山。（卷十）

2.2.2.2　名+动→动

如：

（199）日灵山会上四众云集，世尊拈花，唯迦叶独破颜微笑，余者不知是何宗旨。雪窦所以道，"八万四千非凤毛，三十三人入虎穴。"（卷二）

（200）赵州平生不行棒喝，用得过于棒喝。这僧问得来，也甚奇怪。若不是赵州，也难答伊。盖赵州是作家，只向伊道："曾有人问我，直得五年分疏不下。"（卷四）

（201）孚曰："法身之理，犹若太虚，竖穷三际，横亘十方，弥纶八极，包括二仪，随缘赴感，靡不周遍。"（卷十）

2.2.2.3　副+动→动

如：

（202）穴云："出没卷舒，与师同用。"清云："杓卜听虚声，熟睡谵语。"（卷三）

（203）初生孩儿，虽具六识眼能见耳能闻，然未曾分别六尘，好恶长短，是非得失，他恁么时总不知。（卷八）

2.2.2.4　形+动→动

如：

（204）（大中）后与志闲游方到庐山，因志闲题瀑布诗云："穿云透石不辞劳，地远方知出处高。"闲吟此两句伫思久之，欲钓他语脉看如何。（卷二）

（205）古人道："一尘才起，大地全收。"且道是那个一尘？若识得这一尘，便识得挂杖子。才拈起挂杖子，便见纵横妙用，恁么说话，早是葛藤了也。何况更化为龙！（卷六）

（206）典座曰："若如是，座主暂辍讲旬日，于静室中端然静虑，收心摄念，善恶诸缘一时放却，自穷究看。"（卷十）

2.2.2.5　数+动→动

如：

（207）"一个两个千万个，脱去笼头卸角驮"，洒洒落落，不被生死所染，不被圣凡情解所缚，上无攀仰，下绝己躬，一如他香林雪窦相似，何止只是千万个。

（卷二）

（208）赵州老汉，是个无事的人，尔轻轻问着，便换却尔眼睛。若是知有的人，细嚼来咽；若是不知有的人，<u>一似</u>囫囵吞个枣。（卷三）

2.2.3　构成形容词

2.2.3.1　形＋形→形

如：

（209）朗上座虽应其机，语无善巧，所以雪窦道："来问若成风，应机非善巧，堪悲<u>独眼</u>龙，曾未呈牙爪。"（卷五）

（210）阿难意道，世界灯笼露柱，皆可有名，亦要世尊指出此<u>妙精</u>元明，唤作什么物，教我见佛意。（卷十）

2.2.3.2　副＋形→形

如：

（211）他是临济下尊宿，直下用本分草料。若立一尘，家国兴盛，野老颦蹙，意在立国安邦，须藉谋臣猛将，然后麒麟出凤凰翔，乃<u>太平</u>之祥瑞也。他三家村里人，争知有恁么事。（卷七）

2.2.3.3　代＋形→形

如：

（212）若论此事，须是杀人不眨眼的手脚，若一向纵而不擒，一向杀而不活，不免遭人怪笑。虽然如是，他古人亦无<u>许多</u>事。看他两个怎么，总是见机而作。（卷九）

2.2.3.4　副＋动→形

如：

（213）雪窦云："东西南北门相对，无限轮锤击不开。"既是<u>无限轮锤</u>，何故击不开？自是雪窦见处如此，尔诸人又作么生得此门开去，请参详看。（卷一）

2.2.4　构成副词

2.2.4.1　副＋副→副

如：

（214）他作家相见，一擒一纵，逢强即弱，遇贱即贵，尔着作胜负会，未梦见雪峰在。看他二人，<u>最初</u>孤危峭峻，末后二俱死郎当，且道还有得失胜负么？（卷五）

2.2.4.2　副＋名→副

如：

（215）檗与裴相国为方外友，裴镇宛陵请师至郡，以所解一编示师，师接置于座，略不披阅，<u>良久</u>乃云："会么？"裴云："不会。"（卷二）

2.2.4.3　副＋动→副

如：

（216）这僧致个问端，也<u>不妨</u>险峻，若以寻常事看他，只似个管闲事的僧。若据衲僧门下，去命脉里觑时，不妨有妙处。（卷三）

（217）雪窦与南泉把手共行，一句说了也，两堂首座，没歇头处。到处<u>只管</u>发动烟尘，奈何不得。（卷七）

2.2.4.4　形＋名→副

如：

（218）赵州有石桥，盖李膺造也，至今天下有名。略彴者，即是独木桥也。其僧故意减他威光，问他道："久向赵州石桥，到来只见略彴。"（卷六）

（219）古人亦有闻声悟道见色明心。若一人悟去则故是，因甚十六开士，<u>同时</u>悟去？是故古人同修同证，同悟同解。（卷八）

2.2.4.5　数＋名→副

如：

（220）垂示云：动弦别曲，千载难逢。见兔放鹰，一时取俊。总一切语言为一句，摄大千沙界为一尘。同死同生，<u>七穿八穴</u>，还有证据者么？试举看。（卷十）

2.2.4.6　数＋形→副

如：

（221）及至洞山作饭头，一日洞山问雪峰："作什么？"峰云："淘米。"山云："淘沙去米，淘米去沙？"峰云："沙米<u>一齐</u>去。"（卷一）

2.2.4.7　形＋副→副

如：

（222）垂示云，大凡扶竖宗教，须是英灵底汉；有杀入不眨睛的手脚，方可立地成佛。所以照用同时，卷舒齐唱，理事不二，<u>权实并行</u>。（卷一）

2.2.5　构成代词

2.2.5.1　代＋名→代

如：

（223）今日学者，抑扬古人，或宾或主，一问一答，当面提持，有如此为人处，所以道"对扬深爱老俱胝"，且道雪窦爱他作什么？自天地开辟以来，更有<u>谁人</u>只是老俱胝一个。（卷二）

（224）须知此事，不在言句上，如击石火似闪电光，构得构不得，未免丧身失命。雪窦是<u>其中</u>人，便当头颂出。（卷四）

2.2.5.2　代＋量→代

如：

（225）既是要殊胜，则目视云霄，上不见有佛，下不见有众生。若论出世边事，不免灰头土面，将无作有，将有作无，将是作非，将粗作细，鱼行酒肆，横拈倒用，教一切人明<u>此个</u>事。（卷七）

2.2.5.3　形＋名→代

如：

（226）"曹溪波浪如相似"，倘忽四方八面学者，只管<u>大家</u>如此作舞，一向恁么，"无限平人被陆沈"，有什么救处？（卷十）

2.2.6　构成连词

2.2.6.1　副＋副→连

如：

（227）龙牙瞻前顾后，应病与药。大沩则不然，待伊问和尚当时还肯二尊宿么，明不明，劈脊便打。<u>非惟</u>扶竖翠微临济，亦不辜负来问。（卷二）

（228）太傅也是个作家，才见他翻却茶铫，便问上座："茶炉下是什么？"朗云"捧炉神"，不妨言中有响。争奈首尾相违，失却宗旨，伤锋犯手，<u>不惟</u>辜负自己，亦且触忤他人。（卷五）

2.2.6.2　副＋动→连

如：

（229）古人接物利生，有奇特处，只是<u>不妨</u>辛勤。三上投子，九到洞山，置漆桶木杓，到处作饭头，也只为透脱此事。（卷一）

（230）云门道："汝若相当去，且觅个入路。微尘诸佛在尔脚下，三藏圣教，在尔舌头上，<u>不如</u>悟去好。和尚子莫妄想，天是天地是地，山是山水是水，僧是僧俗是俗。"（卷七）

2.2.6.3　副＋代→连

如：

（231）如今禅和子，只管去糊饼上解会，<u>不然</u>去超佛祖处作道理，既不在这两头，毕竟在什么处？三十年后，待山僧换骨出来，却向尔道。（卷八）

总结：通过以上分析可以看出，《碧岩录》中的偏正复音词在语义构成和词性构成方面，与前代相比都有一些发展和变化。

第一，语义构成方面。首先，正语素表示"人或事物"这一类复音词根据偏、正语素间的意义关系可以划分出表身份、职业，表状貌、特征，表材料、质地，表用途、功能，表性质，表方式、手段，表时间，表方位、处所，表领属，表数量，表类属，表称代等。这些偏、正语素间的意义关系类型早在先秦时代就已经确定。《碧岩录》中的这类复音词在继承前代的基础上，又有一些发展变化。主要表现在：表身份、职业的正语素的数量和类型有所增加和变换，如《诗经》中充当正语素的有"神、王、侯、人、夫、民、士、子、伯、女、氏、师"等[6]；《论衡》中充当正语素的有"神、王、人、士、工、家、子、官、匠"等[9]；《世说新语》中充当正语素的有"人、士、工、家、儿、女、母、兄、郎、客、主、奴"等[10]；《敦煌变文集》中充当正语素的有"人、士、家、子、官、匠、师、儿、女、郎、夫、客、户、王、官、母"等[2]；《碧岩录》中此类正语素共有26个，常见的有"人、僧、客、士、师、子、主、头、儿、臣、郎、汉"12个。其他如：～夫（凡/耕/大），～将（番/战/猛），～众（大/圣），～王（法/宝），～流（俊/众），～官（盐/颂），～徒（参/学），～女（石/贤），～祖（佛/继），～神（山/灶），～使（中），～父（慈），～孙（胡），～兄（师）。

其次，正语素表示动作、行为和性质、状态的这一类复音词有很大的发展和变化。主要表现在：正语素表示动作、行为的复音词在数量上与前代相比有明显增多的趋势，《诗经》中表示动作、行为的正语素不到10个[6]，到《世说新语》发展到100多个[11]，至《碧岩录》已增长数百个，且正语素与偏语素间的语义关系也更加繁富，可以表示方式、手段；表示情态；表示数量；表示程度；表示时间处所。正语素表示性质、状态的复音词在数量上和语义构成方面也有所发展，偏语素可以表程度，可以表否定，还可以表情貌等。

第二，词性构成方面。《碧岩录》中的偏正式复音词仍以名词居多，动词、形容词、副词、连词、代词等数量较少，但构成方式更为繁富，呈多样化特点。名词的构成以［名＋名］、［动＋名］、［形＋名］、［数＋名］为主，这与前代主流发展保持一致，此外又有［量＋名］、［副＋名］、［代＋名］、［名＋动］、［名＋量］、［动＋动］、［形＋形］、［形＋动］、［形＋数］、［形＋量］、［形＋名］、［数＋名］、［数＋量］、［副＋动］等结构。动词的构成仍以［动＋动］、［名＋动］、［形＋动］为主，此外还增加了［副＋动］、［数＋动］等结构。偏正式形容词在秦汉时期数量极少，魏晋后有所增加，《碧岩录》则更为普遍，有［形＋形］、［名＋形］、［副＋形］、［副＋动］、［代＋数］5种结构。

偏正式副词在先秦时期数量也极少，至六朝时期逐渐增多，《碧岩录》则大增且结构类型更为丰富，有［副＋副］、［副＋名］、［副＋动］、［副＋形］、［形＋副］、［形＋名］、［数＋名］、［数＋形］8种。偏正式代词秦汉时期罕见，［代＋名］结构在《世说新语》中出现，如"何物"、"何等"，《碧岩录》除此类结构之外，还有［代＋代］、［代＋量］、［形＋名］3种。

3　主谓式复音词

《碧岩录》主谓式复音词共 33 个，占复音词总数的 1.1%。名词居多，其次是动词和形容词，副词数量较少。

3.1　名词

共 17 个，有名词＋动词→名词、名词＋形容词→名词、代词＋形容词→名词 3 种。

3.1.1　名词＋动词→名词

如：

（232）一日雪窦问他："至道无难唯嫌拣择，意作么生？"宗云："畜生畜生。"
（卷六）

（233）看他古人，二十年参究。犹自半青半黄，粘皮着骨，不能颖脱。（卷八）
另外，还有"心行、耳背、世尊、日没"等。

3.1.2　名词＋形容词→名词

如：

（234）保福云："作贼人心虚。"只因此语，惹得迭来说许多情解。且道保福意作么生？（卷一）

（235）紫胡又一夕夜深于后架叫云："捉贼，捉贼。"（卷十）
另外，还有"人稀、金刚、梦幻"等。

3.1.3　代词＋形容词→名词

即：

（236）祖云："夫沙门者，具三千威仪，八万细行，大德从何方而来？生大我慢。"
（卷四）

3.2　动词

共 8 个，有代词＋动词→动词、名词＋动词→动词 2 种。

3.2.1　代词＋动词→动词

如：

（237）其僧率师同渡。师曰："请渡。"彼即褰衣，蹑波如履平地，回顾云："渡来渡来。"师咄云："这自了汉，吾早知捏怪，当斫汝胫。"（卷一）

（238）南泉恁么提起，不可教人合下得甚语，只要教人自荐，各各自用自知，若不恁么会，卒摸索不着。（卷七）

3.2.2　名词＋动词→动词

即：

（239）这汉识什么好恶，所谓好心不得好报。道吾依旧老婆心切，更向他道：
"打即任打，道即不道。"源便打。（卷六）

3.3 形容词

共 6 个，有名词＋形容词→形容词、代词＋动词→形容词、名词＋动词→形容
词 3 种。

3.3.1 名词＋形容词→形容词

即：

（240）垂示云：声前一句，千圣不得传，未曾亲觏，如隔大千。设使向声前辨得，
截断天下人舌头，亦未是性燥汉。（卷一）

3.3.2 代词＋动词→形容词

如：

（241）看他怎么，直出直入，直往直来，乃是临济正宗。有恁么作用，若透得者，
便可翻天作地，自得受用。（卷四）

（242）古人略露些子锋芒，若是透得底人，便乃七穿八穴，得大自在。若透不得，
从前无悟入处，转说转远也。（卷八）

3.3.3 名词＋代词→形容词

即：

（243）邓州丹霞天然禅师，不知何许人，初习儒学，将入长安应举，方宿于逆旅，
忽梦白光满室，占者曰："解空之祥。"（卷八）

3.4 副词

共 2 个，有代词＋动词→副词、代词＋副词→副词两种。

3.4.1 代词＋动词→副词

即：

（244）盘山云："光非照境，境亦非存。光境俱忘，复是何物？"又云："即
此见闻非见非，无余声色可呈君。个中若了全无事，体用何妨分不分。"（卷九）

3.4.2 代词＋副词→副词

即：

（245）雪窦道："法王法令不如斯"，何故如此？当时会中，若有个汉，顶门具眼，
肘后有符，向世尊未升座已前，觑得破，更何必文殊白椎。（卷十）

小结：《碧岩录》主谓式复音词共 33 个，占复音词总数的 1.1%。名词居多，
其次是动词和形容词，副词数量较少。

考察发现，《碧岩录》主谓式复音词与其他结构的复音词相比，数量较少，占复音词总数的1.1％，但与前代相比，仍呈增长趋势。这主要是因为在汉语构词法中，主谓式兴起的较晚，在秦汉时期极少，魏晋南北朝有所发展，且构成也呈多样化，除了前期的"名词＋动词→名词"和"名词＋动词→动词"两种外，还出现了"名词＋形容词→形容词"、"代词＋动词→形容词"、"代词＋动词→动词"等形式。[1] 至《碧岩录》，主谓式复音词数量增长较多，共33个，而《论衡》仅14个[9]，《世说新语》仅17个[10]。从词性看，前代主谓式复音词主要为名词和动词，形容词和副词较少，而《碧岩录》中的形容词数量增多，已接近动词。

从结构方式看，更为丰富，有（名词＋动词→名词）、（名词＋形容词→名词）、（代词＋形容词→名词）、（代词＋动词→动词）、（名词＋动词→动词）、（名词＋形容词→形容词）、（代词＋动词→形容词）、（名词＋动词→形容词）、（代词＋动词→副词）、（代词＋副词→副词）10种。

4 支配式复音词

《碧岩录》共有支配式复音词229个，占复音词总数的7.6％。动词数量最多，其次是名词和形容词，副词、连词和代词数量较少。

4.1 动词

共70个，主要有（动＋名→动）、（动＋动→动）、（动＋形→动）、（形＋名→动）4种。

4.1.1 动＋名→动

如：

（246）长庆问云门："雪峰与么道，还有出头不得么？"（卷一）

（247）大珠和尚云："向空屋里堆数函经，看他放光么？"（卷十）

4.1.2 动＋动→动

如：

（248）门拟议，便被推出门，一足在门阃内，被州急合门，挫折云门脚，门忍痛作声，忽然大悟。（卷一）

（249）太原孚上座，在扬州光孝寺，讲《涅盘经》，有游方僧，即夹山典座，在寺阻雪，因往听讲，讲至三因佛性、三德法身，广谈法身妙理，典座忽然失笑。（卷十）

4.1.3 动＋形→动

如：

（250）师咄云："这自了汉，吾早知捏怪，当斫汝胫。"（卷二）

（251）垂示云：遍界不藏，全机独露。触途无滞，着着有出身之机；句下无私，头头有杀人之意。（卷六）

4.1.4 形＋名→动

如：

（252）寿云："还钉得虚空么？"胡云："请师打破将来。"寿便打，胡不语，寿云："异日自有多口阿师，为尔点破在。"（卷五）

（253）当时若不是志公，为傅大士出气，也须是赶出国去。志公既饶舌，武帝却被他热瞒一上。（卷七）

4.2 名词

共 25 个，主要有动＋名→名、动＋动→名、动＋形→名 3 种。

4.2.1 动＋名→名

如：

（254）在孤峰者，救令入荒草；落荒草者，救令处孤峰。尔若入镬汤炉炭。其实无他，只要与尔解粘去缚，抽钉拔楔，脱去笼头，卸却角驮。（卷二）

（255）道吾既被他打，遂向渐源云："汝且去，恐院中知事探得，与尔作祸。"（卷六）

4.2.2 动＋动→名

如：

（256）院云："阇梨莫曾到此间么？"穴云："是何言钦？"院云："好好借问。"（卷四）

（257）投子朴实头，得逸群之辩，凡有致问，开口便见胆，不费余力，便坐断他舌头，可谓运筹帷幄之中，决胜千里之外。（卷八）

4.2.3 动＋形→名

即：

（258）投子平生问答总如此。看赵州问："大死的人却活时如何？"他便道："不许夜行，投明须到。"（卷五）

4.3 形容词

共 19 个，主要有动＋名→形、动＋形→形、副＋名→形 3 种。

4.3.1 动＋名→形

如：

（259）垂示云：透出生死，拨转机关，<u>等闲</u>截铁斩钉，随处盖天盖地，且道是什么人行履处？试举看。（卷六）

（260）学道之人要复如婴孩，荣辱功名，逆情顺境，都动他不得，眼见色与盲等，耳闻声与聋等，如痴似兀，其心不动，如须弥山，这个是衲僧家真实<u>得力</u>处。（卷八）

4.3.2　动+形→形

如：

（261）是时石头马祖下，禅和子浩浩地，说禅说道，他何故却与么道？所以示众云："汝等诸人尽是口+童酒糟汉，恁么行脚，取笑于人。但见八百一千人处便去，不可只图热闹也。可中总似汝如此<u>容易</u>，何处更有今日事也。"（卷二）

（262）尔若透得一切恶毒言句，乃至千差万状，世间戏论，皆是醍醐上味。若到着实处，方见赵州赤心片片。（卷六）

4.3.3　副+名→形

如：

（263）云门虽接人无数，当代道行者，只香林一派<u>最盛</u>。（卷二）

（264）长沙道："学道之人不识真，只为从前认识神。<u>无量</u>劫来生死本，痴人唤作本来人。"（卷六）

4.4　副词

共5个，主要是"动+名→副"一种结构。如：

（265）尔若用他指头会，决定不见古人意，这般禅易参，只是难会。<u>如今</u>人才问着，也竖指竖拳，只是弄精魂，也须是彻骨彻髓，见透始得。（卷二）

（266）师云："何不呈似老僧？"普化便打筋斗而出。师云："这汉向后<u>如风</u>狂接人去在。"（卷四）

4.5　连词

共5个，主要是有介+代→连、副+代→连、动+副→连3种结构。如：

（267）若要见他全机，<u>除非</u>是一棒打不回头底汉，牙如剑树，口似血盆，向言外知归，方有少分相应。（卷一）

（268）如是辗转酬问，提婆折以无碍之辩，<u>由是</u>归伏。（卷二）

4.6　代词

共3个，主要是"动+名→代"一种结构。如：

（269）这僧也是个作家，所以<u>如此</u>问，云门又怎么答，大似无孔铁锤重下楔相似。

雪窦使文言，用得甚巧。（卷二）

（270）当时二尊宿，索禅板蒲团，牙不可不知他意，是他要用他胸襟里事，虽然<u>如是</u>，不妨用得太峻。（同上）

（271）岂不见，僧问木平和尚："如何是佛法大意？"平云："这个冬瓜<u>如许大</u>。"（卷五）

小结：《碧岩录》支配式复音词与前代相比，有一些发展变化。主要有：

第一，词的数量增多。支配式复音词在先秦时期数量较少，以名词居多，以"动＋名→名"和"动＋名→动"两种结构为主，两汉时期基本与先秦一致，发展变化不大，[1]魏晋以后有了很大发展，动词超过名词，同时也出现了少量的形容词、连词和副词。到了《碧岩录》，支配式复音词数量更多，且类型更为丰富。动词乃占主导地位，名词和形容词也有一定数量，副词、连词数量较少，出现支配式代词复音词。

第二，词的结构类型更加丰富。构成动词的结构类型主要有动＋名→动、动＋动→动、动＋形→动、形＋名→动；构成名词的有动＋名→名、动＋动→名、动＋形→名；构成形容词的有动＋名→形、动＋形→形、副＋名→形；构成副词的有"动＋名→副"；构成连词的有介＋代→连、副＋代→连、动＋副→连；构成代词的有"动＋名→代"。

第三，《碧岩录》229个支配式复音词流传至今的有90个，占支配式复音词总数的39.3％。比例与《景德传灯录》里的接近，比敦煌变文要多。[2]《景德传灯录》共197个支配式复音词，流传至今的有86个，占43.65％；敦煌变文170个支配式复音词，流传至今的仅37个，占21.76％。[7]我们认为，此中差异，可能主要是因为禅宗语录的语言与敦煌变文相比更加口语化，因而流传下来的词语更多一些。

5　补充式复音词

补充式复音词是由两个实义语素组成，后一个语素补充说明前一个语素。《碧岩录》中共有补充式复音词81个，占全书复音词总数3 023的2.67％。补充式复音词有动补式和名量式两种。④

我们主要从语义构成和词性构成两个方面来探讨此类复音词的结构特点。

5.1　语义构成

根据补语素的意义，《碧岩录》中的补充式复音词可以分为表动作结果和趋向两种。

5.1.1 表动作结果

从意义来看，表结果的补语素又可分为表"灭绝杀害"义、"断碎破损"义、"散开脱却"义、"明现见着"义、"取得给予"义、"动摇立定"义、"穷尽"义、"成为"义。

5.1.1.1 "灭绝杀害"义

如：

（272）达摩本来兹土，与人解粘去缚。抽钉拔楔，铲除荆棘，因何却道"生荆棘"？（卷一）

（273）雪峰虽遍历诸方，末后于鳖山店，岩头因而激之，方得剿绝大彻。（卷六）

（274）僧云："和尚，不是某甲。"胡云："是则是，只是不肯承当。"尔若会得这话，便许尔咬杀一切人，处处清风凛凛。（卷十）

5.1.1.2 "断碎破损"义

如：

（275）垂示云：莫邪横按，锋前剪断葛藤窠。明镜高悬，句中引出毗卢印。田地稳密处，着衣吃饭。神通游戏处，如何凑泊？还委悉么？看取下文。（卷八）

（276）垂示云：门庭施设，且恁么，破二作三。入理深谈，也须是七穿八穴，当机敲点，击碎金锁玄关。据令而行，直得扫踪灭迹，旦道淆讹在什么处？具顶门眼者，请试举看。（卷九）

5.1.1.3 "散开脱却"义

如：

（277）他是向北人，最朴直，既得之后，更不出世，后来全用临济机，也不妨颖脱。（卷四）

（278）师蓦拈拄杖下座，大众一时走散。（卷六）

5.1.1.4 "明现见着"义

如：

（279）这二老汉，虽然打风打雨，惊天动地，要且不曾打着个明眼汉。（卷二）

（280）他麻谷持锡绕禅床，既是风力所转终成败坏。且道毕竟发明心宗底事，在什么处？到这里，也须是生铁铸就底个汉始得。（卷四）

5.1.1.5 "取得给予"义

如：

（281）众皆写真呈师，师皆叱之。普化出云："某甲邈得。"师云："何不呈似老僧？"（卷四）

（282）后人多作道理云："粗言及细语，皆归第一义。"若恁么会，且去作座主，一生赢得多知多解。（卷八）

5.1.1.6 "动摇立定"义

如：

（283）雪窦道，此事随分拈弄，如金鳞之类，振鬣摆尾时，直得乾坤动摇，千尺鲸喷洪浪飞，此颂三圣道"一千五百人善知识，话头也不识"，如鲸喷洪浪相似。（卷五）

（284）他致问处，有大小大缝罅，云门见他问处披离，所以将糊饼拦缝塞定。（卷八）

（285）垂示云：一夏唠唠打葛藤，几乎绊倒五湖僧。金刚宝剑当头截，始觉从来百不能。且道作么生是金刚宝剑？贬上眉毛，试请露锋芒看。（卷十）

5.1.1.7 "穷尽"义

如：

（286）雪窦与南泉把手共行，一句说了也，两堂首座，没歇头处。到处只管发动烟尘，奈何不得。赖得南泉与他断这公案，收得净尽，他争奈前不构村后不迭店。（卷七）

（287）典座云："请座主更说一遍。孚曰："法身之理，犹若太虚，竖穷三际，横亘十方，弥纶八极，包括二仪，随缘赴感，靡不周遍。"（卷十）

5.1.1.8 "成为"义

如：

（288）风穴浑是一团精神，如水上葫芦子相似，捺着便转，按着便动，解随机说法，若不随机，翻成妄语。穴便下座。（卷四）

（289）这般公案，诸方谓之锻炼语。若是锻炼，只成心行，不见他古人为人处。亦唤作透声色，一明道眼，二明声色，三明心宗，四明忘情，五明展演，然不妨仔细，争奈有窠臼在。（卷五）

5.1.2 表动作趋向

表动作趋向的补语素主要有"下、入、出、来、去、到、至、起、向"等。现分别举例说明。

（290）（德山）初到澧州路上，见一婆子卖油糍，遂放下《疏钞》，且买点心吃。（卷一）

（291）释迦老子，四十九年住世，三百六十会，开谈顿渐权实，谓之一代时教。这僧拈来问云："如何是一代时教？"（卷二）

（292）吾可谓赤心片片，将错就错。源犹自不惺惺，回至中路又云："和尚为与某甲道，若不道，打和尚去也。"（卷六）

（293）世尊会看风使帆，应病与药，所以良久，全机提起，外道全体会去。

机轮便阿辘辘地转。亦不转向有，亦不转向无，不落得失，不拘凡圣，二边一时坐断。（卷七）

5.2 词性构成

《碧岩录》动补式复音词的词性主要有以下几种类型。

5.2.1 及物动词＋及物动词＋（宾语）

（294）他作家相见，一擒一纵，逢强即弱，遇贱即贵，尔着作胜负会，未梦见雪峰在。（卷五）

（295）嵩山破灶堕和尚，不称姓字，言行叵测，隐居嵩山。一日领徒，入山坞间，有庙甚灵，殿中唯安一灶，远近祭祀不辍，烹杀物命甚多。（卷十）

5.2.2 及物动词＋不及物动词＋（宾语）

（296）长庆道："美食不中饱人吃。"玄沙道："我当时若见，拗折指头。"（卷二）

（297）师入庙中，以拄杖敲灶三下云："咄！汝本砖土合成，灵从何来？圣从何起？恁么烹杀物命。"（卷十）

5.2.3 不及物动词＋不及物动词

（298）僧问："如何是祖师西来意？"林云："坐久成劳"，可谓言无味句无味，无味之谈，塞断人口，无尔出气处。（卷二）

（299）雪窦偏会下注脚，他是云门下儿孙，凡一句中，具三句底钳锤，向难道处道破，向拨不开处拨开，去他紧要处颂出，直道"兔马有角，牛羊无角"。（卷六）

5.2.4 不及物动词＋及物动词

（300）师蓦拈拄杖下座，大众一时走散。（卷六）

5.2.5 及物动词＋形容词＋宾语

（301）峰云："某甲实未稳在。"头云："尔若实如此，据尔见处，一一道来，是处我与尔证明，不是处与尔铲却。"（卷三）

（302）他麻谷持锡绕禅床，既是风力所转终成败坏。且道毕竟发明心宗底事，在什么处？到这里，也须是生铁铸就底个汉始得。（卷四）

5.2.6 不及物动词＋形容词

（303）大原孚上座本为讲师，一日登座讲次，说法身云："竖穷三际，横亘十方。"（卷五）

（304）汝不见小儿出胎时，何曾道我会看教，当恁么时，亦不知有佛性义，无佛性义，及至长大，便学种种知解出来，便到我能我解，不知是客尘烦恼，十六观行中，婴儿行为最。（卷八）

5.2.7 形容词 + 及物动词

（305）看他古人，二十年参究。犹自半青半黄，粘皮着骨，不能颖脱。（卷六）

小结：《碧岩录》中补充式复音词有如下一些特点：

第一，从语义构成看，《碧岩录》中的补充式复音词与前代相比，有继承，即补语素的意义都为表动作结果和趋向；也有发展，即表结果的补语素意义进一步增多，除了前代常见的"灭绝杀害"义、"断碎破损"义、"取得给予"义等，还有"散开脱却"义、"明现见着"义、"穷尽"义等。表趋向的补语素除了前代常见的"上、出、入、至、来"，还有"下、到、起、向"等。

第二，从词性构成看，结构形式主要有"及物动词＋及物动词＋（宾语）"、"及物动词＋不及物动词＋（宾语）"、"不及物动词＋不及物动词"、"不及物动词＋及物动词"、"及物动词＋形容词＋宾语"、"不及物动词＋形容词"、"形容词＋及物动词"与前代基本一致。

6 重叠式复音词

《碧岩录》重叠式复音词共92个，占全书复音词总数的3％。主要包括AA式、AAB式、ABB式、AABB式4种。

6.1 AA 式

主要有名词、动词、形容词、量词、数词、代词。如：

（306）"出草入草，谁解寻讨。"雪窦却知他落处，到这里，一手抬一手搦。"与云重重，红日杲杲。"大似"草草茸，烟幂幂。"（卷四）

（307）云门有斩钉截铁句，此一句中具三句。有底问着便道，钵里饭，粒粒皆圆，桶里水，滴滴皆显。若恁么会，且不见云门端的为人处。（卷五）

（308）南泉云："恁么则不去也，既是一一道得，为什么却道不去？"且道古人意作么生？当时待他道恁么则不去也，劈耳便掌，看他作什么伎俩？（卷六）

（309）这僧要转身吐气，却不与他争。轻轻转云："争奈杓柄在和尚手里。"（卷八）

6.2 AAB 式

主要构成形容词。如：

（310）垂示云：云凝大野，遍界不藏；雪覆芦花，难分朕迹。冷处冷如冰雪，细处细如米末，深深处佛眼难窥，密密处魔外莫测。举一明三即且止，坐断天下人舌头，作么生道，且道是什么人分上事。试举看。（卷二）

（311）垂示云：细如米末，冷似冰霜，逼塞乾坤，离明绝暗。<u>低低处</u>观之有余，<u>高高处</u>平之不足。把住放行，总在这里许。还有出身处也无？试举看。（卷八）

6.3　ABB 式

主要构成形容词。如：

（312）达摩未归西天时，九年面壁，<u>静悄悄</u>地，且道是树雕叶落，且道是体露金风？若向这里，尽古今凡圣，乾坤大地，打成一片，方见云门雪窦的为人处。（卷三）

（313）垂示云：声前一句千圣不传，面前一丝长时无间。<u>净裸裸赤洒洒</u>，头蓬松耳卓朔，且道作么生？试举看。（卷九）

另外，也有少量动词和量词。如：

（314）智门云："<u>花簇簇</u>，锦簇簇。会么？"僧云："不会。"（卷二）

（315）僧问玄沙："如何是清净法身？"沙云："<u>脓滴滴</u>地。"（卷四）

（316）此事不在眼上，亦不在境上，须是绝知见忘得失，净裸裸<u>赤洒洒</u>，各各当人分上究取始得。（卷九）

6.4　AABB 式

主要构成形容词和动词。如：

（317）古人到这里，放一线道有出有入。若是未了的人，扶篱摸壁，依草附木，或教他放下，又打入<u>莽莽荡荡</u>荒然处去。（卷三）

（318）"拈了也，闻不闻"，重下注脚，一时与尔扫荡了也。诸人"直须洒洒落落"去，休更"纷纷纭纭"，尔若更纷纷纭纭，失却拄杖子了也。（卷六）

（319）雪窦拈他教意，令人去妙触处会取，出他教眼颂，免得人去教纲里笊罩，半醉半醒，要令人直下<u>洒洒落落</u>。（卷八）

小结：《碧岩录》重叠式复音词的结构特点为：

《碧岩录》中的重叠式复音词主要有 AA 式、AAB 式、ABB 式、AABB 式四种，其中继承前代的有 AA 式、ABB 式、AABB 式，AAB 式为新生的一种结构方式。在继承的基础上也有所发展，如 AA 式在前代主要构成形容词，在《碧岩录》中除此之外，还可构成名词、动词、量词、数词、代词。

7　附加式复音词

《碧岩录》附加式复音词共 369 个，占全书复音词总数的 12.2%。可分为前附式和后附式。

7.1 前附式

充当附加成分的有"阿、老、打、可、第"等。

7.1.1 阿+词根

（320）丈云："我适来哭，如今却笑。"看他悟后，<u>阿辘辘</u>地，罗笼不住，自然玲珑。（卷六）

（321）孚一依所言，从初夜至五更，闻鼓角鸣，忽然契悟，便去叩禅者门。典座曰："<u>阿</u>谁？"（卷十）

7.1.2 老+词根

（322）这<u>老婆</u>会他沩山说话，丝来线去，一放一收，互相酬唱，如两镜相照无影像可观，机机相副，句句相投。（卷三）

（323）五祖<u>老师</u>云："一人说得却不会，一人却会说不得。二人若来参，如何辨得他？"（卷九）

7.1.3 打+词根

（324）雪窦相席<u>打令</u>，动弦别曲，一句一句判将去。（卷四）

（325）垂示云：单提独弄，带水拖泥；敲唱俱行，银山铁壁。拟议则髑髅前见鬼，寻思则黑山下<u>打坐</u>。明明果日丽天，飒飒清风匝地。且道古人还有淆讹处么？"试举看。（卷五）

7.1.4 可+词根

（326）沩山坐次，德山提起坐具云："和尚。"沩山拟取拂子，德山便喝，拂袖而出，<u>可杀</u>奇特。（卷一）

（327）这僧既是个圈缋子，要来㧓虎须，殊不知投子，更在他圈缋头上。投子便㧓，这僧<u>可惜</u>许，有头无尾。（卷八）

7.1.5 第+词根

（328）云门凡去见，至<u>第</u>三回，才敲门，州云："谁？"门云："文偃。"（卷一）

（329）雪窦<u>第</u>三句，却通一线道，略露些风规，早是落草。（同上）

7.2 后附式

充当附加成分的有"取、头、子、却、地、得、着、然、儿、家"等。

7.2.1 词根+取

（330）垂一句语，须要归宗，若不如此，只是杜撰。此事无许多论说，而未透者，却要如此，若透得，便见古人意旨，<u>看取</u>雪窦打葛藤。（卷一）

（331）丈乃作礼，却归侍者寮哭。同事侍者问云："尔哭作什么？"丈云："尔

去问取和尚。"（卷六）

7.2.2　词根＋头

（332）穴云："还记得话头么？试举看。"陂拟开口，穴又打一拂子。（卷四）

（333）这僧亦是个英灵的衲子，致个问端，不妨惊群。钦山是作家宗师，便知他问头落处。（卷六）

7.2.3　词根＋子

（334）初到澧州路上，见一婆子卖油糍，遂放下《疏钞》，且买点心吃。（卷一）

（335）也只是这一个颂子，引人邪解不少。人多错会道：相是相见，谈是谈论，中间有个无缝塔，所以道"中有黄金充一国"。（卷二）

7.2.4　词根＋却

（336）雪窦有大才，所以从头至尾，一串穿却，末后却方道："长庆相谙，眉毛生也。"且道，生也在什么处？急着眼看。（卷一）

（337）门云："尚书且莫草草，师僧家抛却三经五论来人丛林，十年二十年，尚自不奈何，尚书又争得会？"（卷四）

7.2.5　词根＋地

（338）如今人只管道，古人特地做作，教后人依规矩。若恁么，正是谤他古人，谓之出佛身血。古人不似如今人苟且，岂以一言半句，以当平生。（卷一）

（339）沧溟深处立须干"，任是沧溟，洪波浩渺白浪滔天，若教此二人，向内立地，此沧溟也须干竭。（卷八）

7.2.6　词根＋得

（340）雪窦拈他教意，令人去妙触处会取，出他教眼颂，免得人去教纲里笼罩，半醉半醒，要令人直下洒洒落落。（卷八）

（341）雪窦拈帝网明珠，垂范况此大悲话，直是如此，尔若善能向此珠网中，明得拄杖子，神通妙用，出入无碍，方可见得手眼。（卷九）

7.2.7　词根＋着

（342）潭云："子见个什么便礼拜？"山云："某甲自今后，更不疑着天下老和尚舌头。"（卷一）

（343）雪窦直下如击石火，似闪电光，捞出放教尔见，聊闻举着便会始得，也不妨是他屋里儿孙，方能恁么道。（卷二）

（344）云门有弄蛇手脚，不犯锋芒，明头也打着，暗头也打着。（卷三）

7.2.8　词根＋然

（345）山遂珍重，揭帘而出，见外面黑，却回云："门外黑。"潭遂点纸烛度与山，山方接，潭便吹灭，山豁然大悟，便礼拜。（卷一）

（346）祖云："'即此用？离此用？'我将拂子挂禅床角。祖振威一喝，我当时直得三日耳聋。"黄檗不觉惊然吐舌。（卷二）

（347）教中道："初于闻中，入流忘所。所入既寂，动静二相，了然不生。"（卷五）

7.2.9　词根＋儿

（348）不见有一外道，手握雀儿，来问世尊云："且道某甲手中雀儿，是死耶是活耶？"（卷一）

（349）宗师家，看他一动一静，一出一入，且道意旨如何？这斩猫儿话，天下丛林，商量浩浩地。（卷七）

7.2.10　词根＋家

（350）龙牙示众道："夫参学人，须透过祖佛始得。"新丰和尚道："见祖佛言教，如生冤家，始有参学分。若透不得，即被祖佛瞒去。"（卷四）

（351）这僧夺得主家权柄，道得也杀道，只道得八成，若要十成，便与掀倒禅床。（卷十）

小结：《碧岩录》中附加式复音词的结构有如下特点：

第一，从数量上看，《碧岩录》附加式复音词与前代相比，有较大增长，如《论衡》有 63 个 [9]，《世说新语》98 个 [10]，敦煌变文 316 个 [2]，《碧岩录》则增至 369 个。

第二，从附加成分看，大多是继承前代的，如词头"阿、老、可、第"等，词尾"头、子、儿、却、地、得、着、然、取"等。但也有少数的新生的附加成分，如动词词头"打"，名词词尾"家"等。其中有些附加成分，虽是继承前代的，但在用法上有所发展，如词头"阿"，在前代主要是附加于名词（表亲属称谓的名词及普通名词）、代词（人称代词和疑问代词）之前，在《碧岩录》中，除此用法之外，还可附加于象声词之前，如"阿辘辘"；词尾"头"在前代主要用于名词和动词之前，在《碧岩录》中还可用于形容词之前，如"实头"；词尾"儿"普遍用于有生命的名词前面，在《碧岩录》中还可用于非生命的名词前，如"脚铛儿"。

第三，在词性构成方面，《碧岩录》与前代基本相同，即附加式复音词词性与被附加语素的词性基本一致，如"阿"＋名→名（阿爷），"阿"＋代→代（阿谁），"老"＋名→名（老婆），"动"＋取→动（看取），"动"＋却→动（抛却），"形"＋然→形（豁然）等，但也存在少数不一致的情况，如动＋"头"→名（问头），"可"＋动→形（可怜）等。

注释：

①本文使用的《碧岩录》版本系依据《续藏经》第二编第二十二套，同时参考了《中华大藏经》第 82 册。

②本文有关复音词的统计数据不包括人名、地名、国名、寺庙名、书名等专有名词。

③数量较多，只列出构成方式及相应的词目，不再列出书证。

④《碧岩录》中的补充式复音词以动补式居多，名量式极少，故在此不做讨论。

参考文献：

[1] 马真：《先秦复音词初探》，载《北京大学学报》1980（5）；1981（1）。

[2] 程湘清：《变文复音词研究》，载《汉语史专书复音词研究》，北京：商务印书馆 2003 年版。

[3] 祖生利：《〈景德传灯录〉中的联合式复音词》，载《古汉语研究》2002（3）。

[4] 曹先擢：《并列式同素异序同义词》，载《中国语文》1979（6）。

[5] 张永绵：《近代汉语中字序对换的双音词》，载《中国语文》1980（3）。

[6] 向熹：《〈诗经〉里的复音词》，载《语言学论丛》第六辑，北京：商务印书馆 1980 年版。

[7] 袁宾：《禅宗著作词语汇释》，南京：江苏古籍出版社 1990 年版。

[8] 董志翘：《〈五灯会元〉词语考释》，载《中国语文》1990（1）。

[9] 程湘清：《〈论衡〉复音词研究》，载《汉语史专书复音词研究》，北京：商务印书馆 2003 年版。

[10] 程湘清：《〈世说新语〉复音词研究》，载《汉语史专书复音词研究》，北京：商务印书馆 2003 年版。

古汉语中"这""那"之复数指代功能考察

作为汉语中的近指和远指代词，"这"、"那"在指代对象上既可以指人，也可以指事物或处所；在指代数量上往往与"这些"、"那些"分工合作，"这"、"那"多指代单数，而"这些"、"那些"则指代复数。"这些"、"那些"指代复数没问题，但问题是"这"、"那"就一定指代单数吗？有没有指代复数的可能？本文将就汉语中尤其是古代汉语中"这"、"那"指人、物或处所时的数量指代功能问题进行考察分析。

1 "这"、"那"具备复数指代功能

"这"、"那"具不具备复数指代功能，首先来看有关辞书中的解释。考察发现，现行大多专业语文辞书只将"这"、"那"看作单数指示代词，并没有将其作为复数指示代词看待。如《汉语大词典》：

这：代词。指示或代替比较近的人、事物或处所。唐白居易《商山路驿桐树昔与微之前后题名处》诗："笑问中庭老桐树，这回归去兔来无？"宋李清照《声声慢》词："梧桐更兼细雨，到黄昏、点点滴滴。这次第，怎一个、愁字了得。"清李渔《奈何天·虑婚》："天生我这副面貌，不但粗蠢，又且怪异。"夏丏尊叶圣陶《文心》三："这种人简直不懂得作文是怎么一回事，只当它是无谓的游戏。"吉学霈《洛阳桥上》："家离这不远，一会工夫就能到家的。"[1]

那：指示代词。与"这"相对。唐张鷟《朝野佥载》卷二："尚书右丞陆余庆转洛州长史，其子嘲之曰：'陆余庆，笔头无力嘴头硬。一朝受词讼，十日判不竟。'送案褥下。余庆得而读之，曰：'必是那狗。'遂鞭之。"宋仲殊《南柯子·忆旧》

词:"绿杨堤畔问荷花,记得年时沽酒那人家。"茅盾《子夜》七:"可惜那电话修好得太迟了一点。[1]

从《汉语大词典》的释义和书证不难看出,"这"、"那"只具备单数指代功能,不具备复数指代功能。不仅《汉语大词典》,其他专业语文辞书如《现代汉语词典》[2]、《古代汉语虚词词典》[3]等的相关释义和书证也均如此,均将"这"、"那"看作单数指示代词,而忽略了其复数指代功能。不过也并非所有语文辞书均如此,也有极少数辞书注意到这一点,如《现代汉语八百词》:

这:等于"这些"。~都是一等品/~都是平时努力才取得的成绩。[4]

那:等于"那些"。~是我的几个堂兄弟/你看,~都是去年放养的鲫鱼。[4]

《现代汉语八百词》的处理无疑是正确的。仅就现代汉语而言,"这"、"那"是可以充任复数指示代词的,分别等同于"这些"、"那些"。又如:

(1)这房子现在都涨价了,你看过的那一套也涨啦。

(2)这都是自己人,有什么活儿就直接吩咐吧,不用客气。

(3)那都是别人的,我做不了主,但我可以帮您问问。

(4)那是我的几个学生的作业,加起来共有十来幅吧。

可见,虽然仅从"这"、"那"本身上不易确定其究竟是单指还是复指,但如果在句中有范围副词"都"、"全部"等,或者数量结构如例(4)中的"几个"等前后搭配使用,那么"这"、"那"均可以理解为"这些"、"那些",也就说"这"、"那"以单数形式履行复数的功能。

2 古汉语中"这"、"那"复数指代功能历时考察

上面讨论说明了至少现代汉语中指示代词"这"、"那"具备复数指代功能。那么古代汉语中的情况如何呢?通过语料调查发现,古代汉语中"这"、"那"的复指功能也是非常突出的。至迟在元代即已出现"这"、"那"表复数的情况,如:

(5)那厮每贩的是紫草红花,蜜蜡香茶。(马致远《江州司马青衫泪》第四折)

(6)叫你那同去赶那敬德的军士们来,我试问他一番;待他说出真情来,便着敬德也肯心服。(关汉卿《尉迟恭单鞭夺槊》第二折)

(7)嗨!我想这秀才们好是负心也呵。(杨显之《临江驿潇湘秋夜雨》第二折)

(8)我着那好言语劝你你不听,那厮们谎话儿弄你且娘的灵。(秦简夫《东堂老劝破家子弟》第二折)

(9)这厮每都熟睡着也,待咱杀入去。(无名氏《关云长千里独行》楔子)

(10)那小厮们手拿着鞭子,哨也哨的。(又《刘玄德醉走黄鹤楼》第二折)

（11）人对我说，他们不服事你，待我责罚这厮们。（杨景贤《西游记》第十四出）

明代时，"这"、"那"的复指用法仍多见于文献，如：

（12）（雷横的母亲）骂那禁子们道："你众人也和我儿一般在衙门里出入的人，钱财直这般好使。谁保的常没事？"（《水浒传》第五十一回）

（13）今日这厮们见俺催军近前，他便慌忙掩击过来。（又第五十五回）

（14）天数只注宋公明合当命尽，不期被这奸臣们，将御酒内放了慢药在里面，却教天使赍擎了，迳往楚州来。（又第一百二十回）

（15）至于那雏儿们，一发随波逐浪，那晓得叶落归根？（《初刻拍案惊奇》卷二十五）

清代时，文献中"这"、"那"的复指用例明显减少，尤其"这"的复指用法较难见于文献，但"那"的复指用法仍能见到一些。此期"这"、"那"复指用法少见主要是大多被"这些"、"那些"等代替。如：

（16）一日，偶然在解库中，见那主管们内中好顽耍的，与一个专捉鸟儿的小猫斗黄头、调画眉，赌钱赌气，也非一日的人了。（《醋葫芦》第四回）

（17）又有那溜口少年们，和着罗罗连，打起莲花落，把成员外非赞非嘲，半真半假，又不像歌，又不像曲打趣道……（又第六回）

（18）那尼姑们，只因院君不放进门，我却一处也不晓得。（又第十二回）

（19）那百姓们到敝厂来告赃的，约有千张状纸了。（《都是幻·写真幻》）

3 "这"、"那"复数指代功能成因分析

就指示代词"这"、"那"的最初职能而言主要还是对人、物或处所等起指示作用，和数量并没有必然联系。但是由于"这"、"那"所指代的人、物或处所等具有数量的特征，所以在具体语言环境中，"这"、"那"也就难免具有数量指称的特征。

归根结底，"这"、"那"的数量指代特征主要是由其指代的人、物或处所等的数量决定，"这"、"那"自身不具备先天复数指代功能，而是受语言环境的影响而被赋予了这一功能。如果所指人、物或处所等是单数，则"这"、"那"为单指，如"这人"、"这朵花"、"那狗"、"那只羊"中之"这"、"那"均属于单指。如果所指人、物或处所等是复数，则"这"、"那"为复指，如"这桃子都烂掉了"、"这竹子全砍了"、"这树苗死光了"、"那鱼差不多捕绝了"、"那是三朵刚摘的花"、"那是我的几个老师"等句中，有表数量的范围副词"都"、"全"，有表数量的补语"光"、"绝"，有数量结构"三朵"、"几个"，所以这些"这"、"那"均属于复指。

即使表示复指的指示代词"这些"、"那些"中，真正表数量的也是数词"些"，也并非"这"、"那"。所以"这"、"那"本身虽然不表数量，但这并不影响其具备数量指代功能，正是由于受到指代的人、物或处所等数量的影响，"这"、"那"才被赋予了这一功能，包括复指功能。

4　古汉语中"这"、"那"复数指代功能之特点分析

通过考察发现，古汉语中"这"、"那"在指代复数时，也表现出了一些特点。主要表现为句中均有复指提示成分；另外其前如有先行词人称代词，对其单复数的使用会多少产生一定的影响。

4.1　句中有复指提示成分

根据前文的分析，"这"、"那"在指代复数时，其复指功能主要由句中指代的人、物或处所等的数量决定，数量超过两个时形成复数，"这"、"那"便被自然赋予数量复指功能。这时句中复数数量均通过一些成分来起到提示作用，我们不妨将这种成分称为复指提示成分。古汉语中这类复指提示成分有哪些呢？考察发现，主要有四大类：范围副词、数量补语、名词复数后缀"们"、数量短语。

4.1.1　范围副词充任复指提示成分

范围副词可以用来表示一定的数量 [5]，所以古汉语中很早就出现用单数指示代词结合范围副词表示复数的用法。在"这"、"那"大量使用前，汉语中主要用"此"、"彼"来表示"这"、"那"的指代功能，自先秦起就有"此"、"彼"与范围副词结合表复数的用例，如：

（20）晏子曰："此皆力攻勍敌之人也，无长幼之礼。"（《晏子春秋·谏下》）

（21）故国离寇敌则伤，民见凶饥则亡，此皆备不具之罪也。（《墨子·七患》）

（22）夫孝悌仁义，忠信贞廉，此皆自勉以役其德者也，不足多也。（《庄子·天运》）

（23）公都子曰："告子曰：'性无善无不善也。'或曰：'性可以为善，可以为不善……今曰'性善'，然则彼皆非与？"（《孟子·告子上》）

后世文献如：

（24）彼皆乐其业，供其情，昭昭而道冥冥，于是乃去其瞀而载之木，解其剑而带之笏。（《淮南子·道应训》）

（25）此皆学士所谓有道仁人也，犹然遭此灾，况以中材而涉乱世之末流乎？（《史记·游侠列传》）

（26）齐，王舅也；晋及鲁、卫，王母弟也；楚是以无分而彼皆有。（又《楚世家》）

（27）此皆不如吾萧何、曹参、韩信、樊哙等，亦易兴耳。（《新论·言体》）

（28）楚昭不穰云，宋景不移咎，子产距禳灶，邾文公违卜史，此皆审己知道，身以俟命者也。（《潜夫论·巫列》）

（29）翻指昭曰："彼皆死人，而语神仙，世岂有仙人也！"（《三国志·吴书·虞翻传》）

（30）其次有诸符，则有自来符……玉斧符十卷，此皆大符也。（《抱朴子·遐览》）

（31）若谓彼皆特禀异气，然其相传皆有师奉服食，非生知也。（又《对俗》）

"此"、"彼"的这一用法为"这"、"那"所继承，考察发现，至迟在元代即已出现"这"、"那"结合范围副词表复数的情况，如：

（32）我这裙带里这都是白矾，到那里望眼里则一抹，眼泪便下来。（杨显之《郑孔目风雪酷寒亭》第一折）

（33）这都是五十文开元通宝，成就下美夫妻三月桃天。（乔吉《李太白匹配金钱记》第四折）

明清文献如：

（34）假如李太白有《忆秦娥》、《菩萨蛮》，王维有《郁轮袍》，这都是词，又谓之"诗馀"，唐时名妓多歌之。（《今古奇观》第五十一卷）

（35）这都是魏爷差来的人，拿不得。（《明珠缘》第三十三回）

（36）他老魏说代娘出气，那都是浑话，中宫是个主母，他一个家奴，能奈何得他么？（《明珠缘》第三十回）

（37）假如维那、侍者、书记、首座，这都是清职，不容易得做。（《水浒传》第六回）

（38）那妇人道："这都是仓房、库房、碾房各房，还不曾到那厨房边哩。"（《西游记》第二十三回）

（39）那栗子、核桃、枣儿、柿饼、桃干、软枣之类，这都是各人山峪里生的。（《醒世姻缘传》第二十四回）

（40）至于老爹说，有受过我的惠的，那都是穷人，那里还有得还出来！（《儒林外史》第五十五回）

（41）六逆妻妾，唤做主娘，黄绢盖头，骑马跣足，这全是粤西西溪峒村媪。（《花月痕》第四十八回）

4.1.2 数量补语

汉语中有一些补语成分，在表程度、结果的同时，也表数量，如"光"、"绝"、"完"、"尽"等，这些补语所表数量均为复数。数量补语与指示代词"这"、"那"

相结合，则后者即表复指，如前文所举数例。又如：

（42）经过喷药，那蝗虫已经死光了。

（43）这人已经走完了，现在可以说了吧。

（44）哎，那鸟快捕绝了！

（45）这好话已经说尽了，还是不顶用。

古汉语中，数量补语与复指代词"这"、"那"相结合的情况，至迟在元代即已出现，不过文献所见不是太多，如：

（46）更将那天宫般盖造焚烧尽，则没那诸葛孔明，便待要博望烧屯。（《西厢记》第二本第一折）

明清文献也不是太多见，如：

（47）莲姑生的已是三岁，那疮痘已出完了，遂断了乳。（《续欢喜冤家》第二十一回）

（48）非是孩儿不遵你老人家的言语，皆因孩儿有几句言语，把我这话说完，爱杀爱剐任凭你老人家。（《小五义》第二百六回）

4.1.3 名词复数后缀"们"充任复指提示成分

"们"在古今汉语中常作名词或代词后缀表复数，因此"这"、"那"可与"们"（有时写作"每"）结合表示复数。考察发现，至迟元代即有此类用法，如：

（49）他们不服事你，待我责罚这厮们。（杨景贤《西游记》第十四出）

（50）那厮每言而无信，凡事惹人嗔，怕不关亲？怎将俺不瞅问。（武汉臣《散家财天赐老生儿》第四折）

（51）这厮每狐朋狗党，把我又出来，推在沟里。（贾仲明《吕洞宾桃柳升仙梦》第二折）

（52）你道有左慈术踢天弄井，项羽力拔山也举鼎，这厮们两白日把泥球儿换了眼睛。你例有那降魔咒，度人经，也出不的这厮们鬼精！（秦简夫《东堂老劝破家子弟》第二折）

明清文献也较多见，如：

（53）兀颜统军道："怎生便得这厮们来？"（《水浒传》第八十六回）

（54）乔道清教拿那厮们的军卒上来。（又第九十五回）

（55）原来那女子们只解了上身罗衫，露出肚腹，各显神通。（《西游记》第七十二回）

（56）那徒弟们没有个长进的人，我先不怕他德来感动，又不怕他势来相挟，我理他们则甚！（《醒世姻缘传》第四十二回）

（57）那衙役们早将魏家父女带到，却都是死了一半的样子。（《老残游记》

第十六回）

4.1.4　数量短语充任复指提示成分

　　数量短语在句子中可以紧跟在"这"、"那"后，也可被其他成分分开。前者如"这几个"、"那三个"、"这一伙"、"那一群"等，这种结构基本等同于"这些"、"那些"，其本身就是复数形式，这种形式本文暂不讨论。本文要讨论的是"这"、"那"以单数形式出现表示复数用法的情况，也就是后者即数量短语与"这"、"那"被其他成分分开的情况。这种情况中的"这"、"那"完全是单数形式，但却表示复数的意义。这种情况在现代汉语中大量存在，如：

　　（58）这是我今天买的几本书。

　　（59）这是老李给的几颗白菜。

　　（60）那是三根上好的竹子。

　　（61）那是您要买的两把扫帚。

　　在古汉语中，至迟在元代即已出现这一用法，如：

　　（62）想着那世人几个能全德，更几人伞寿？（宫天挺《死生交范张鸡黍》第三折）

　　元以后文献如：

　　（63）晁夫人道："这是俺族的几个人……你来的极好，就仗赖罢。"（《醒世姻缘传》第二十二回）

　　有时可与范围副词结合使用，如：

　　（64）晁源道："这都是几个丫头合家人媳妇，见在家里，行时一同起身就是。"（《醒世姻缘传》第十二回）

　　这种用法在元明清口语中应该较常用，但由于文献调查有限，找到的用例不是太多。

4.2　受到先行词人称代词一定的影响

　　另外，考察发现，"这"、"那"前有时会出现先行词人称代词来起到一定的强调作用。此时人称代词的单复数对"这"、"那"有一定的影响，一般是先行词如果是单数人称代词，则其后"这"、"那"多用单数形式表复数，如：

　　（65）叫你那同去赶那敬德的军士们来，我试问他一番。（关汉卿《尉迟恭单鞭夺槊》第二折）

　　（66）你这庄家们倒会受用快乐。（高文秀《黑旋风双献功》第三折）

　　（67）你这军士们不知！冤各有头，债各有主。（《水浒传》第三十三回）

　　（68）不是我们争嘴，堪恨你这厮们无道理！（又第八十三回）

　　（69）大王稳坐河心，待他脚踪响处，迸裂寒冰，连他那徒弟们一齐坠落水中

一鼓可得也！（《西游记》第四十八回）

当然这不是定律，单数人称代词后"这"、"那"同样可以是复数形式，如：

（70）一起吆喝道："你这些妖道们，快来受死！"（《三宝太监西洋记》第六十九回）

（71）他那些徒弟们也都上前凌辱，亏了宗举人拦救住了。（《醒世姻缘传》第三十五回）

（72）老师父死了，他这些徒弟们横竖都要跟着人去，倒不如早早的寻个头路。（《红楼复梦》第八回）

如果先行词是复数人称代词，则其后的"这"、"那"则多用复数形式，如：

（73）必是你们这些奴才索诈不遂，故此谋他性命。（《今古奇观》第七十七卷）

（74）你们这些和尚，忒小家子样！（《西游记》第八十一回）

（75）你们这些人良心是怎么做的！（《官场现形记》第二十三回）

（76）他们这些人通不在意，徐鹏子是个受过患难之人，听见便恻然动心。（《鸳鸯针》第四回）

（77）若前去探贺家堡……我去了恐怕不是他们这些人的对手。（《三侠剑》第六回）

复数人称代词先行词后"这"、"那"用单数形式的要相对少，如：

（78）智深喝一声道："你们这和尚好没道理！由洒家叫唤，没一个应。"（《水浒传》第六回）

（79）你们这行脚僧，怎么得许多钱财买办？（《西游记》第五十三回）

这种现象应该是与音节及说话的语调有关。人称代词先行词如果是单数，与其后的单数形式"这"、"那"搭配起来显得音节协调且语调简洁明快；人称代词先行词如果是复数，与其后复数形式的"这些"、"那些"搭配起来也显得音节协调，不过语调相对和缓一些。当然这不是绝对的，这种语用情况往往要与具体环境和使用者有一定关系。考察的情况既突出了"这"、"那"本身的一些使用特点，也符合整个汉语系统的发展规律。

综上所述，单数形式的指示代词"这"、"那"具备复数指代功能，这一功能主要是由于受到其所指代的人、物或处所等数量的影响而形成的。古汉语中"这"、"那"在指代复数时，表现出了一些特点，主要是句中有数量复指提示成分，同时先行人称代词也对其单复数形式产生一定的影响。数量复指提示成分主要有四大类：范围副词、数量补语、名词复数后缀"们"、数量短语。

参考文献：

[1] 罗竹风主编：《汉语大词典》（10 卷），汉语大词典出版社 1993 年版。

[2] 中国社会科学院语言研究所词典编辑室编：《现代汉语词典》，商务印书馆 2005 年版。

[3] 中国社会科学院语言研究所古代汉语研究室编：《古代汉语虚词词典》，商务印书馆 1999 年版。

[4] 吕叔湘主编：《现代汉语八百词》（增订本），商务印书馆 1999 年版。

[5] 杨伯峻、何乐士著：《古汉语语法及其发展》（修订本），语文出版社 2001 年版。

古代称"鱼"量词历时考察

　　量词是汉语词类中的重要一族，也是汉语数量表达的重要成分。学界对于量词的研究成果十分丰硕，对于这些成果本文不拟详细列举。在量词的研究成果中，量词的综合特征研究相对较多，主要是从量词本身作为出发点来进行史的或断代的考察[1]，不可否认这是一种常规的较好的研究方法。不过仅这种方法对于量词的研究还远远不够，我们在了解每个量词的总体特征的同时，还应该从事物本身角度出发来对其量词使用情况进行历时考察。这是因为不同事物除了对不同量词的选择不同外，即使对于相同量词的选择在历时层面上往往也不尽相同，所以我们既要善于从量词本身角度出发对其总体特征进行研究，又要善于从具体事物特性出发来研究其量词的特征，尽管学界对于这种方法已经有一些尝试，但还远远不够。

　　有鉴于此，本文主要针对称"鱼"量词的历时发展与更替情况进行考察，以探讨同类量词针对某一具体事物的使用特征。从文献来看，古代称"鱼"量词主要有两类，一是度量衡量词，二是物体数目量词，后者又分为个体量词和集合量词。本文将重点考察古代称"鱼"个体量词的历时发展与更替情况。

1　古代称"鱼"度量衡量词

　　从文献考察来看，古代称"鱼"度量衡量词使用频率较高，但古今变化不大，主要有"尺"、"寸"、"丈"、"斤"、"两"、"钧"等。如《养鱼经》："求怀子鲤鱼长三尺者二十头，牡鲤鱼长三尺者四头，以二月上庚日内池中，令水无声，鱼必生。"《汉书·货殖传·白圭》："鲐鮆千斤，鲰鲍千钧。"又《五行志中之下》："成帝永始元年春，北海出大鱼，长六丈，高一丈。"《论衡·变虚》："鱼长一尺，动于水中，振旁侧之水，不过数尺。"《天禄阁外史·时势》："有三寸之鱼畜于方渚……以为是鱼之所逝而息也。"《搜神记》卷二十："港有巨鱼，重万斤，三日乃死，合郡皆食之。"《金楼子·兴王》："武王渡河伐纣，中流，白鱼跃入舟，长一尺四寸。"《隋书·五行志下》："至女垣之下，有穴，其中得鲤鱼，长七尺余。"《朝野金载》卷四："有鱼长一二寸，来去有时，盖水上如粥。"《广异记·张纵》："便被所白之吏引至河边，推纵入水，化成小鱼，长一寸许。"郑谷《淮上渔者》："一尺鲈鱼新钓得，儿孙吹火荻花中。"《宣室志·石旻》："其家僮网得一鱼，长数尺，致于舍。"李文蔚《同乐院燕青博鱼》第二折："这尾鱼重多少斤两？要多少钱钞？你则实说咱。"《谷山笔麈》卷二："又一二玉盆，盆中养小金鱼寸许，上所玩弄也。"《东周列国志》第十八回："南山灿，白石烂，中有鲤鱼长尺半。"《醒世恒言》第二十六卷："何须别向龙门去？自有神鱼三尺长。"《补红楼梦》第二十七回："会赊旧酿升余酒，为有新鲜尺半鱼。"《初刻拍案惊奇》卷十九："小弟申春今日江上获得两个二十斤来重的大鲤鱼。"《彭公案》第四十八回："买十个鸡子，若有鱼要二斤来。"

从以上例句的历时考察来看，古代称"鱼"度量衡量词总体变化不大，不过偶尔也有用实物描述的方式来充任量词的，如《庸闲斋笔记》卷五："水满其中，蓄鱼数十头，长约一指。"其中"指"虽是普通名词，但此处功能上相当于充任度量衡性质的量词，这类称"鱼"量词在文献中所见并不多。

2 古代称"鱼"集合量词

从文献来看，涉"鱼"集合量词出现相对较少，这与文献所见相关例句不多有一定关系。涉"鱼"集合量词主要由表数量与容量方面的词语构成，就本文检索来看，主要有"双"、"对"、"担"、"筐"、"盘"、"亩"等词，当然这仅仅是从文献考察来看，实际日常口语使用中肯定要丰富得多。如苏轼《东坡八首》其一："去为柯氏陂，十亩鱼虾会。"《清波杂志·遗留物》："密饷金澜酒二尊，银鱼、牛鱼各一盘。"元无名氏《刘玄德醉走黄鹤楼》第三折："我扮做个渔夫，将着这对金色鲤鱼，黄鹤楼上推献好新，走一遭去。"《三宝太监西洋记》第三十二回："鲜鱼五十担，腌鱼一百担。"《二刻拍案惊奇》卷十六："宰了一口猪、一只鸡，买了一对鱼、一壶酒。"《栖霞阁野乘》卷上："初三日早，出胥门，行十余里，渔人献银鱼两筐，乃命渔人撒网，又亲自下网，获大鲤二尾。"

3　古代称"鱼"个体量词

从汉语量词的总体使用情况来看，上古汉语中个体量词使用较少，数目表达时往往只用数词不用量词[2][3]，称"鱼"时亦如此，如《逸周书·度训》："十二来：一弓二矢归射，三轮四舆归御，五鲍六鱼归蓄，七陶八冶归灶，九柯十匠归林，十一竹十二苇归时。"《仪礼·士昏礼》："举肺脊二、祭肺二、鱼十有四。"又《公食大夫礼》："鱼七，缩俎寝右。"又《少牢馈食礼》："司士又升鱼、腊，鱼十有五而鼎，腊一纯而鼎。"《战国策·魏策四》："魏王与龙阳君共船而钓，龙阳君得十余鱼而涕下。"后世也有少量称"鱼"不用量词的，其中有些见于诗歌，如卢仝《直钩吟》："三十持钓竿，一鱼钓不得。"柳棠《答杨尚书》："一鱼吃了终无愧，鲲化为鹏也不难。"《括异志·高阆》："各钓一鱼，以资语笑，然不得取蟹。"《初刻拍案惊奇》卷七："刺史与郡人毕集，见有一白鱼，长五六寸。"现重点说说古代称"鱼"个体量词的使用情况。

3.1　先秦时期

先秦称"鱼"个体量词极少，《养鱼经》中出现两例，为"枚"与"头"，即"至来年二月，得鲤鱼长一尺者一万五千枚，三尺者四万五千枚，二尺者万枚。"又"求怀子鲤鱼长三尺者二十头，牡鲤鱼长三尺者四头，以二月上庚日内池中，令水无声，鱼必生。""枚"是古汉语中常见量词，先秦即已出现，又如《墨子·备高临》："用弩无数，出人六十枚。"量词"枚"可指无生命或有生命事物，相当于"个"、"只"、"条"、"块"、"件"、"支"等量词[4]，"枚"作量词最初当源于其树枝或树干之条状或条块状之义。"头"也是古汉语中常见量词，相当于"个"、"匹"、"只"、"尾"、"件"等[5]，"头"作量词最初当源于物体的重要部位头部，头部代表了事物本身，因而可以用来计数。量词"头"主要见于中古以后的文献，口语性较强，《养鱼经》中用"头"称"鱼"是非常早的用例。

3.2　两汉时期

汉代称"鱼"个体量词仍不多见，主要还是用"枚"来称"鱼"。如《汉官旧仪》卷下："用鱼鳖千枚以上，余给太官。"《汉书·五行志中之下》："哀帝建平三年，东莱平度出大鱼，长八丈，高丈一尺，七枚，皆死。"

3.3　魏晋南北朝时期

魏晋南北朝时，称"鱼"个体量词主要仍是"枚"和"头"，此期个体量词的总体出现频率明显增加，尤其量词"头"的增加情况更为显著。从文献考察来看，

"枚"和"头"在相对比率上大致相当。在检得的十一个用例中,"枚"占六例,"头"占五例。

"枚"的用例如《三国志·吴书·薛综传》:"侵虐百姓,强赋于民,黄鱼一枚收稻一斛,百姓怨叛。"《搜神记》卷六:"至永始元年春,北海出大鱼,长六丈,高一丈,四枚。哀帝建平三年,东莱平度出大鱼,长八丈,高一丈一尺,七枚。皆死。灵帝熹平二年,东莱海出大鱼二枚,长八九丈,高二丈余。"又卷七:"太康中,有鲤鱼二枚,现武库屋上。"

"头"的用例如《搜神记》卷十八:"言讫,有鲤鱼数十头,飞集堂下,坐者莫不惊悚。"《南齐书·祥瑞志》:"永明五年,南豫州刺史建安王子真表献金色鱼一头。"又《五行志》:"永元元年四月,有大鱼十二头入会稽上虞江。"

3.4 唐代时期

唐代称"鱼"个体量词中,"枚"已经极少用了,主要为"头",另外"个""尾"也开始出现。在检得的十一个用例中,"头"占了七例,"个"占了两例,"尾"见一例,"枚"见一例。

"头"的用例如《朝野金载》卷四:"土中得鱼数十头,土有微润。"《贞观政要·杜谗邪》:"又潜饲羊百余口、鱼数千头,将馈贵戚。"《封氏闻见记》卷八:"余家井中有鱼数十头,因有急,家人以药杼投之于井,信宿鱼皆浮出,知鱼亦畏铁焉。"柳宗元《小石潭记》:"潭中鱼可百许头,皆若空游无所依。"李贺《江南弄》:"鲈鱼千头酒百斛,酒中倒卧南山绿。"《历代崇道记》:"衢州为建观宇,穿地得鱼一头,长三尺。"

个体量词"个"在先秦即已出现,可专称"竹子",也可称呼其他事物,尤其没有专用量词的事物往往用"个"称呼。[6]"个"相对较俗,《仪礼·士虞礼》:"举鱼腊俎,俎释三个。"郑玄注:"个,犹枚也。今俗或名枚曰个,音相近。"文献中"个"用来称"鱼"相较于称其他事物明显要晚,此期两例为吕岩《豆叶黄》:"一个鱼儿无觅处,风和寸,玉龙生甲归天去。"杜荀鹤《钓叟》:"渠将底物为香饵,一度抬竿一个鱼。"

量词"尾"当由"尾巴"、"末梢"义特征而逐渐演变而来的,至迟在唐代即已出现。[4]主要用来称"鱼",有时也可称其他事物,如梅尧臣《阻风秦淮令狐度支寄酒》:"江船百尾泊深湾,铁缆千环系长轴。"此期称"鱼"量词"尾"用例为柳宗元《游黄溪记》:"有鱼数百尾,方来会石下。"[5]

此期"枚"的用例为《广异记·齐浣》:"头边鲤鱼五六枚,各长尺余。"

3.5 宋代时期

宋代时，称"鱼"个体量词与唐代大致没什么差别，在检得的十一个用例①中，"头"占六例，"枚"占三例②，"个"占两例，本文暂没检得"尾"的用例，这应与语料检索范围有关，不过可以推测此期量词"尾"的出现频率应较低。

"头"的用例如《洛阳缙绅旧闻记》第五："其役徒中有恶少者，讫引手探而取出，乃一头鲤鱼。"《云笈七签》卷二十八："山高二百八十丈，前有池水，水中神鱼五头。"《续夷坚志·济水鱼飞》："平旦无风云，忽空中堕鱼七八头，不知所来。"又《魏相梦鱼》："参知政事魏子平嗜食鱼，厨人养鱼百余头，以给常膳。"

"枚"的用例为《东京梦华录》卷七："钓出活小鱼一枚，又作乐，小船入棚。"《醴泉笔录》卷下："自淮属北海，江南无鳆鱼，有饷三十枚者，一枚直千钱。"

"个"的用例为《玉壶清话》卷九："二月江南山水路，李花零落春无主，一个鱼儿无觅处。"《东京梦华录·娶妇》："女家以淡水二瓶，活鱼三五个，箸一双，悉送在元酒瓶内。"

另外一例为"只"，即《南部新书·乙》："西蕃诸国通唐使处，置铜鱼雄雌相合十二只，皆铭其国名第一至十二，雄者留内，雌者付本国。"从此例不难看出，这里的"只"应是临时性的特殊用法，是指"铜"质的"雄雌相合"体，是针对一种小物品而言，而非一种有生命的单个个体"鱼"。古代事物用个体量词"只"较常见，量词"只"在唐以前就已出现，如《后汉书·王乔传》："于是候凫至，举罗张之，但得一只舄焉。"[7]

3.6 元代时期

元代时，称"鱼"个体量词的使用情况较宋代发生了一定的变化，主要是此期"个"的出现频率大为增加。在检得的七例中，"个"占五例，"尾"占三例。本文没有检到"头"的用例，不过从明清情况来看，此期"头"应该仍有一定用量，不过可以看出，此期"头"的出现频率无疑已大大降低。

"个"的用例如杨显之《临江驿潇湘秋夜雨》第二折："大人，那个鱼儿不会识水。"刘君锡《庞居士误放来生债》第二折："却原来都是俺冤家俫债主，我本待要除灾种福，我倒做了一个缘木的这求鱼。"谷子敬《吕洞宾三度城南柳》第三折："旋沽村酒家家贱，自钓鲈鱼个个鲜。"无名氏《包待制陈州粜米》第二折："我是个漏网鱼，怎再敢吞钩？"

"尾"的用例为宫天挺《严子陵垂钓七里滩》第二折："您道我不达时务，我是个避世严陵，钓几尾漏网的游鱼。"杨景贤《西游记》第一本第一出："夫人，夜来我买得一尾金色鲤鱼。"《金史·礼志四·杂仪》："祫享牺牲品物，按唐《开元礼》宋《开宝礼》每室犊一、羊一、猪一，《五礼新仪》每室复加鱼十有五尾。"

3.7　明代时期

明代时，称"鱼"个体量词主要为"个"、"尾"，另外还有"头"、"条"，其中"个"的出现频率最大，其次为"尾"，"尾"较以前频率增加明显，"头"的出现频率相对降低明显，"条"为此期新出现的称"鱼"个体量词。在所检得的二十七例中，"个"占十三例，"尾"占十一例，"头"占五例，"条"占一例。

"个"的用例如《西游记》第六回："大圣又将身按下，入涧中，变作一个鱼儿，淬入水内。"《三宝太监西洋记》第九十七回："一毂碌钻到西海里面去了，变做一个鱼，摆摆摇摇，权且安住身子。"《今古奇观》第六卷："风过处，只闻得豁刺一声响，半空中坠下一个青鱼，有一丈多长。"《石点头》第二回："一片石一滴水，一个鲤鱼难摆尾。"又第十四回："一钓一个，一连钓了十来个，最后来得了一个大鱼，龙阳汪汪的哭将起来。"

"尾"的用例如《三遂平妖传》第八回："双手去捞，捞出一尾三尺长鲤鱼来。"《王阳明全集·悟真录》："碟骨一块，碟鱼一尾。"《菽园杂记》卷十二："又一日潮长时，鱼大小数千尾，皆无头，蔽江而过。"《西游记》第四十九回："且见那篮里亮灼灼一尾金鱼，还斩眼动鳞。"《今古奇观》第三十一卷："忽一日有司进到金色鲤鱼一尾，约长三尺有余。"

"头"的用例如《英烈传》第五十八回："买大鱼数头，鳝鱼数斤。"《西湖梦寻·岣嵝山房》："乃潴溪为壑，系巨鱼数十头。"

"条"的一例即《警世通言》第二十卷："是一条金鳗。""条"作量词至迟在汉代即已出现，最初当源于物体的长条形状，后亦可用于抽象事物[6]，如班固《西都赋》："披三条之广路，立十二之通门。"刘勰《文心雕龙·指瑕》："凡巧言易标，拙辞难隐，斯言之玷，实深白圭，繁例难载，故略举四条。"但"条"作称"鱼"量词却相对滞后多了，本文仅在明代文献检得一例。

3.8　清代时期

清代时，称"鱼"个体量词主要有"尾"、"个"，"尾"的出现频率已经超过"个"，另外"条"、"头"也有一定用例，"头"出现频率相较明代又有所下降，"条"则呈现增加趋势。另外还检得一例"枚"的用例，此期用"枚"应是一种临时性的仿古或方言用法。在所检得的四十一例中，"尾"占二十二例，"个"占十一例，"条"占三例，"头"占四例，"枚"占一例。

"尾"的用例如《聊斋志异·鼋神》:"祠前有池,池水清澈,有朱鱼数尾游泳其中。"《醒世姻缘传》第五十四回:"又叫狄周买了两尾鱼,六个螃蟹,面筋,片笋之类。"《歧路灯》第六十回:"有两尾大鱼,并有新蘑菇。"《红楼梦》第二十六回:"这么大的大西瓜,这么长一尾新鲜的鲟鱼。"《施公案》第三百十五回:"有酒一樽鱼一尾,陶然醉卧便神仙。"《花月痕》第三十五回:"停了一会,又变出三尾鳊鱼,俱是活的。"

"个"的用例如《醒世姻缘传》第二十回:"每人出了分,把银子买了一个猪头、一个鸡、一个烂鱼、一陌纸,使两个人抬了。"《红楼梦》第五十三回:"鲟鳇鱼二个,各色杂鱼二百斤,活鸡、鸭、鹅各二百只。"《曾国藩文集·军事篇·攻克安庆须以坚静二字持之》:"并鱼二坛,又干鱼二个。"《红楼复梦》第七十三回:"众人见那影儿被水光晃着,很像一个小鱼飘来荡去。"

"条"的用例如《歧路灯》第八十七回:"大猪脖,肥羊腿,十斤重大鲤鱼两条,鸡鸭八只。"《薛刚反唐》第八十三回:"见一道红光直冲云汉,飞出一条金鱼,在空中一滚,变成一条火龙。"

"头"的用例如《庸闲斋笔记》卷五:"水满其中,蓄鱼数十头,长约一指。"《熙朝新语》卷十五:"初见潭水甚清,一无鳞介,俄顷忽见有红白鱼数头出没其间。"

"枚"的一例即《续眉庐丛话》:"其自奉敝衣粝饭菜羹而已,或时丰腆,则鱼鳎数枚耳。"

从以上历时考察不难看出,自先秦至清代,称"鱼"个体量词一直处于一个不断发展与更替的过程之中。先秦两汉时称"鱼"个体量词极少,用例也不多见,主要为"枚",此期"头"也在兴起;魏晋南北朝时主要还是"枚"与"头",其中量词"头"的出现频率增加显著,"枚"与"头"相对出现比率基本持平;唐代时,称"鱼"量词"枚"已经极少用了,主要为"头",另外"个"、"尾"也开始出现或兴起;宋代与唐代差别不大;元代时,"个"的出现频率大为增加;明代时,称"鱼"个体量词主要为"个"、"尾",另外还有"头"、"条"。其中"个"的出现频率最大,其次为"尾","尾"较以前出现频率增加明显,"头"则大为降低,"条"为此期新出现的称"鱼"个体量词。清代时,称"鱼"个体量词主要有"尾"、"个",其中"尾"的出现频率已经超过"个",另外"头"、"条"也有一定用量,"头"出现频率相较明代有所下降,"条"则呈现增加趋势。在现代汉语普通话口语中,称"鱼"个体量词主要是"条",书面语中多用"条",有时也可用"尾",方言中也可用"个",或其他如"枚"、"头"等。个体量词最初主要来源于某类事物的外在形象,"条"、"尾"、"个"、"枚"、"头"等均如此,又如内蒙古巴林左旗方言将"带鱼"称作"根"③,也是源于"带鱼"的特别的长条形状。

可见，称"鱼"个体量词的发展与更替，既离不开词汇系统尤其量词系统的总体发展，又离不开量词称量的外在形象因素。如当形象性更强的称"鱼"量词"尾"出现前，称"鱼"量词只能借用形容其他事物形象的"枚"、"头"等，"尾巴"是"鱼"的标志性部位，用"尾"称"鱼"比"枚"、"个"甚至"头"等显然更加形象，因而唐宋以来量词"尾"的出现频率越来越大；但如果"尾"与"条"相比，显然后者更能突出"鱼"的总体长条形象，这样，明清以来直到现代汉语中，称"鱼"量词"条"的使用逐渐增加，到现代汉语口语中最终战胜了"尾"，成为最主要的称"鱼"个体量词。

为直观起见，下面用符号④形式将本文称"鱼"个体量词的考察情况大致反应如下：先秦两汉：枚›头→魏晋南北朝：枚↓≈头↓→唐宋：头↓›个↓›尾↓、枚→元代：个↑›尾↓›头↓→明代：个↓›尾↓›头↓›条→清代：尾↑›个↓›条↓›头›枚仿→现代汉语普通话口语：条↑。

4 古籍中称"鱼"个体量词混用现象

前文主要从历时层面考察分析了古代称"鱼"个体量词的发展与更替情况。另外，通过对文献的考察还发现，古代称"鱼"个体量词在共时层面的发展过程中，往往存在混用现象，主要体现在同一作者作品或同一部古籍中。

4.1 同一作者作品中的混用现象

正是由于称"鱼"个体量词发展与更替的不间断的进行，同一作者不同作品中有时存在量词混用现象。这里以明代冯梦龙与张岱作品为例，冯梦龙《警世通言》第二十卷："是一条金鳗。"这里用到量词"条"，而《醒世恒言》则用到量词"个"，如第二十六卷："闻得往常间人求的皆如活见一般，不知怎地我们求的却说起一个鱼来，与相公的病全无着落。"《喻世明言》又用到量词"尾"，如第三十八卷："刚得一霎时买得一尾鱼，一只猪蹄。"张岱《陶庵梦忆·岣嵝山房》用到量词"头"："乃潴溪为壑，系巨鱼数十头。有客至，辄取鱼给鲜。"而《西湖梦寻》则除了用"头"外，还用"尾"，如《韬光庵》："至庵，入坐一小室，峭壁如削，泉出石罅，汇为池蓄金鱼数头。"《玉泉寺》："中有五色鱼百余尾，投以饼饵，则奋鬐鼓鬣，攫夺盘旋，大有情致。"这类用例不太容易搜集，这里仅举以上两例以略见一斑。

4.2 同一部古籍中的混用现象

从调查来看，明清以前同一部古籍中混用的情况相对不多，本文仅于《搜神记》

中见到数例。《搜神记》中多用"枚",如卷六:"至永始元年春,北海出大鱼,长六丈,高一丈,四枚。哀帝建平三年,东莱平度出大鱼,长八丈,高一丈一尺,七枚。"卷七:"太康中,有鲤鱼二枚,现武库屋上。"不过也有用"头"的情况,如卷十八:"言讫,有鲤鱼数十头,飞集堂下,坐者莫不惊悚。"

明清文献混用现象相对最为明显,明代如《西游记》称"鱼"量词多用"个",如第六回:"大圣又将身按下,入涧中,变作一个鱼儿,淬入水内。"第七十三回:"他就跳下水,变作一个鲇鱼,在我们腿裆里钻来钻去,欲行奸骗之事,果有十分惫懒!"有时也用"尾",如第四十九回:"但见那篮里亮灼灼一尾金鱼,还斩眼动鳞。"又如《今古奇观》称"鱼"量词多用"个",如第六卷:"风过处,只闻得豁刺一声响,半空中坠下一个青鱼,有一丈多长。"第三十二卷:"本有一只渔船,为嫁女儿,也卖掉了,要捉个把鱼儿变钱,渔具都无。"第六十三卷:"明日午时弯弓在江面上,江中两个大鱼相战,前走者是我,后跟者乃是小龙。"但也有用"尾"的情况,如第三十一卷:"忽一日,有司进到金色鲤鱼一尾,约长三尺有余,两目炯炯有光,将来作御膳。"

清代文献相对更多,如《醒世姻缘传》,多用"尾",如第二十五回:"次日,薛教授的夫人也叫人称了五斤猪肉、两只鸡、两尾大鲫鱼。"第三十四回:"一面说话,一面上了两碗摊鸡蛋、两碗腊肉、两碗干豆角、一尾大鲜鱼。"第五十四回:"又叫狄周买了两尾鱼,六个螃蟹,面筋、片笋之类。"又用"个",如第二十回:"每人出了分,把银子买了一个猪头、一个鸡、一个烂鱼、一陌纸,使两个人抬了。"又如《歧路灯》,多用"尾",如第六十回:"有两尾大鱼,并有新蘑菇。"第三十三回:"还有二斤把鲤鱼二尾,五斤鲜肥羊肉。"又用"条",如第八十七回:"大猪脬,肥羊腿,十斤重大鲤鱼两条,鸡鸭八只。"又如《红楼梦》,称"鱼"量词多用"个",如第五十三回:"鲟鳇鱼二个,各色杂鱼二百斤,活鸡、鸭、鹅各二百只。"第八十一回:"刚才一个鱼上来,刚刚儿的要钓着,叫你唬跑了。"又用"尾",如第二十六回:"这么大的大西瓜,这么长一尾新鲜的鲟鱼。"又如《红楼复梦》,称"鱼"量词多用"个",如第五十四回:"两人正问答的十分高兴,只见前面波涛汹涌,雪浪如山,一个大鱼扬波鼓浪而来。"第七十三回:"众人见那影儿被水光晃着,很像一个小鱼飘来荡去。"也用"尾",如第十三回:"柳太太吩咐玉友,买几尾好鱼给梦玉吃饭,再叫他多买些菱藕莲蓬来下酒。"又如《栖霞阁野乘》,可用"尾",可用"头",如卷上:"初三日早,出胥门,行十余里,渔人献银鱼两筐,乃命渔人撒网,又亲自下网,获大鲤二尾。"卷下:"池底泥土中,获鲫鱼十余头,长巨尺余而无目,大约埋于地下六七百年之故。"

另外,古籍中偶尔也有同一句中使用不同称"鱼"量词的情况,但这种情况毕竟较为少见，《醴泉笔录》中出现一例，即卷下："自淮属北海，江南无鳆鱼，有饷三十枚者，一枚直千钱，不以头数之。"

以上量词混用现象说明，在称"鱼"个体量词发展历程中，量词之间处于一个不断兴衰变化的过程，同一个具体历史时期中，总有一个或一个以上主要的常用量词，同时也有次要量词可供选择，称"鱼"个体量词的选择往往是多样性的。最后需要指出的是，称"鱼"个体量词的发展更替与量词在汉语史中的总体发展演变情况并非完全一致，因为个体事物对量词的选择既具有共性，也存在着个性特征。就拿量词"条"来说，尽管"条"作个体量词至迟在汉代即已出现，但"条"用来称"鱼"则主要是明清时期，时间上要滞后许多；再如量词"根"，"根"作个体量词至迟在南北朝即已出现，如贾思勰《齐民要术·种槐柳楸梓梧柞》："一亩二千一百六十根，三十亩，六万四千八百根。"[4] 但据前文可知，"根"用来称"鱼"则仅见于某些方言的某些特殊用法。正因为个体事物对相同量词的选择性往往不同，所以我们既要善于从量词本身角度出发对其总体特征进行研究，也要善于从具体事物特性出发来研究其量词的特征。

注释：

①此期还检得一个类属量词"种"的用例：《宾退录》卷五："溪中别有一种小鱼，他处所无。"

②有两例为《醴泉笔录》中用例，且为重复叙述，可视为一例。具体用例见下文。

③此条为张鹏丽博士提供，巴林左旗方言为其家乡方言。

④"〉"表示两者相对出现比率的大小，"↑"表示相较以前出现频率有所增加，"↓"表示相较以前出现频率有所下降，"兴"表示此期新出现的量词，"仿"表示临时性的仿古用法。

参考文献：

[1] 刘世儒：《魏晋南北朝量词研究》，中华书局 1965 年版。

[2] 王力：《汉语语法史》，商务印书馆 1989 年版。

[3] 杨伯峻、何乐士：《古汉语语法及其发展》（修订本），语文出版社 2001 年版。

[4] 罗竹风主编：《汉语大词典》（第4卷），汉语大词典出版社 1989 年版。

[5] 罗竹风主编：《汉语大词典》（第12卷），汉语大词典出版社 1993 年版。

[6] 罗竹风主编：《汉语大词典》（第1卷），汉语大词典出版社 1986 年版。

[7] 罗竹风主编：《汉语大词典》（第3卷），汉语大词典出版社 1989 年版。

古代表"竹"义名词及其量词使用情况考察

被称为"四君子"的"梅兰竹菊",因其象征着君子的清高品德,千百年来一直是我国传统诗画大家笔端的绝好题材。其中,"四君子"之一的"竹"还是上好的建筑材料和风景植物,也是珍稀动物国宝大熊猫的首选美食。竹文化在我国历史悠久,甲骨文中就有"竹"字。[1]《说文·竹部》:"竹,冬生草也。"[2]《汉语大词典》:"竹,一种多年生的禾本科木质常绿植物。"[3]古代重要的书写材料"简"和信物"符"最初也都是用竹子做的。汉字中以"竹"作为形符的字很多,仅《现代汉语词典》所收录的就有两百多个。[4]可见,我国自古以来就是一个竹文化大国。那么,作为承载竹文化重要信息的主要词语"竹"、"竹子"在古代是一个怎样的使用情况呢,古代称"竹"、"竹子"的量词又是一个怎样的使用情况呢?有鉴于此,本文重点考察古代表"竹"义主要名词"竹"、"竹子"及其量词的使用情况,以便于增强对古汉语词汇特点及古代竹文化的进一步了解。

1 "竹"、"竹子"在表"竹"义名词中的地位

由于竹文化的繁盛,汉语中关于竹类词语非常多,单音词如竺、笍、笌、笓、笒、饮、竂、篚、笛、笣、笧、笧、筀、笝、笧、筛、竹、筡、笨、笪、筰、筱、笕、筡、箂、筞、箟、箐、箖、筎、箞、椑、箌、箸、箭、箸、箽、篁、簊、斢、箵、箸、篴、簲、笿、篸、筭、篸、簬、簵、簗、簉等;双音词如箃笪、绿玉、绿卿、青君、绿粉、青筡、青襕、绿筡、青簲、翠筡、翠篁、绿筱、翠筱、苍筥、青箸、笏竹、笏木、篴竹、苞竹、筡竹、簾竹、筡竹、笋箈、笿笁、笻籣、筥簵、筱筱、篴竹、筅箫、笪篁、筱篇、笪篁、箃笪、竹子等;多音词如箃笪君、绿玉君等。以上这些词语中,大部分是名词,有的是竹的别称,如绿粉、

绿卿、绿玉君等；有的是竹的一种，如筎、箣、箹、筸、籙、青筹、筇竹、笋箬、筇作、簏竹、箘籫、簐箊、篦籙等；也有的是竹的通称或泛称，主要有竹、竺、笁、篁、繎、竹子、筥篁、筱篗、筥篁等。其中"竹"、"竹子"最为通用。

从理论上讲，通用词语的生命力往往要远远强于别称或属类名词等。从文献来看，词语"竹"、"竹子"分别占据着表"竹"义名词中单音词和复音词的主导地位，这与"竹"的语义相对单一以及"竹"作为通用词语的功能有关，而"竹子"则是"竹"双音化的结果。

2 词语"竹"、"竹子"的历时使用情况

从文献来看，词语"竹"在先秦即较多出现，如《诗经·卫风·淇奥》："瞻彼淇奥，绿竹猗猗。"《周礼·夏官司马》："其利金锡竹箭。"《左传·襄公十八年》："焚申池之竹木。"《国语·楚语下》："又有薮曰云连徒洲，金木竹箭之所生也。"

先秦以后文献中，词语"竹"所见更为频繁，汉代如东方朔《七谏·初放》："更娟之修竹兮，寄生乎江潭。"《史记·大宛列传》："臣在大夏时，见邛竹杖、蜀布。"《西京杂记》卷三："八月四日出雕房北户竹下围棋，胜者终年有福，负者终年疾病。"《说苑》卷第十九："伶伦自大夏之西，乃之昆仑之阴，取竹于嶰谷。"魏晋南北朝如《文心雕龙·才略》："是则竹柏异心而同贞，金玉殊质而皆宝也。"《南齐书·张冲传》："前使君忠贯昊天，操逾松竹。"《魏书·西域传》："地平，温和。有苜蓿、杂草、奇木、楄、槐、梓、竹。"唐及五代如王绩《古意六首》其一："竹生大夏溪，苍苍富奇质。"《玄怪录·柳归舜》："其外尽生翠竹，圆大如盘，高百余尺。"于兴宗《东阳涵碧亭》："高低竹杂松，积翠复留风。"阎选《临江仙》："十二高峰天外寒，竹梢轻拂仙坛。"宋代如《朱子语类·孟子七》："荡，小节竹，今使者谓之'荡节'也，刻之为符。"刘学箕《贺新郎·再韵赋梅》："竹外一枝斜更好，玉质冰肌粲雪。"彭元逊《月下笛》："江上行人，竹间茅屋，下临深窈。"元代如马致远《邯郸道省悟黄粱梦》第三折："幽窗下寒敲竹叶，前村里冷压梅梢。"王伯成《太白贬夜郎》第一折："不向竹溪翠膨，决恋着花市清香。"明代如《菽园杂记》卷六："徽州歙县地名篁墩，本以产竹得名，民以黄易之，亦得免祸。"《西游记》第八十五回："林内松千干，峦头竹几竿。"《封神演义》第二十八回："金门外几株君子竹，玉户下两行大夫松。"清代如《平山冷燕》第十七回："再看脂粉为何物，笔竹千竿墨一池。"《歧路灯》第八十八回："休说是药栏花畦没了踪迹，就是几棵老梅，数竿修竹，也都向无何有之乡搬家去了。"《红楼梦》第三十四回："窗前亦有千竿竹，不识香痕渍也无？"《海上花列传》第三十八回："阶下万竿修竹，绿荫森森，仅有一线羊肠曲径。"直到现代汉语中

词语"竹"仍活跃在文学创作或部分复音词中。

"竹子"是"竹"的双音节词，是汉语复音化的结果。"竹子"与"竹"的出现是不同步的，"竹"在先秦即已出现，而"竹子"则出现相对较晚。"竹子"一词较早见于隋唐吴歌，如《乐府诗集·清商曲辞四·黄竹子歌》："江边黄竹子，堪作女儿箱。"唐李康成曰："《黄竹子歌》、《江陵女歌》，皆今时吴歌也。"明代以前，文献中"竹子"所见不多，又如宋朱肱《酒经》卷下："取时以细竹子一条，头边夹少新绵，款款抽屑子，以器承之。"元刘君锡《庞居士误放来生债》第三折："我会编笊篱，鹿门山外有一园竹子，着凤毛孩儿斫将来，我一日编十把笊篱。"

直到明代文献，词语"竹子"才多见起来，如《王阳明全集·知行录之三·传习录下》："初年与钱友同论做圣贤，要格天下之物，如今安得这等大的力量？因指亭前竹子，令去格看。"《三宝太监西洋记》第十三回："树木便有根，竹子便有根，不曾见个水说甚么有根没根，我不会诌，得另寻一个来诌罢。"《封神演义》第十五回："况后园又有竹子，砍些来，劈些篾，编成笊篱，往朝歌城卖些钱钞，大小都是生意。"《醒世恒言》第二十七卷："和尚收拾衣钵被窝，打个包儿，做成一担，寻根竹子，挑出庵门。"《今古奇观》第六卷："门前四扇看阶，中间两扇大门，门外避藉陛，坡前却是垃圾，一条竹子横夹着。"《明珠缘》第十七回："进忠饿不过，只得忍着疼捱起来，拄着竹子，一步步捱进城来。"

清代文献中"竹子"一词已经很常见了，如《儒林外史》第二十八回："内中又有参天的大木，几万竿竹子，那风吹的到处飕飕的响，中间便是唐玄奘法师的衣钵塔。"《红楼梦》第二十三回："我心里想着潇湘馆好，爱那几竿竹子隐着一道曲栏，比别处更觉幽静。"《二十年目睹之怪现状》第九回："一面是画的几根淡墨水的竹子，竹树底下站着一个美人，美人手里拿着把扇子，上头还用淡花青烘出一个月亮来。"《红楼梦补》第十五回："我舅舅家后园子里也有几丛竹子，我瞧着就想起这里的光景来，再料不到林姑娘已经回南去了。"《幻中游》第二回："进了这门，迎门是一池竹子。"《三侠剑》第三回："只见那小孩奔竹林近处，银龙心中暗想，竹子有四五寸粗，一根挨着一根，他决钻不进去。"

现代汉语中，表"竹"义词语主要单音词"竹"和双音词"竹子"，其中"竹子"的使用更为频繁，无论书面语或口语，"竹子"一词均可广泛使用，而单音词"竹"主要见于书面语或与其他词语主要是单音节词搭配使用。

3　词语"竹"、"竹子"的量词历时使用情况

由于竹文化的繁盛，人们日常生活中要经常提到竹子，这就涉及一个称呼时的

量词问题。表竹子的量词是一个什么情况呢？根据所表物体数量多少的不同，量词又可以分为个体量词和集合量词，个体量词用于个体事物，集合量词则用于集合事物。[5][6][7] 表竹子的量词也分为两大类。

3.1 "竹"、"竹子"个体量词的使用情况

先看表"竹"的个体量词情况。竹子属于木质类植物，可归入树木大类。关于树木类个体量词，古汉语中有不少，如"树"、"株"、"栽"、"棵"、"颗"、"根"、"枝"、"个"、"本"、"条"、"头"、"竿"等，这些树木类量词出现时间有早有晚，有的在先秦即已出现，如"株"、"本"；有的则相对出现较晚，如"个"主要出现于汉代，"根"、"枝"、"条"主要出现于唐代，"棵"主要始见于元代，等等。[8] 具体到"竹"的个体量词，从文献调查来看，宋代以前很难发现个体量词，基本是无数量词的统称，如《左传·襄公十八年》："焚申池之竹木。"《史记·龟策列传》："竹外有节理，中直空虚；松柏为百木长，而守门闾。"《世说新语·伤逝》："吾昔与嵇叔夜、阮嗣宗共酣饮于此垆，竹林之游，亦预其末。"张九龄《立春日晨起对积雪》："玉润窗前竹，花繁院里梅。"也有少量用个体量词的情况，如北周庾信《小园赋》"一寸二寸之鱼，三竿两竿之竹。"这里"竿"就是一个个体量词。到宋代文献中情况发生了明显的变化，称"竹"时出现了不少量词的情况，如韩嘉彦《玉漏迟》"外微云尽处，乱峰镇、一竿修竹。"杨万里《驾幸聚景晚归有旨次日歇泊》诗"赐休又得明朝睡，不问三竿与两竿。"石孝友《眼儿媚》："一丛萱草，几竿修竹，数叶芭蕉。"黄载《东风第一枝·探梅》："一枝竹外，似欲诉、经年相忆。"这里的"竿"、"枝"都是个体量词。宋以后尤其明清文献表"竹"个体量词常见起来，明代如《西游记》第八十三回："盆栽了几种花，檐傍着数竿竹，黑气氤氲，暗香馥馥。"又第八十五回："林内松千干，峦头竹几竿。"又第九十一回："水流一道，野鸟出没无常；竹种千竿，墨客推敲未定。"又第九十八回："翠竹竿竿倒，金莲朵朵摇。"《封神演义》第二十八回："金门外几株君子竹，玉户下两行大夫松。"《醒世恒言》第十五卷："外面一带，都是扶栏，庭中植梧桐二树，修竹数竿，百般花卉，纷纭辉映，但觉香气袭人。"《二刻拍案惊奇》卷二十三："说罢，便折竹二枝，自跨了一枝一枝与行修跨，跨上便同马一般快。"《今古奇观》第二十六卷："外面一带，都是扶栏，庭中植梧桐二树，修竹数竿，百般花卉，纷纭辉映，但觉香气袭人。"《禅真逸史》第十一回："便令喽啰砍一株斑竹来，截去头尾，打通了节，将钢杖藏于竹中，两头镶嵌坚固。"明代时表"竹"个体量词主要是"竿"、"株"、"枝"等，其中以"竿"最为常见。清代如《歧路灯》第八十八回："休说是药栏花畦没了踪迹，就是几棵老梅，数竿修竹，也都向无何有之乡搬家去了。"《红楼梦》第三十四回

"窗前亦有千竿竹，不识香痕渍也无？"又第十七回："忽抬头看见前面一带粉垣，里面数楹修舍，有千百竿翠竹遮映。"《海上花列传》第三十八回："阶下万竿修竹，绿荫森森，仅有一线羊肠曲径。"《玉楼春》第十四回："见是三间房子，庭边栽有数株绿竹，后面一个荷花池，北窗相映，清香郁人。"《平山冷燕》第十七回："再看脂粉为何物，笔竹千竿墨一池。"《风流悟》第四回："将尖竹筒儿插穿了栈皮，又将一根小竹头儿轻轻在竹筒中一拨动。"《红楼复梦》第九十一回："自家押着妆奁亲往园中料理新房，因想起里面有几百竿湘竹，围着几间竹阁，精雅非凡。"清代表"竹"个体量词主要是"竿"、"株"、"根"等，其中仍以"竿"最为常见。

再看表"竹子"的个体量词情况。从文献来看，"竹子"最初主要见于宋代，如朱肱《酒经》卷下："取时以细竹子一条，头边夹少新绵，款款抽屑子，以器承之。"不过明以前"竹子"于文献所见寥寥。明代文献中"竹子"一词则出现较多，如《三宝太监西洋记》第九十七回："把山上的竹子断将来，削成竹箭儿，日晒夜露。"《封神演义》第十五回："况后园又有竹子，砍些来，劈些篾，编成笊篱，往朝歌城卖些钱钞，大小都是生意。"此期使用个体量词的情况如《醒世恒言》第二十七卷："和尚收拾衣钵被窝，打个包儿，做成一担，寻根竹子，挑出庵门。"《今古奇观》第六卷："门前四扇看阶，中间两扇大门，门外避藉陛，坡前却是垃圾，一条竹子横夹着。"《明珠缘》第三十八回："走向竹丛边，折了一根竹子，同应星一样长，放在应星床上，仍将被盖好。"明代其个体量词主要为"根"，也用"条"等。清代文献"竹子"一词大量出现，如《儒林外史》第四十九回："屏旁置磁墩两个，屏后有竹子百十竿。"又第二十八回："内中又有参天的大木，几万竿竹子，那风吹的到处飕飕的响，中间便是唐玄奘法师的衣钵塔。"《红楼梦》第二十三回："我心里想着潇湘馆好，爱那几竿竹子隐着一道曲栏，比别处更觉幽静。"《二十年目睹之怪现状》第九回："一面是画的几根淡墨水的竹子，竹树底下站着一个美人，美人手里拿着把扇子，上头还用淡花青烘出一个月亮来。"又第三十七回："方才起来，穿了鞋子，想了半天，取出一枝对笔、一根头绳、一枝帐竿竹子。"《红楼梦补》第六回："到月朗风清时候，他自然还要出来赏玩院子里这几竿竹子。"《三侠剑》第三回："只见那小孩奔竹林近处，银龙心中暗想，竹子有四五寸粗，一根挨着一根，他决钻不进去。"又第七回："再加上人力，每根竹子相隔四寸来宽，俱都用铁丝拧成胡椒眼的窟窿，三寸多长的鱼都过不去。"清代文献中个体量词主要为"根"、"竿"，以及少量的"枝"等。

从以上"竹"、"竹子"的个体量词使用情况来看，由于文献中"竹"的出现要远远早于"竹子"，故"竹"个体量词的使用也要早于"竹子"。从总体来看，"竹"、"竹子"的个体量词主要见于宋以后的文献，这些量词有"竿"、"根"、"枝"、"株"、

"条"等，其中以"竿"、"根"二词使用最为频繁。"竿"、"根"二词中，"竿"使用历时较长，明代以前就已出现，一直沿用到清代，而"根"则主要是明代以后新兴的表"竹"、"竹子"的个体量词。"竿"、"根"之所以被选择常用于"竹"、"竹子"的个体量词，是与其与竹子类似的长条形状分不开的。正如《汉语大词典》："竿，竹竿。竹子的主干。""量词。犹棵、株。用于竹的计量。"[3] "根，植物生长于土中或水中吸收营养的部分。""物体的下部、基部。""量词。用于条形物。"[9] 其他量词如"枝"、"株"、"条"等在形容"竹"、"竹子"时，其长条形状的外在感觉效果显然不如"竿"、"根"明显。另外，像"枝"、"株"、"条"等所适用的范围也较广，语义也较多，这些也对其在与"竿"、"根"竞争表"竹"、"竹子"量词时有所不利。可见，称"竹"、"竹子"个体量词的发展与更替，既离不开词汇语义系统包括量词系统的总体发展，又离不开量词称量的外在形象因素。现代汉语口语中，主要用"根"、"棵"来作"竹"、"竹子"的个体量词。

3.2　"竹"、"竹子"集合量词的使用情况

古代表树木的集合量词较多，如"丛"、"束"、"排"、"列"、"片"、"捆"等。就竹子而言，相对于个体量词，集合量词于文献中所见相对要少。从调查来看，"竹"、"竹子"集合量词至迟在南北朝即已出现，如《齐民要术·货殖》："齐鲁千亩桑麻，渭川千亩竹。"不过清以前文献所见总体不多，又如《禅林僧宝传·黄龙宝觉心禅师》："僧问多福禅师曰：'如何是多福一丛竹？'福曰：'一茎两茎斜。'"刘君锡《庞居士误放来生债》第三折："我会编笊篱，鹿门山外有一园竹子，着凤毛孩儿斫将来，我一日编十把笊篱。"《传习录》卷下："且如一园竹，只要同此枝节，便是大同。"从以上来看，清以前集合量词主要有"亩"、"园"、"丛"等，这几个量词主要涉及面积、形状两个方面。

清代时，文献中"竹"、"竹子"集合量词相对要常见起来，表"竹"的如《曾国藩文集·诗词·失题四首》其一："好栽修竹一千亩，更抵人间万户侯。"《狄公案》第四十一回："两人在墙头伏定，但见前面一带深竹，过了竹径，乃是三间房厅。"《风流悟》第五回："妙能也不则声，只见那船一摇摇出了城，湾湾的，摇到一个空幽丛丛野竹的所在。"《红楼复梦》第二回："满园绿竹尚须滴泪成斑，何况鬼哭！"又第九十八回："这一盆寿星竹与我相伴多年，虽非奇物，但款样丰资与他竹不同，很堪娱目。"表"竹子"的如《儒林外史》第三十五回："又有一园的竹子，有数万竿。"《红楼梦》第五十六回："那一片竹子单交给我，一年工夫，明年又是一片。"《儿女英雄传》第十五回："只见当门竖着一个彩画的影壁……也种着几丛疏疏密密不合点缀的竹子，又有个不当不正的六角亭子在西南角上。"《红楼复

梦》第三十五回："咱们竟对着这一林的绿竹子儿磕个头儿罢。"又第六十回："大家跟着他，从大厅廊子走过去，是一个小小院落，有一片竹子，几堆太湖石。"《红楼梦补》第十五回："我舅舅家后园子里也有几丛竹子，我瞧着就想起这里的光景来，再料不到林姑娘已经回南去了。"又第三十一回："再转过荇叶渚前，不是那院子里一丛翠青青的竹子，都瞧见了吗？"《幻中游》第二回："进了这门，迎门是一池竹子。"《彭公案》第九十六回："张耀英过了芙蓉树，见东北是青竹塘，一片竹子，分为八方，当中有一所房，甚是高大。"从使用情况来看，清代表"竹"、"竹子"集合量词主要有"园"、"盆"、"池"、"亩"、"带"、"林"、"片"、"丛"等，也主要涉及面积、形状两个方面，其中"丛"主要就形状方面而言，其他主要就面积方面而言。这些量词中，又以"丛"、"片"较为常见。现代汉中，"丛"、"片"仍较常用。集合量词的使用与外形关系较为密切，如涉及形象的量词"束"、"丛"、"片"等，而有些更注重数量本身，如涉及面积的集合量词"园"、"盆"、"池"、"亩"等即如此。

综上所述，"竹"与"竹子"是古代表"竹"义名词中最重要最常见的两个词，二者的出现是不同步的，"竹"在先秦即已出现，而"竹子"则出现相对较晚，较早见于隋唐吴歌。二者的使用情况也略有不同，单音词"竹"自出现以后，直到清代均大量见于文献之中，而双音词"竹子"直到明代以后才较多见于文献中，直至清代。现代汉语中，无论书面语或口语，"竹子"一词均可广泛使用，而单音词"竹"则主要见于书面语或与其他词语主要是单音节词搭配使用。表"竹"、"竹子"的量词中，个体量词主要见于宋以后的文献，这些量词有"竿"、"根"、"枝"、"株"、"条"等，以"竿"、"根"二词使用最为频繁，其中"竿"使用历时较长，明代以前就已出现，一直沿用到清代，而"根"则主要是明代以后才新兴的量词。称"竹"、"竹子"个体量词的发展与更替，既离不开词汇语义系统包括量词系统的总体发展，又离不开量词称量的外在形象因素。现代汉语口语中，主要用"根"、"棵"来作"竹"、"竹子"的个体量词。集合量词至迟在南北朝即已出现，不过其使用直到清代文献才常见起来，这些量词涉及面积、形状两个方面，主要有"园"、"盆"、"池"、"亩"、"带"、"林"、"片"、"丛"等，以"丛"、"片"最为常见。现代汉中，"丛"、"片"仍较常用。

.

参考文献：

[1] 刘兴隆：《新编甲骨文字典》，国际文化出版公司 1993 年版。

[2](汉)许慎撰，徐铉校定：《说文解字》，中华书局 1963 年版。

[3] 罗竹风主编：《汉语大词典》（第8卷），汉语大词典出版社1991年版。

[4] 中国社会科学院语言研究所词典编辑室编：《现代汉语词典》（第6版）商务印书馆2012年版。

[6] 刘世儒：《魏晋南北朝量词研究》，中华书局1965年版。

[6] 王力：《汉语语法史》，商务印书馆1989年版。

[7] 杨伯峻、何乐士：《古汉语语法及其发展》（修订本），语文出版社2001年版。

[8] 张鹏丽、陈明富：《古代"树木"个体量词历时考察》，载《北方论丛》2012年01期。

[9] 罗竹风主编：《汉语大词典》（第4卷），汉语大词典出版社1989年版。

《颜氏家训》五类称数法考察

称数法是汉语语法现象之一。早在甲骨文时代，汉语就已经出现了一些数词、容量词及集体量词。周秦时，随着汉语的不断发展，又相继出现了不少数词和量词。随着数量词的出现，汉语就产生了许多不同的称数法。汉代以后，这些称数法不断发展演变，到了魏晋南北朝时，汉语的称数法已经相当完备，整数、零数、约数、分数、序数、频率等都有着不同的称数法，有些与上古已有很大的差别。关于汉语的数量词及称数法等语法现象，吕叔湘《中国文法要略》、王力《汉语语法史》、黎锦熙《新著国语文法》、柳士镇《魏晋南北朝历史语法》等都有一定的阐述，本文主要考察《颜氏家训》里的具体称数法情况。[1][2][3][4]

《颜氏家训》里的称数法较为丰富，具有一定的典型性，对于了解中古汉语称数法状况具有积极意义。《颜氏家训》在称数时，主要使用数词，也有数词以外的词。数词等词在称数的过程中，有时离不开量词，数量词在称数的过程中又充任许多不同的句法功能，这也反映了汉语称数法的重要特点。本文主要考察《颜氏家训》里的约数、虚数、分数、序数、频率的称数情况。

1 约数称数法

就约数称数法而言，在《颜氏家训》里是十分丰富的，除用数量词称数外，还使用了大量的非数量词，主要是"许"、"数"、"诸"、"群"、"多"、"庶"、"累"、"少"、"鲜"、"几"等，其句法功能也不尽相同。具体来看。

1.1 用数量词来表示

这种方法主要是用数词表示，少量是用数词加量词来表示。关于中古量词的情况，刘世儒《魏晋南北朝量词研究》介绍颇为详细。[5]

1.1.1 只用数词表示

这里的数词是用以"十"为进位的整数后接"十"以下的相邻两数，或者它们的位置倒换过来，或用两个"十"以下的相邻数字相连，或用两个"十"进位的整数相连。只用数词称数在先秦两汉即有，如：

（1）且年未盈五十，而谆谆焉如八九十者，弗能久矣。（《左传·襄公三十一年》）

（2）北斗七星，常星九辞，二十八宿，多者宿二十八九。（《春秋繁露·奉本》）

这种称数法在中古时期更加成熟。根据句法功能，《颜氏家训》中可分以下几种。

1.1.1.1 作谓语

共计两例：

（3）年十八九，少知砥砺，习若自然，卒难洗荡。（《序致》）

（4）年十四五，初为阉寺，便知好学，怀袖握书，晓夕讽诵。（《勉学》）

1.1.1.2 作宾语

共计两例：

（5）所以班超云："不探虎穴，安得虎子？"宁当论其六七耶？（《书证》）

（6）河北部于侧出，不预人流，是以必须重娶，至于三四，母年有少于子者。（《后娶》）

上两例中，"六七"为动词宾语，"三四"为介词宾语。

1.1.1.3 作定语

共计六例，如：

（7）齐朝有一两士族文学之人，谓此贵曰……（《风操》）

（8）音乐在数十人下，弓矢在千百人中。（《省事》）

（9）且劝一伯夷，而千万人立清风矣。（《名实》）

1.1.2 用数词加量词来表示

根据句法功能的不同，又可分为以下两种。

1.1.2.1 作谓语

共四例，如：

（10）梁世有人，常以鸡卵白和沐，云使发光，每沐辄二三十枚。（《归心》）

（11）长者二三十节，犹呼为著。（《书证》）

（12）河北士人，虽三二十世，犹呼为从伯从叔。（《风操》）

1.1.2.2 作宾语

共计三例：

（13）凡有一二百件，传相祖述，寻问莫知原由，施安时复失所。（《勉学》）

（14）今指知决纰缪者，略举一两端以为诫。（《文章》）

（15）有一士族，读书不过二三百卷，天才钝拙，而家世殷厚。（《名实》）

1.2 用"许"字来表示

汉语中用来称数的手段除数量词外，还可用一些非数量词来表示，后者是用词义来表示的数量，与前者性质有所不同。《颜氏家训》里用来称约数的非数量词主要有"许"、"数"、"诸"、"群"、"多"、"庶"、"累"、"少"、"鲜"、"几"等，这些在先秦两汉也多使用。其中，"许"必须要与数量词结合起来使用，"数"的使用在大多情况下也离不开数量词，其他几个一般可单独使用。

"许"字是古汉语中常用来表约数之词，汉以后的语料中仍有相当数量的使用，如《后汉书》、《三国志》、《水经注》等。[6]《颜氏家训》的"许"字表约数共有以下几种形式。

1.2.1 数词十许

根据句法功能的不同，又可分为以下两种。

1.2.1.1 作定语

共计六例，其中五例为整数加"许"字，一例为约数加"许"字，如：

（16）坐此被责，飘飘舟渚，一百许日，卒不得去。（《风操》）

（17）于时，城内四万许人，王公朝士，不下一百，便是恃侃一人安之，其相去如此。（《慕贤》）

（18）因为说之，得五十许字。（《勉学》）

（19）经霖雨绝粮，遣婢采米，因尔逃窜，三四许日，方复擒之。（《治家》）

1.2.1.2 作谓语

只一例：

（20）年三十许，病笃，大见牛来，举体如被刀刺，叫呼而终。（《归心》）

1.2.2 数词+许+量词

这种用法只一例，作定语：

（21）吾尝学《六壬式》，亦值世间好匠，聚得《龙首》、《金匮》、《玉轸变》、《玉历》十许种书，讨求无验，寻亦悔罢。（《杂艺》）

1.3 用"数"字来表示

"数"也是古汉语经常用来表约数之词，一直到近代仍旧大量使用。《颜氏家训》里"数"的约数用法可有以下几种类型。

1.3.1 单用"数"来表示

主要是放在名词前作定语，另有一例作状语。

1.3.1.1 作定语

作定语数量较多，共计十五例，如：

（22）因尔便吐血，数日而亡。（《风操》）

（23）齐文宣帝即位数年，便沉湎纵恣，略无纲纪。（《慕贤》）

1.3.1.2 作状语

只一例：

（24）弟子数破其产，还复赈给。（《后娶》）

1.3.2 用"数"加数词及量词来表示

这种用法又可分为以下几种类型：

1.3.2.1 "数"+数词

根据句法功能不同，又可分为以下几种情况：

作主语只一例：

（25）百里之物，数万相连，阔狭从斜，常不盈缩。（《归心》）

作宾语共两例：

（26）问一言辄酬数百，责其指归，或无要会。（《勉学》）

（27）一宿首尾，相去数万。（《归心》）

作定语共五例：

（28）人或将数万之师，得其死力，而失恩于弟者，何其能疏而不能亲也！（《兄弟》）

（29）音乐在数十人下，弓矢在千百人中。（《省事》）

（30）蓄财数万，以拟吉凶急速。（《止足》）

其中"蓄财数万"中的"数万"为后置定语。

1.3.2.2 数词+"数"

这种用法较少，只一例，作定语：

（31）江东妇女，略无交游，其婚姻之家，或十数年间，未相识者。（《治家》）

1.3.2.3 "数"+量词

根据句法功能的不同，又可分为以下三种情况：

作谓语只一例：

（32）后坐事伏法，籍其家产，麻鞋一屋，弊衣数库，其余财宝，不可胜言。（《台家》）

作宾语共四例：

（33）人足所履，不过数寸。（《名实》）

（34）好杀之人……不能悉录耳，且示数条于末。（《归心》）

（35）然今水中有此物，一节长数寸。（《书证》）

作定语只一例：

（36）帝曰："我年已老，与汝分张，甚以少恻怆。"数行泪下。（《风操》）

1.3.2.4 "数"+数词+量词

根据句法功能的不同，又可分为以下两种情况：

作主语只一例：

（37）东数十里，有獦囤村。（《勉学》）

此句为存现句，"数十里"为方位主语。

作定语共计四例：

（38）若能常保数百卷书，千载终不为小人也。（《勉学》）

（39）武烈太子亦是数千卷学士，尝作诗云……（《文章》）

（40）见人读数十卷书，便自高大，凌忽长者，轻慢同列。（《勉学》）

1.4 用"诸"字来表示

"诸"字用来称数在古汉语中出现的频率也较大，《颜氏家训》的"诸"字主要用来作定语，只有一例作主语。

1.4.1 作主语

只一例：

（41）诸如此类，专辄不少。（《书证》）

1.4.2 作定语

共计九例，如：

（42）江南轻重，各有谓号，具诸《书仪》。（《风操》）

（43）方知陶隐居、阮交州、萧祭酒诸书，莫不得羲之之体，故是书之渊源。（《杂艺》）

1.5 用"群"字来表示

类似"诸"，表数目之多。只用作定语，共计五例，如：

（44）子侄不爱，则群从疏薄；群从疏薄，则童仆为仇敌矣。（《兄弟》）

（45）群小不得行志，同力迁之。（《慕贤》）

1.6 用"多"字来表示

类似"诸"，表数目之多。共两例，作状语：

（46）世之学徒，多不晓字。（《勉学》）

（47）陆平原多为死人自叹之言。（《文章》）

1.7 用"庶"字来表示

类似"诸"字，表数目之多。只一例，作定语：

（48）帝子之尊，童稚之逸，尚能如此，况其庶士冀以自达者哉？（《勉学》）

1.8 用"累"字来表示

"累"字也是用来表多的约数，只一例，作定语：

（49）家贫无资，累日不爨，乃时吞纸以实腹。（同上）

1.9 用"少"字来表示

用来表数目之少，只一例，作定语：

（50）然人性自有少涕泪者，肠虽欲绝，目犹烂然。（《风操》）

1.10 用"鲜"字来表示

类似"少"，用来表数目之少，只一例，作谓语：

（51）况以行路之人，处多争之地，能无间者鲜矣。（《兄弟》）

1.11 用"几"字来表示

这里"几"字并非表疑问，而是表示不确定的约数，意为"几个"、"不多"共计两例，作定语：

（52）夫读书之人，自羲、农已来，宇宙之下，凡识几人，凡见几事，生民之成败好恶，固不足论。（《勉学》）

1.12 用"旬"字来表示

用"旬"字专表不确定的日月，共两例，作定语：

（53）王亦凄怆，不知所容，旬月求退，便以礼遣，此亦悔事也。（《后娶》）

（54）动经旬日，官司驱遣，然后始退。（《风操》）

"旬月"即"不到一个月"之意，"旬日"即"十多天"之意。

2 虚数称数法

《颜氏家训》里有不少数词并非表示实有数目，而是虚指。这种以实指虚的用法，上古汉语已有，常以"三、九、百"等词虚指数目之多，表数目少的不太常见。根据是否后接量词，《颜氏家训》的虚数称数法可分两种类型：

2.1 只用数词表示

这种类型共十五例，根据句法功能，可分三种情况：

2.1.1 作定语

共十二例，如：

（55）孝为百行之首，犹须学以修饰之，况余事乎！（《勉学》）

（56）九流百氏，皆同此论，岂独释典为虚妄乎？（《归心》）

（57）朔欢卓、郑，晦泣颜、原者，非十人五人也。（《止足》）

以上数词，均为虚指，其中除"十人五人"之"十"和"五"表数量之少外，其余均表数量之多。

2.1.2 作状语

共两例，即：

（58）倏忽之间，十变五化。（《归心》）

2.1.3 作谓语

只一例：

（59）谚曰："积财千万，不如薄伎在身。"（《勉学》）

从以上三种用法来看，作定语的用法在虚数称数法中也是占绝对优势的，这与我们对中古语料的考察情况是一致的。

2.2 用数量词表示

这种类型的用例不多，是与中古时量词的用量和使用状况有关的。《颜氏家训》的这类用例不多，只四例，但其用法则很广泛，分别作主语、谓语、补语和定语：

2.2.1 作主语

（60）年始九岁，便丁荼蓼，家涂离散，百口索然。（《序致》）

2.2.2 作谓语

（61）同昭穆者，虽百世，犹称兄弟。（《风操》）

2.2.3 作补语

（62）后人书之，留传万代，可为骨寒毛竖也。（《名实》）

2.2.4 作定语

（63）今日天下大同，须为百代典式，岂得尚作关中旧意？（《风操》）

3 序数称数法

《颜氏家训》对序数的称数法也较多，用法也较灵活，具体有以下几种。

3.1 只用基数词来表示

实际上只用整数表示。这种称数法在先秦既有，如：

（64）一鼓作气，再而衰，三而竭。（《左传·庄公十年》）

根据句法功能不同，《颜氏家训》又可分为以下三种情况。

3.1.1 作谓语

共计三例：

（65）沈隐侯曰："文章当从三易：易见事，一也；易识字，二也；易读诵，三也。"（《文章》）

3.1.2 作宾语

共计五例，如：

（66）释三曰：开辟已来，不善人多而善人少，何由悉责其精洁乎？（《归心》）

（67）释五曰：形体虽死，精神犹存。（同上）

"三"为"第三种情况"之意，"五"为"第五种情况"之意。

3.1.3 作定语

共计十例，如：

（68）又云鼓，一鼓、二鼓、三鼓、四鼓、五鼓。（《书证》）

（69）亦云一更、二更、三更、四更、五更，皆以五为节。（《书证》）

"一鼓"、"一更"之"一"为"第一"之意，其余依此类推。

3.2 用"第"字来表示

"第"字不能单独表序数，其后必须接数词，"第"表序数是汉代以后的事情，南北朝时用量渐多起来，如：

（70）吾内篇第一名之为畅玄者，正以此也。（《抱朴子·地真》）

（71）桓曰："第一流复是谁？"刘曰："正是我辈耳！"（《世说新语·品藻》）

根据句法功能，《颜氏家训》"第"的这种用法可分两种情况。

3.2.1 作谓语

共计二十例，专用于各篇题目之后，表篇章排序，如："慕贤第七"、"涉务第十一"、"杂艺第十九"等。

3.2.2 作定语

有两种情况，一是用于各卷之后作后置定语，表各卷之排序，有七例，如"卷第一"、

"卷第三"、"卷第七";一是用于正文中作定语,后接名词,共三例:

(72)肃曰:"是我亲第七亡叔,非从也。"(《风操》)

(73)思鲁等第四舅母,亲吴郡张建女也,有第五妹,三岁丧母。(同上)

3.3　用"甲、乙、丙……"来表示

这种用法源于汉代,如:

(74)岁课甲科四十人为郎中,乙科二十人为太子舍人,丙科四十人补文学掌故云。(《汉书·儒林传序》)

《颜氏家训》里共计五例,作定语:

(75)答曰:"汉魏以来,谓为甲夜、乙夜、丙夜、丁夜、戊夜……"(《书证》)

3.4　用"其一、其二……"来表示

这种称数法最初主要见于汉代,如:

(76)陆终氏娶于鬼方氏,鬼方氏之妹谓之女嬇,氏产六子;孕而不粥,三年,启其左胁,六人出焉。其一曰樊,是为昆吾;其二曰惠连,是为参胡;其三曰籛,是为彭祖;其四曰莱言,是为云郐人;其五曰安,是为曹姓;其六曰季连,是为芈姓。(《大戴礼记·帝系》)

《颜氏家训》共计五例,起连接作用,如:

(77)俗之谤者,大抵有五:其一,……其二,……,其三,……(《归心》)

3.5　用"一则、二则……"来表示

这种称数法最迟在秦汉即已出现,如:

(78)习者曰:"一则仲父,二则仲父,易哉为君!"(《吕氏春秋·任数》)

其后如:

(79)故文能宗经,体有六义:一则情深而不诡,二则风清而不杂,三则事信而不诞,四则义贞而不回,五则体约而不芜,六则文丽而不淫。(《文心雕龙·宗经》)

《颜氏家训》共计八例,起连接作用,如:

(80)国之用材,大较不过六事;一则……,二则……,三则……(《涉务》)

3.6　用"祖、伯、仲、叔"等表辈份或排行次序

这种方法上古已有,《颜氏家训》主要用"祖"、"父"等来表辈份次序,用"伯"、"世"、"仲"、"叔"来表兄弟排行次序,如:

(81)己孤,而履岁及长至之节,无父,拜母、祖父母、世叔父母、姑、兄、姊,则皆泣。(《风操》)

（82）父祖伯叔，若在军阵，贬损自居，不宜奏乐宴会及婚冠吉庆事也。（同上）

（83）孔子弟子记事者，皆称仲尼；吕后微时，尝字高祖为季。（同上）

4 分数称数法

汉语表分数的称数法至迟在《左传》中已有出现，如：

（84）其季于今，三之一也。（《左传·襄公三十年》）

（85）先王之制，大都不过参国之一，中五之一，小九之一。今京不度，非制也，君将不堪。（《左传·隐公元年》）

《颜氏家训》中分数出现不多，不过方式较为灵活，其表示方法主要是"母数十之十子数"、"母数十中十子数"，如：

（86）借人典籍，皆须爱护，先有缺坏，就为补治，此亦士大夫百行之一也。（《治家》）

（87）且十中六七，以为上手，粗知大意，又不委曲。（《杂艺》）

有时用一种曲折的方法来表分数，如：

（88）而望遁迹山林，超然尘滓，千万不遇一尔。（《养生》）

5 频率称数法

频率称数法至迟在秦汉即已出现，如：

（89）齐桓公见小臣稷，一日三至弗得见。（《吕氏春秋·下贤》）

（90）文公于是霸功立，期至意得汤武之心，作而忘其众，一年三用师，且弗休息。（《说苑》卷第十）

魏晋南北朝时较为常见，如：

（91）原在辽东，一年中往归原居者数百家，游学之士，教授之声，不绝。（《三国志·魏书·邴原传》）

（92）进攻下邳，常部当城门战，一日数合，贼反走入城，常追迫之。（《后汉书·王常传》）

《颜氏家训》对频率大小的表示主要用"数名＋数名（动、量）"式结构，主要有以下几例：

（93）至于今日，十年一理，犹不遗忘。（《勉学》）

（94）率意自读史书，一日二十卷。（同上）

（95）汝南周瓒，弘正之子，会稽贺徽，贺革之子，并能一箭四十余骁。（《杂艺》）

也有更为复杂一些的：

（96）齐侯之病，本是间日一发，渐加重乎故，为诸侯忧也。（《书证》）

通过以上考察发现，《颜氏家训》称数法较为丰富，也具有一定的典型性。《颜氏家训》在称数时，主要使用数词，也有非数词成分。具体而言，约数称数法除用数量词称数外，还使用了大量的非数量词；虚数称数法较多，主要有两种类型，即只用数词表示及用数量词表示两类；序数称数法较多，用法也较灵活，除用基数词表示外，亦可用第、甲、乙、丙、祖、伯、仲、叔等表示。这些称数法大多继承了上古的某些特征，也较多反映了中古时称数法的发展面貌。同时，《颜氏家训》反映的称数法特征也为近代语法的发展起到了一定推动作用，近代称数法在继承中古特点的同时又有所发展。如唐宋以后由于新兴量词的进一步发展，以及量词的使用范围进一步扩大，汉语称数时量词的选择更为丰富，就拿称"鱼"量词来说，中古时称"鱼"量词主要为"枚"、"头"，而唐宋时"头"继续使用，"个"、"尾"逐渐兴起，"枚"基本淘汰，量词的发展自然会推动约数、虚数、序数等称数情况的发展；又如中古约数称数时常用"许"、"余"等称代，这种特点一直延续到唐宋，元代以后，"余"明显沿用，"许"则逐渐被淘汰了；又如中古分数称数时"母数十之十子数"、"母数十中十子数"及"母数十分十子数"等均可用，但近代以后逐渐发展为以"母数十分十子数"为主，其余形式则逐渐衰落。总之，《颜氏家训》等反映的中古称数法特点在汉语称数法的发展史上具有重要的承上启下的意义，值得我们去进一步探讨。

参考文献：

[1] 吕叔湘：《中国文法要略》，商务印书馆 1982 年版。

[2] 王力：《汉语语法史》，商务印书馆 1989 年版。

[3] 黎锦熙：《新著国语文法》，商务印书馆 1992 年版。

[4] 柳士镇：《魏晋南北朝历史语法》，南京大学出版社 1992 年版。

[5] 刘世儒：《魏晋南北朝量词研究》，中华书局 1965 年版。

[6] 杨伯峻、何乐士：《古汉语语法及其发展》，语文出版社 2001 年版。

《六度集经》紧缩句和疑问句考察

三国时吴康僧会编译的《六度集经》是一部佛本生故事与佛传故事集，属于草创时期的译经，是一部难得的语料。经考察发现，《六度集经》中紧缩句和疑问句极为丰富，对于汉语语法史的研究具有重要意义。本文主要以《六度集经》为考察对象，对其中的紧缩句和疑问句进行全面系统的描写和分析，同时将其与中土文献进行比较，力图归纳出汉译佛经中紧缩句和疑问句的一些特点。

1 《六度集经》中的紧缩句

紧缩句是用单句的形式表达复句内容的一种特殊形式，亦称紧缩复句。这种句子结构形式像单句，句子内部结构紧凑，句中无语音停顿；语义内容像复句，句子从意义上可分前后两个部分，这两个部分之间隐含着一般复句所能表达的因果、条件、转折、让步、并列等意义关系。

学术界对于紧缩句这种特殊的句式，一直存在着不同看法。归纳起来主要有以下几方面：

第一，单句说。认为紧缩句是一种特殊的单句。持此观点的代表学者主要有刘复（1924）[1]、张志公（1957）[2]、黎锦熙（1959）[3]、丁声树（1961）[4]、朱德熙（1999）[5]。

第二，复句紧缩说。认为紧缩句来源于复句，是复句的紧缩。持此观点的代表学者主要有：金兆梓（1922）[6]、向若（1958）[7]、赵元任（1979）[8]、王力（1985）[9]、邢福义（1996）[10]、吕叔湘（2002）[11]、胡裕树（2002）[12]、张斌（2002）[13]。

第三，鼎足而三说。认为紧缩句与单句、复句是平行的句式，与单句、复句鼎足而三。持此观点的代表学者主要有：宋仲鑫（1995）[14]、刘天堂（2002）[15]、陈兆福（2002）[16]。

以上诸家在各自的论著中对于紧缩句都有详细的论述，在此不加详论。对于紧缩句，我们认同第二种观点，即"复句紧缩说"。

由于紧缩句结构上最大的特点就是精练紧凑，因而与现代汉语相比，文言紧缩句较多，其中又以四字紧缩句为典型。汉译佛经以四字结构为主体，因而复句的紧缩现象与中土文献相比更为典型。

1.1　紧缩句类型

紧缩句结构形式多样，表达的意义复杂，可以从不同角度归纳出许多类型。本文根据《六度集经》中的紧缩句特点，主要从紧缩句前后两个分句之间的意义关系和结构形式进行分类。

1.1.1　从意义关系分类

《六度集经》中的紧缩句，其前后两个分句之间的意义关系主要有以下几种。

1.1.1.1　并列关系

表示并列关系的紧缩句是前后两个分句分别述说相关的几件事情、几种情况，或者是同一事物的几个方面。常用的关联词语主要有"既……且……"，"……既……"，"……且……"，"……而且……"。如：

（1）王既圣且仁①，普天乐属，寿有亿数。（四十②）

（2）梵志有女，女既贤明，深知吉凶天文占候。（四十五）

（3）自斯之後，王润逮草木，忠臣诚且清让，父法母仪，室家各尚，守道贞信，家有孝子。（八十二）

（4）梵志睹戏，赞会者曰："嗟于！今日会者，别有如粳米纯白无糠，厥香苾芬，若夫今日产生男女，贵而且贤。"（四十五）

（5）昔者菩萨，为天帝释，位尊荣高。其志恒存非常、苦、空、非身之想，坐则思惟，游则教化，愍愚爱智，诲以智慧，精进无休。（七十一）

（6）伯车乘入国，言以严法，輒违民心，王忿民慢，夺财挝捶，叔请乃释。（五十二）

（7）道士曰："吾为国王，国大民多，宫宝婇女，诸国为上，愿即响应，何求不得？……"（四十九）

例（1）至例（4）中的紧缩句都是有关联词语标志的紧缩，且前后两个分句的主语相同。关于这一类型的句子，在现代汉语中也有。如："两条腿又酸又痛"，"地体圆而不平"，"他越想越生气"等。对于这种类型的句子，学术界看法不一致。有的语法著作认为这种类型的句子不是复句的紧缩，而是联合结构作谓语的单句，或称为连锁式谓语，向若在《紧缩句》中就认为这种句子算作联合结构作谓语的单句比算作紧缩句妥当一些。[7] 刘复在《中国文法通论》中称这种句子为"减缩句"认为可看作是由复句紧缩而成的减缩句。[1] 史存直在《语法新编》中认为，类似"也越想越生气"可看作是紧缩句中的一种特殊句型，可称为"连锁句"[17]。

我们认为，所谓紧缩句，就是用单句的形式表达复句的内容，且中间没有语音停顿，只要符合这两个标准的句子都可看作是复句的紧缩。因此，在鉴定一个句子是否为紧缩句时，就要采取形式与内容相结合的标准，而类似"王既圣且仁"这样的句子，从形式和内容来看都是符合紧缩句的标准的。另外，既然像"子温而厉威而不猛，恭而安。"（《论语·述而》）这样的句子看成是紧缩句已经是公认的事实，那么像"王既圣且仁"这样的句子也就不应采取分别处理的办法看成是单句，实际上，这两种类型的句子从结构形式上来看是相同的，都是两个分句的主语相同且后一个分句的主语隐含，只是分句间的意义关系不同，前者为并列关系，后者为转折关系，而并列关系和转折关系又都是复句的语义特征之一。

例（5）至例（7）中的紧缩句都是没有关联词语标志的紧缩，且前后两个分句的主语不相同。这种紧缩句的特点是"紧而不缩"，即句中没有语音停顿，两个完整的主谓句组合在一起，句中并没有减缩什么词语。现代汉语中也存在类似的句子，如："你怕丢人你走开。"（《赵树理选集》）向若在其《紧缩句》中认为这样的句子只是由紧变松，并没有由长变短，因此仍看作一般复句，而不是紧缩句。[7]

我们认为，在古代汉语中，像"位尊荣高"这样的句子，从结构上看都是句中没有语音停顿，短小紧凑；从内容来看又是表示复句并列关系的，因此可以把这类句子看作是复句的紧缩。

1.1.1.2 承接关系

具有承接关系的紧缩句是指几个分句一个接一个地述说连续的动作或连续的事件，分句是按照先后顺序排列的，语序不能任意颠倒。《六度集经》中表示承接关系紧缩句的分句间大多没有关联词语，有时用"而"连接。如：

（8）（王）恶念兴而神足灭。（四十）

（9）（阿群）命终神迁，为王太子。纳妻不男（四十一）

（10）人命譬若以杖捶水，杖去水合，命之流疾，有甚于此。（八十八）

（11）一子理国，父王崩为王。（二十三）

（12）妃曰："吾虽在秽虫之窟，犹莲华居于污泥。吾言有信，地其坼矣。"言毕地裂，曰："吾信现矣。"（四十六）

以上例（8）至例（10）中的紧缩句都是前后两个分句的主语不同且都出现的紧缩。例（11）至例（12）中的紧缩句都是前后两个分句的主语不同但不同时出现的紧缩，其中例（11）紧缩句的后一个分句的主语隐含未出现，补充出来则为："父王崩（王）

为王。"例（12）紧缩句的前一个分句的主语隐含未出现，补充出来则为："（妃）言毕地裂。"

1.1.1.3 选择关系

表示选择关系的紧缩句是前后几个分句分别述说两种以上的事情，表示要在这几种事情中选择一种。句式有疑问式、比较式、取舍式、非此即彼式。表示选择关系的紧缩句一般都有关联词语。《六度集经》中表示选择关系的紧缩句只有"取舍式"一种，关联词语为"宁……不……"，表示舍弃后面分句所表述的事情而取前面分句表述的事情。只有一例，即：

（13）（梵志）答曰："不仁逆道，宁死不为也。"（十一）

此例中的紧缩句"宁死不为也"前后分句的主语相同且都隐含没有出现，可翻译为："（我）宁愿去死也不做不仁逆道之事。"现代汉语中也有类似的紧缩结构，如："宁死不屈。"

1.1.1.4 假设关系

这种紧缩句是前一个分句提出一种假设或条件，后一个分句说明在这种假设或条件的情况下将要产生的结果。主要使用的关联词语有"则"、"即"、"辄"、"非……不……"，相当于现代汉语的"如果……就……"、"只要……就……"、"一……就……"等。《六度集经》中表示假设关系的紧缩句用例最多，共有七十例，约占《六度集经》紧缩句的 60%。如：

（14）一龙重曰："化为小蛇耳。若路无人，寻大道戏，逢人则隐，何所忧乎？"（四十八）

（15）逝心曰："天王尚施，求则无违，时宜应用人首为事，愿乞王首，以副望矣。"（五）

（16）（儿）仰观俯占，众道之术，过目即能。禀性仁孝，言辄导化。（四十五）

（17）（御使）对曰："有身即病，无免斯患。"（七十七）

（18）王又睹兄容貌堂堂，言辄圣典，雅相难齐。（三十六）

（19）（阿群）奉命携剑，逢人辄杀，获九十九人指。（四十一）

（20）（梵志）对曰："夫买其宅即有其井，占其田则惜其草。汲井刈蒭，非告不取。吾不告而饮，岂非盗耶？愿王处之。"（五十三）

以上例句中的紧缩句都是有关联标志的，例（14）和例（15）中的紧缩句的关联词都是"则"，其中例（14）"逢人则隐"为前后分句的主语相同的紧缩句；例（15）"求则无违"为前后分句的主语不同的紧缩句。例（16）和例（17）中的紧缩句的关联词语都是"即"，其中例（16）紧缩句"过目即能"前后分句的主语相同且都未出现，隐含的分句主语是"儿"；例（17）紧缩句"有身即病"前后分句的主语相同且都未出现，隐含的分句主语是表泛指的"人"。例（18）和例（19）中的紧缩句的关联词语都是"辄"，各自的前后分句的主语相同且都隐含未出现。例（20）中的紧缩句的关联词语是"非……不……"，前后分句的主语相同且都隐含未出现。

《六度集经》中还存在没有关联标志的表示假设关系的紧缩句。如：

（21）自王明法施行之后，四天下民，慈和相向，杀心灭矣。应得常让，夜不闭门。贞洁清净，非妻不欲。<u>一不言二</u>，出教仁恻。（八十七）

（22）父母年耆，两目失明，睒为悲楚，<u>言之泣涕</u>。（四十三）

（23）龟王恚曰："知事若兹而不指云，吾死尔生，於心善乎？累劫寻尔，<u>逢必残戮</u>。"（六十一）

（24）菩萨深惟："不取徒捐，无益于贫民。取以布施，众生获济，<u>不亦善乎</u>"（二十二）

（25）（父）欲图杀儿，书敕冶师曰："昔育此儿，儿入吾家，疾疫相仍，财耗畜死，太卜占云，儿致此灾。<u>书到极摄</u>，投之火中。"（四十五）

以上例（21）至例（24）中的紧缩句各自的前后分句的主语相同且都隐含未出现，其中例（21）中的紧缩句"一不言二"，在现代汉语中已成为固定的结构，即"说一不二"。例（25）中的紧缩句各自的前后分句的主语不同且不同现。

表示假设关系的紧缩句在《六度集经》中比较多，在古汉语中土文献中，这种紧缩句也很普遍，如：

（26）<u>欲速则不达</u>（《论语·子路》）

（27）<u>不愤不启，不悱不发</u>。（《论语·述而》）

（28）子曰："<u>非礼勿视，非礼勿听，非礼勿言，非礼勿动</u>。"（《论语·颜渊》）

（29）主祭祀者，<u>非君而谁</u>？（《左传·僖公二十四年》）

（30）<u>非梧桐不止，非练实不食，非醴泉不饮</u>。（《庄子·秋水》）

（31）今秦攻赵，<u>战胜则兵罢</u>，我承其弊。（《史记·项羽本纪》）

1.1.1.5 转折关系

表示转折关系的紧缩句是前后两个分句述说的内容相对、相反或部分相反，语义的重点是后一个分句。在《六度集经》中表示转折关系的关联词语只有"而"。如：

（32）（理家）曰："吾四姓<u>富而无嗣</u>，尔以儿贡，可获众宝。"（四十五）

（33）王曰："<u>男长而贱</u>，<u>女幼而贵</u>，其有缘乎？"（十四）

（34）伯勃然曰："释人从畜，岂君子行乎？<u>叔为吾不也</u>。"（五十二）

（35）自王明法施行之后，四天下民，慈和相向，杀心灭矣。<u>应得常让</u>，夜不闭门……"（八十七）

（36）佛告阿群："凡人心开、受道之日，可谓始生者也。不睹三尊，未受重戒，犹儿处胎，虽其有目，将亦何睹？<u>有耳何闻</u>？（四十一）

以上例（32）和例（33）中的紧缩句的关联词语为"而"，各自前后分句的主语都相同，且前一个分句的主语都出现，后一个分句的主语都隐含没有出现。例（34）中的紧缩句"叔为吾不也"前后分句的主语不同，两个分句的主语都出现。例（35）中的紧缩句"应得常让"前后分句的主语相同且两个分句的主语都未出现。例（36）中的紧缩句"有耳何闻"前后分句的主语相同且两个分句的主语都未出现，按照前面的复句"虽其有目，将亦何睹"，可以将此紧缩句还原为复句："虽其有耳，将亦何闻？"

1.1.1.6 因果关系

表示因果关系的紧缩句是前后分句间存在原因和结果的关系，因果关系有两种：一种是就既定事实说明原因和结果，称为"说明因果"；另一种是就一定的事实根据或理由来推论出因果关系，称为"推论因果"。《六度集经》中只有"说明因果"这种紧缩句。如：

（37）（道士）负之还居，勤心养护，<u>疮愈命全</u>。（十二）

（38）众祐曰："<u>种恶祸生</u>，孰能攘之？取释氏一子，置吾钵下，以效其实。"（五十四）

（39）（阿难）曰："属有五百乘车过，<u>其水盛浊不可饮</u>。"（八十）

（40）杀牛祭者，<u>父病请活</u>，求生以杀，不祥之甚，犹服鸩毒以救病也。（七十一）

（41）南方师曰："吾亡父常云有之，<u>然远难致</u>。"（二十八）

以上例（37）至例（38）中的紧缩句都是没有关联词语的，有关联标志的表示因果关系的紧缩句在《六度集经》中没有用例。其中例（37）中的紧缩句"疮愈命全"前后分句的主语不同，两个分句的主语都出现。可理解为："罪人疮愈，所以性命得以保全。"例（38）中的紧缩句"种恶祸生"前后分句的主语不同，前一个分句的主语未出现，补出来则为"释家"，后一个分句的主语出现，即为"祸"。可理解为："释家种恶，故祸生。"例（39）中的紧缩句"其水盛浊不可饮"前后分句的主语相同，前一个分句的主语出现，为"其水"，后一个分句的主语承前隐含，且后一个分句"（水）不可饮"表示语义上的被动，相当于现代汉语"那水太脏不能喝。"例（40）和例（38）中的紧缩句前后分句的主语都不同，其中例（40）"父病请活"前一个分句的主语出现，后一个分句的主语隐含；例（41）"然远难致"前后分句的主语都隐含未出现。

1.1.1.7 让步关系

表示让步关系的紧缩句是分句间表示让步兼转折关系，前一分句先退一步承认某一事实，后一分句说明在这种让步条件下所产生的结果。如：

（42）（马王）谓菩萨曰："尔等惑乎？以鬼魅为妻……若恋蛊妻，死入斯地，众毒普加，悔将无救。"（三十七）

（43）（庶子）曰："佛未翔兹，吾一坐座，没命不恨也。"（五十四）

表示让步关系的紧缩句在《六度集经》中比较少见，以上两例中的紧缩句都是没有关联词语的，其中例（42）紧缩句"悔将无救"前后分句的主语相同且都隐含未出现，可理解为："（你们）即使后悔也将无救了。"例（43）紧缩句"没命不恨也"前后分句的主语相同且都隐含未出现，后一个分句的句末用语气词"也"来加强肯定的语气。可理解为："即使没命也不遗憾了。"

表示让步关系的紧缩句在古代汉语本土文献中存在，但也是比较少见的。如：

（44）其身正，不令而行；其身不正，虽令不从。（《论语·子路》）

（45）弃人用犬，虽猛何为！（《左传·宣公二年》）

1.1.2　从结构形式分类

1.1.2.1　两个分句的主语相同

根据两个分句间有无关联标志，又可分为以下两小类：

有关联词语的如：

（46）（王）召商人问："尔诚首之即活，欺者死矣。"（八）

（47）（菩萨）答曰："闻佛则殒，吾欣为之，岂况刺身而生存者乎？"（五十三）

（48）（众人）曰："吾等死矣！相惊备豫，懈即丧矣。"（三十七）

例（46）中的"尔诚首之即活"为假设关系的紧缩句，关联词语为单个的"即"。两个分句的主语相同，前一个分句的主语出现，后一个分句的主语隐含没有出现，可翻译为现代汉语："如果你真心自首这件事，你就会活命。"例（47）中的"闻佛则殒"为假设关系的紧缩句，关联词语为单个的"则"，两个分句的主语相同且都隐含未出现。紧缩句"闻佛则殒"又与下一个单句"吾欣为之"构成让步关系的复句，可理解为："即使（我）一听到佛法就死去，我也高兴地去做这件事。"例（48）中的"懈即丧矣"是表假设关系的紧缩句，两个分句的主语相同且都没有出现，可翻译为："如果（我们）懈怠就会马上丧命的。"

没有关联词语的如：

（49）王曰："无妖言也，人闻笑尔。"（二十八）

（50）鹿曰："尔去，以吾躯命，累汝终身。夫有索我，无云睹之。"溺人敬诺："没命不违。"（五十八）

（51）夫人曰："汝直南行三千里，得山入山，行二日许，即至象所在也……"（二十八）

（52）<u>行高得其高，行下得其下</u>。贫富贵贱，延寿夭逝，皆由宿命。（八十八）

例（49）中的"人闻笑尔"是表假设关系的紧缩句，两个分句的主语相同，后一个分句的主语未出现，可翻译为："别人如果听见（你的话）就会嘲笑你的。"例（50）中的"没命不违"是让步关系的紧缩句，两个分句的主语相同且都没有出现，可翻译为："（我）即使死了也不违背（您的话）。"例（52）中的"行高得其高，行下得其下"是成对出现的两个紧缩句，都是假设关系的紧缩，前后分句的主语都是表示泛指的"人"，因而都隐含未出现。可理解为："（人）如果做高尚之事就会得到好的回报，（人）如果做低下之事就会得到不好的回报。"

1.1.2.2　两个分句的主语不同

根据两个分句间有无关联标志，可分为以下两小类：

有关联词语的如：

（53）（太子）喻以佛教："为天牧民，当以仁道，而今兴怒，<u>怒盛即祸著，祸著即身丧</u>。夫丧身失国，其由名色乎？"（八十四）

（54）伯车乘入国，言以严法，辄违民心，王恣民慢，夺财挝捶，<u>叔请乃释</u>。（五十二）

（55）妻曰："吾闻布施上士，名须大挐，洪慈济众，虚耗其国。王逮群臣，徙著山中。其有两儿，<u>乞则惠卿</u>。"（十四）

（56）宰夫收焉，<u>肥即烹之为肴</u>。（二十九）

例（53）中的两个紧缩句都是假设关系的紧缩，关联词语为"即"，前后两个分句的主语不同且都出现，可翻译为："如果怒盛，那么灾祸就会到来；如果灾祸到来，那么性命就会丧失。"例（54）中的紧缩句是表承接关系的紧缩，关联词语为"乃"，前后两个分句的主语不同，后一个分句的主语隐含。可翻译为："叔替伯求情，伯才被释放。"例（55）是表假设关系的紧缩句，关联词语为"则"，两个分句的主语不同且前两个分句的主语都隐含了。翻译成现代汉语则为："只要(你)向他乞两儿，(他)就会惠施给你。"例（56）是表假设的紧缩句，关联词语为"即"，两个分句的主语不同且前两个分句的主语都隐含了，后一个分句"烹之为肴"为述补结构。翻译成现代汉语则为："只要（鹦鹉）长肥了，（宰夫）就烹之为肴。"

没有关联词语的如：

（57）王后兆民，甚怪所以，心欢称善，靡不悦豫。<u>车驰人奔</u>，殷填塞路。（三十八）

（58）（阿群）睹母欣曰："<u>母至数足，吾今仙矣</u>。"（四十一）

（59）二儿入中，以柴覆上。自相诚曰："<u>父呼无应也</u>。"（十四）

（60）梵志闻当得佛，喜忘有身。自斯之後，遂大布施，<u>饥食寒衣，病给医药</u>。（二十四）

以上例（57）中的紧缩句"车驰人奔"是并列关系的紧缩，两个分句的主语不同，且两个分句的主语都出现了。例（58）中的"母至数足"是假设关系的紧缩句，两个分句不同的主语同时出现。可翻译为："母亲一到（手指）的数目就凑足了。"例（59）中的"父呼无应也"为假设关系的紧缩句，两个分句的主语不同，前一个分句的主语出现，后一个分句的主语隐含未出现。可翻译为："父亲如果呼唤（我们），（我们）不要答应。"例（60）中的"饥食寒衣，病给医药"是两个成对出现的紧缩句，都是假设关系的紧缩，前后分句的主语不同，且都隐含没有出现。其中紧缩句"饥食寒衣"又是由两个紧缩句"饥食"和"寒衣"组成，结构较复杂。可翻译为："（众生）如果饥饿，（梵志）就施舍给他们食物，（众生）如果寒冷，（梵志）就施舍给他们衣服；（众生）如果生病，（梵志）就施舍给他们医药。"

1.2　紧缩句的特点

在《六度集经》中，语言的紧缩现象很普遍，这主要与译经简洁明了的文体有关。《六度集经》中紧缩句的特点主要有以下几点。

1.2.1　关联词语成对出现或单个出现或不用关联词语

关联词语成对出现的紧缩句在《六度集经》很少见，共有 8 例。如：

（61）（男孙）对曰："太子既圣且仁，润齐二仪，天下喜附，犹孩依亲……"（十四）

关联词语单个出现的紧缩句较多，共有五十三例。如：

（62）儒童白师学问，仰观天文，图谶众书，闻见即贯，守真崇孝，国儒嘉焉。（八十六）

不用关联词语的紧缩句在《六度集经》中最为普遍，共有七十例。如：

（63）（妾）诈为书："尔有慢上之罪，不忍面诛，书到疾脱眼童子，付使还国。"（三十）

通过调查发现，在古代本土文献中，紧缩句关联词语的使用情况与《六度集经》中关联词语的使用有些差异，即本土文献关联词语成对出现或单个出现的紧缩句较为普遍，不用关联词语的紧缩句相对前两者而言较少，我们认为，出现这种差异的原因也主要是与佛经语言高度简洁的特点有关。

1.2.2　紧缩句大半是由偏正复句紧缩而来的，也有一小部分是由联合复句紧缩而来

通过前面的分析可以得知，《六度集经》中由偏正复句紧缩而来的紧缩句共有四种。

1.2.2.1　假设关系紧缩句

如：

（64）群臣谏曰："<u>若崇上德即昌</u>，<u>好残贼则亡</u>。二义臧否，惟王何之？"
（四十一）

1.2.2.2　转折关系紧缩句

如：

（65）王即怒曰："当死乞人！吾现帝王，一国之尊，<u>问不时对</u>，而伴低头乎？
（四十四）

1.2.2.3　因果关系紧缩句

如：

（66）（沙门）靖心思惟，索道弘原，当以拯众，而衣有虱，<u>身痒心扰</u>，道志不立，
手探寻之，即获虱矣。（二十六）

1.2.2.4　让步关系紧缩句

如：

（67）（念弥）又曰："……<u>睹善不喜</u>，<u>逢恶不忧</u>，苦乐无二，清净其行，一心不动，
得第四禅……"（八十八）

由联合复句紧缩而来的紧缩句共有两种。

1.2.2.5　并列关系紧缩句

如：

（68）其国俗以月晦十五日夜常为乐，以麻油膏膏首，白土画身，杂骨璎颈，
两石相叩，男女携手，逍遥歌舞。菩萨随之，国人欣叹，<u>王爱民敬</u>……"（五十二）

1.2.2.6　承接关系紧缩句

如：

（69）（四姓女）<u>至即陈治国之政</u>，义合忠臣，王悦而敬之，每言辄从。（二十八）

《六度集经》中紧缩句的这一特点与本土文献中的紧缩句是一致的，古代汉语
的紧缩句也大多是由偏正复句紧缩而来的。由此可以看出，域外的译师尤其是精通
汉语者在翻译佛经的过程中都会受到汉语语法结构的影响。

1.2.3　紧缩句有些是成对出现的

《六度集经》中的紧缩句多是单个出现的，但也有一些是成对出现的，如：

（70）言往祸来，<u>天追影寻</u>，虽欲发言，惧复获咎。（三十八）

（71）昔者菩萨，为天帝释，位尊荣高。其志恒存非常、苦、空、非身之想，
<u>坐则思惟</u>，<u>游则教化</u>，愍愚爱智，诲以智慧，精进无休。（七十一）

（72）王曰："<u>胜则彼死</u>，<u>弱则吾丧</u>。彼兵吾民，皆天生育，重身惜命，谁不
然哉？……"（十）

古代本土文献中的紧缩句通常是成对地出现，如：

（73）<u>弟子入则孝</u>，<u>出则弟</u>。（《论语·学而》）

（74）<u>故推恩足以保四海</u>，<u>不推恩无以保妻子</u>。（《孟子·梁惠王上》）

（75）<u>先即制人</u>，<u>后则为人所制</u>。（《史记·项羽本纪》）

1.2.4 复杂的紧缩句

《六度集经》中的紧缩句大多是单个出现的，且结构简单，但也存在着较为复杂的紧缩句，如：

（76）（国王）每睹贫民，辄自咎责：“<u>君贫德民穷矣</u>，<u>君富德民家足</u>，<u>今民贫则吾贫矣</u>。”（六）

（77）道人深思：“<u>有是即得是</u>，<u>无是不得是</u>，夫生必有老死之患，魂灵不灭即更受身。<u>不生即无老</u>，<u>不老即无死</u>。”（七十六）

（78）天神鬼龙佥然而曰：“天帝尊位，初无常人，戒具行高慈惠福隆，<u>命尽神迁则为天帝</u>。”（二）

（79）（太子）心自惟曰：“吾体至陋，妃睹必迸，<u>迸则天下康兆民休矣</u>。”（八十四）

（80）王稽首曰：“明日设微馔，愿一顾眄。”答曰：“<u>于厕吾往</u>，<u>于殿则不</u>。”（四十一）

（81）（菩萨）稽首十方，叉手愿曰：“众生扰扰，其苦无量，吾当为天为地，<u>为旱作润</u>，<u>为漂作筏</u>，<u>饥食渴浆</u>，<u>寒衣热凉</u>……”（二十五）

（82）阿群辞曰：“凡世者友，<u>男吾父之</u>，<u>女吾母焉</u>，岂况师之所敬乎？烧身可从，斯乱不敢顺矣。”（四十一）

以上例（76）中出现了三个连用的紧缩句，其中前两个紧缩句“君贫德民穷矣”和“君富德民家足”是假设关系的紧缩，第三个紧缩句“今民贫则吾贫矣”为承接关系的紧缩。每个紧缩句前后两个分句的主语都不相同，且前两个紧缩句都没有关联词语，第三个紧缩句出现了关联词“则”。可翻译为：“如果国君少德，那么百姓就会贫穷，如果国君有德，那么百姓就会富足，现在百姓贫穷了，我也就贫穷了。”

例（77）包括四个假设关系的紧缩句，都是成对出现的。前一对紧缩句“有是即得是，无是不得是”可理解为：“如果有生就会得到生，如果没有生就会得不到生”；后一对紧缩句“不生即无老，不老即无死”可理解为：“如果不生就不会老，如果不老就不会死。”

例（78）“命尽神迁则为天帝”是假设关系的紧缩句，可翻译为：“如果（萨波达王）的生命结束，魂灵逝去，（他）就会成为天帝。”这个紧缩句的结构比较复杂，其中前一个分句“命尽神迁”又是一个表并列关系的紧缩句，所包含的内部结构关系如图：

例（79）有两个紧缩句，都是假设关系的紧缩，可翻译为："如果妃子看见（我），就一定会逃跑，如果（妃子）逃跑，那么天下就安定，百姓就安乐了。"

前一个紧缩句"妃睹必迈"结构比较简单，前后分句的主语相同，且前一个分句的主语出现，后一个分句的主语隐含。第二个紧缩句"迈则天下康兆民休矣"的结构则比较复杂，包括三个谓语动词、三个主语，后一个分句"天下康兆民休"则又是一个表并列关系的紧缩句，内部结构关系如图：

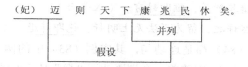

例（80）有两个成对出现的表假设关系的紧缩句，第一个紧缩句"于厕吾往"的前一个分句的谓语动词承前省略，补充出来则为："于厕设馔吾往"；第二个紧缩句"于殿则不"前一个分句的谓语动词也是承前省略，补充出来则为："于殿设馔则不"，这种省略分句谓语动词的紧缩句在古代汉语中不是很普遍。这两个紧缩句可翻译为："如果在厕所设馔，我就前往（赴宴），如果在宫殿设馔，我就不去。"

例（81）中紧缩句的结构非常特殊，"饥食渴浆，寒衣热凉"这一表达形式共有四个紧缩句、八个分句，这四个紧缩句分别是："饥食"、"渴浆"、"寒衣"、"热凉"，都是假设关系的紧缩，这四个紧缩句中的前一个分句都各自只有一个谓语动词，即："饥"、"渴"、"寒"、"热"；后一个分句也各自只有一个谓语动词，即："食"、"浆"、"衣"、"凉"。其中"食"、"浆"、"衣"、"凉"均属词类活用，为使动用法，翻译成现代汉语则为："如果（众生）饿了就给（他们）饭吃，如果（众生）渴了就给（他们）水喝，如果（众生）寒冷了就给（他们）衣服穿，如果（众生）热了就使（他们）凉快。"

例（82）中的"男吾父之，女吾母焉"是两个成对出现的紧缩句，都是假设关系的紧缩，两个紧缩句各自的前一个分句的主语和谓语都隐含没有出现，只出现了宾语"男"和"女"，翻译成现代汉语则为："（眷友）如果是男人，我就以父亲的礼节对待他；（眷友）如果是女人，我就以母亲的礼节对待她。"

1.3　紧缩句与连动句的区别

紧缩句和连动句从形式上看都是单句，并且都是两个或两个以上的谓语动词连续出现于句中而构成的句子，因此二者不容易区别开来，特别是表示承接关系的紧缩句和只有一个主语的紧缩句更容易与连动句混淆。我们认为，可以从以下几方面来区分紧缩句和连动句。

1.3.1　紧缩句连用的几个谓语动词间有分句间的多种逻辑关系，如假设、因果、转折等关系，而连动句的几个谓语动词除了目的关系以外，没有其他逻辑关系

如：

（83）有人以斧斫取其首，鱼时死矣。（三）

（84）普施登其首入城。（九）

（85）菩萨临观，睹其智薄，难即辞穷。（八十六）

（86）（普施）即然许之，留为说法无上明行，讫即辞退。（九）

以上例（83）和例（84）都是连动句，其中例（83）中的两个谓语动词"斫"和"取"为目的关系。例（84）中的前一个谓语动词"登"是后面动词谓语"入城"的方式。例（85）和例（86）都是紧缩句，关联词语都是"即"，其中例（85）中的紧缩句"难即辞穷"是表示假设关系的紧缩，可翻译为："（对方）一反驳，（他们）就会理屈词穷。"例（86）中的"讫即辞退"为承接关系紧缩句，可翻译为："（普施）说法结束就告辞离开了。"

1.3.2　紧缩句前后分句的几个谓语动词之间常有关联词语连接，而连动句连用的几个谓语动词间没有关联词语

如：

（87）天夜往杀质家儿矣。（六）

（88）天即下助其抒水，十分去八。（九）

（89）蛇夜入宫，咋之即绝。（四十九）

（90）（象）曰："……修斯行者，死辄上天，疾得灭度矣。"（二十八）

以上例（87）和（88）为连动句，其中（87）例中的两个谓语动词"往"和"杀"为目的关系。例（88）中的前一个谓语动词"下"和后面的"助"构成目的关系。例（89）和（90）为紧缩句，其中例（89）是表承接关系的紧缩句，可翻译为："（蛇）咬了太子，太子就马上气绝了。"例（90）是表假设关系的紧缩句，可翻译为："（修此行者）如果死了就会升天。"

1.3.3　紧缩句不同分句间的主语可以有一个，也可以有不同的主语，而连动句在结构上只有一个主语，句中的几个谓语动词必须共同陈述一个主语

如：

（91）（王）解剑授长生。（十）

（92）（妻）负婿入国。（十二）

（93）父母年耆，两目失明，睒为悲楚，言之泣涕。（四十三）

（94）佛经曰："为善福追，作恶祸随。"（六十八）

以上例（91）和（92）为连动句，其中例（91）中的"解剑"和"授长生"共同陈述一个省略的主语"王"。例（92）中的"负婿"和"入国"共同陈述一个省略的主语"妻"。例（93）和（94）都是表假设关系的紧缩句，其中例（93）中的紧缩句"言之泣涕"是两个分句有一个主语的紧缩，主语"睒"承前省略，意为"睒一提起父母年迈且两目失明的事就伤心流泪。"例（94）有两个成对出现的紧缩句，其中紧缩句"为善福追"前后分句的主语不同，"为善"的主语为泛指的"人"，此处省略；后一个分句的主语为"福"。另一个紧缩句"作恶祸随"前后分句的主语也不同，"作恶"的主语也为泛指的"人"，后一个分句的主语为"祸"。这两个紧缩句可翻译为："人如果为善，那么福就会马上降临；人如果作恶，那么祸就会紧随而至。"

2 《六度集经》中的疑问句

疑问句是表示疑问语气的句子，其范围有广狭之别。狭义的疑问句指的是真性疑问，是有疑而问，问话者要求对方回答所问的问题，主要包括特指问句、是非问句、选择问句、反复问句、比较问句。广义的疑问句还包括测度疑问句、反诘句和设问句，《六度集经》共有疑问句三百四十例。本文将从以下几个方面重点研究《六度集经》中的疑问句：继承上古疑问句的情况；三国时期新产生的疑问句形式；《六度集经》中存在，但在同时期的本土文献中没有的疑问句形式。

2.1 特指问句

特指问句主要是指用疑问代词提出特定范围内的疑问点，要求对方就所问的问题作出回答的句子。《六度集经》中的特指问句数量最多，共有一百五十四例，约占全书疑问句的45%。从询问的内容来分类，《六度集经》中的特指问句主要有以下几种。

2.1.1 询问人

常用的疑问代词有"谁"、"孰"、"何"。

2.1.1.1 谁

《六度集经》中的"谁"主要作主语、宾语、介词宾语。如：

（95）王曰："斯食谁为之乎？"（十）

（96）左右顾眄，涕泣大言："谁以一矢杀三道士者乎？"（四十三）

以上两例中的"谁"作主语。

（97）王曰："若为谁乎？"曰："吾忍辱人。"（四十四）

（98）菩萨伯叔自相谓曰："吾之本土，三尊化行，人怀十善，君仁臣忠，父义子孝，夫信妇贞，比门有贤，吾等将复谁化乎？"（七十）

以上两例中的"谁"作宾语，其中例（98）宾语"谁"在动词前。汉代以前，"谁"作动词宾语，一般在动词前，汉代以后，"谁"常在动词后，但也有在动词前面的

（99）常悲菩萨仰视报曰："当由谁闻斯尊法乎？"（八十一）

（100）两道士进稽首曰："斯音绝世，将为谁乐？"（八十三）

以上两例中的"谁"作介词宾语。

2.1.1.2 孰（孰者）

（101）王令国内黎庶并会，快大赏赐，酒乐备悉，"今日孰能获神女乎？"（八十三

（102）王曰："孰为斯食？"（八十四）

（103）戏曰："率土之人，孰者乐乎？"翁曰："唯王者乐耳。"（九十）

（104）王曰："孰有能却斯敌者乎？"（二十三）

以上例（101）、（102）中的"孰"作主语，例（103）中的复合虚词"孰者"也作主语，例（104）中的"孰"作兼语式中的兼语，且在兼语式中第一个动词"有"的前面。

2.1.1.3 何

《六度集经》中的"何"主要用于名词前作修饰语，用来说明人物的身份、职业等。如：

（105）二亲闻之，疑其异人，曰："行者何人？"王曰："吾是迦夷国王。"（四十三）

（106）释氏雄士，壮声呵曰："众祐尊座，天帝不临，何婢之子敢升座乎？"（五十四）

（107）太子曰："斯人何乎？"御使对曰："老人矣。"（七十七）

（108）曰："斯复何人？"对曰："病人也。"（同上）

（109）宿亭人曰："子何人乎？"曰："吾寄宿人。"（八十五）

《六度集经》中问人的疑问代词"谁"、"孰"、"何"都是继承沿用上古的，并未有新的形式。

2.1.2 询问事物（含询问状态）

常用的疑问词语有"何"、"奚"、"胡"、"何物"、"何等"、"云何"、"以……（何）为"。

2.1.2.1 何

《六度集经》中询问事物的疑问代词"何"的用例最多，共有三十五例，主要作主语、宾语、间接宾语、介词宾语、定语。如：

（110）等人佥曰："众皆慈惠，尔将何施？"（三）

（111）世尊即起，至比丘所，就座而坐，曰："属者何议？"（八十八）

以上两例中的"何"作动词宾语。

（112）（王）曰："何谓私财？"（七）

（113）"何谓为老？"曰："四大根熟，余命无几。"（七十七）

以上两例中的"何"作间接宾语。

（114）王曰："太子众宝布施都尽，今处深山，衣食不充，何以惠子？"（十四）

（115）于是富姓妻问曰："君住吾前，含笑不止，吾属搏儿，意兴由子，子何以笑？"（七十一）

以上两例中的"何"作介词宾语。

（116）道士曰："太子何疾，而致丧身乎？且无葬矣，吾能活之。"（四十九）

（117）（王）曰："尔悉有何伎乎？"对曰："太官众味，余其备矣"。（八十四）

以上两例中的"何"作定语。

2.1.2.2 奚、胡

"奚"、"胡"询问事物，意义用法同"何"（询问事物），共两例，都是继承上古汉语的。如：

（118）临圹呼曰："尔等胡为？"（三十八）

（119）鸟曰："尔等奚求乎？"（四十六）

2.1.2.3 何等

"何等"相当于"什么"，用来询问事物，仅三例，如：

（120）王言："大善！所欲得者，莫自疑难，今我名为一切之施，欲求何等？"（十三）

（121）其儿适生，叉手长跪，诵般若波罗蜜……长者问言："此为何等？"（六十六）

（122）长者问言："此何等病？"（同上）

以上例（120）和例（121）中的"何等"都作宾语，例（122）作定语。"何等"在汉代已出现，如：

（123）"（曹）公曰："善臧我儿胞，丞知是何等儿也！"（《汉书·孝成赵皇后传》

此期以后一直沿用，一直发展到现代汉语。

2.1.2.4　何物

"何物"是魏晋时期新出现的一个表事物的疑问代词，相当于"什么"。柳士镇先生（1992）[18]指出，"何物"的"物"最初也有表示"事类"的实义，"何物"连用既久，这种实义丧失，"物"只是同"何"结合在一起作疑问代词，意思是"什么"。

"何物"既可以问具体的事物，也可问抽象事物。可以作主语、谓语、宾语、介词宾语。在《六度集经》中只有一例，与介词组成介宾词组，修饰兼语句中的第一个动词。即：

（124）王曰："已受彼归，信重天地，何心违之乎？当以何物令汝置鸽欢喜去矣？"（二）

2.1.2.5　云何

"云何"是魏晋时期较常用的一个疑问代词，询问事物的状态，仅出现四例，都作谓语，如：

（125）其夫人言："王报云何？"王言："我已许之作奴，未许卿耳。"（十三）

（126）曰："止义云何？"（四十一）

（127）曰："厥乐云何？"（九十）

卢烈红（1998）[19]指出汉魏六朝译经中，"云何"多见，"如何"少见，且作主语的情况多。俞理明（1993）[20]指出，汉魏时在诠释性的问句中，"云何"可作主语或谓语。遇笑容（2000）[21]指出，疑问代词"云何"在汉魏译经中出现的次数非常多，而在同期的本土文献中出现的次数极少，由此推断"云何"是一个有佛经特色的词。

2.1.2.6　以……（何）为

（128）两道士入水，解其上衣以缚之。女曰："尔等将以吾为？"答如上说。（八十三）

（129）时有青衣出汲水，开士问曰："尔以水为？"答曰："给王女浴。"（同上）

以上例句中的"以……为"是由"以……何为"省略"何"而形成的，用来询问动作的行为和目的。

2.1.3　询问处所

常用的疑问词语有"何"、"所"、"之"、"安"、"何所"。

2.1.3.1　何

疑问代词"何"询问处所主要是继承上古的用法，作动词宾语，放在动词的前面，或作介词的宾语，修饰后面的动词。如：

（130）商人还国，王曰："仙叹何之？"对曰："去国即别，不知所之。"（八十）

（131）人曰："佛时**何**之？"答曰："独在屋下。"（八十）

以上两例作动词的宾语。

（132）乌问曰："自**何**来耶？"曰："猎者所来。"（四十九）

（133）王曰："汝从**何**得斯宝乎？"（同上）

以上两例作介词的宾语。

2.1.3.2　所

"所"询问处所是中古新出现的一种用法，多见于佛经译文中，相当于上古汉语中问处所的"何"，作动词宾语或介词宾语，如：

（134）（仙叹）去家百余里，于一水上逢数乘车载重病者，曰："尔**所**之乎？"答曰："之仙叹所，庶全馀命。"（八）

以上一例作动词的宾语，《六度集经》中仅此一例。

（135）（王）问讯："道人**所**从来耶？冒涉涂路，得无疲倦？"（十三）

（136）（太子）慰劳之曰："**所**由来乎？苦体如何？欲所求索，以一脚住乎？"（十四）

以上两例作介词的宾语。

2.1.3.3　之

"之"用作询问处所的疑问代词是《六度集经》中新出现的一种特殊用法，上古汉语中未有此用法。《六度集经》中共两例，都是作动词"如"的宾语，且放在动词"如"的后面。

（137）妇还睹太子独坐，惨然怖曰："吾儿如**之**，而今独坐？"（十四）

（138）（妇）哀恸呼天，动一山间。云："吾子如**之**，当如行求乎？"（同上）

"之"作代词表示处所的用法，在上古汉语中已有，如：

（139）"请京，使居**之**。"（《左传·隐公元年》）

（140）"草木生**之**，禽兽居**之**。"（《礼记·中庸》）

我们认为，疑问代词"之"用作询问处所，可能就是从上古代词"之"表示处所的用法发展而来的。

2.1.3.4　安

疑问代词"安"询问处所，既可指具体的事物，也可指抽象的事物，作动词的宾语，放在动词的前面，如：

（141）王曰："日之不出，其咎**安**在？"（八十二）

（142）妇曰："自无数去，誓为室家，尔走**安**之？"（八十五）

2.1.3.5　何所

"何所"询问处所，上古已有，但用例不多，多作主语、定语。太田辰夫（1987）[22]认为，"何所"作动词、介词的宾语，好像是到中古才有的用法。俞理明（1993）[20]指出，"何所"来源于固定词组"何所……"，二字本来不是同一语法层次的成分，因长期连用，遂成一词，在句中意义与"何"相当。

《六度集经》中只出现一例，作介词的宾语，即：

（143）常悲菩萨从定寤，左右顾视，不复视诸佛，即复心悲流泪且云："诸佛灵耀自何所来？"（八十一）

2.1.4 询问原因

常用的疑问词语有"何"、"缘"、"何为"、"……为"、"何缘"、"何由"、"胡为"、"何以（以何）"、"何故"。

2.1.4.1 何

"何"询问原因，用在谓语前面。如：

（144）天神下曰："尔为忍苦，其可堪哉？何不放寿，可离斯痛也？"（三）

（145）空中有声曰："何不急杀之乎？"（六）

（146）王曰："属不就抱，今来何疾乎？"（十四）

2.1.4.2 缘

"缘"，源于"何缘"的省略，主要作状语，也可作宾语。魏晋时期主要出现在佛经译文中。如：

（147）王曰："男长而贱，女幼而贵，其有缘乎？"（十四）

（148）王曰："其诤有缘乎？"（八十二）

以上两例中的"缘"作宾语。

（149）闲居忆曰："吾本乞儿，缘致斯贿乎？"（二十二））

（150）（补履翁）从寝不寐，展转反侧，曰："……若是天子，肌肤何粗，本补履翁，缘处王宫？"（九十）

以上两例中的"缘"作状语。

2.1.4.3 何为

（151）天王曰："斯国众诸，今以付子，而去何为？"（八十三）

（152）宫女讹曰："大王光华有损何为？"答曰："吾梦为补蹠翁，劳躬求供，甚为难云，故为病耳。"（九十）

以上两例中的"何为"意义同"为何"，"何"作介词"为"的宾语，放在前面，这是继承上古汉语的用法。

2.1.4.4 "……为"

（153）猎士素知太子逬逐所由，勃然骂曰："吾斩尔首，问太子<u>为</u>乎？"曰："王逮群臣，令呼太子，还国为王。"（十四）

（154）曰："尔不杀<u>为</u>乎？"（三十二）

（155）王曰："龙等来<u>为</u>？"对曰："天王仁惠接臣等，王欲以贵女为吾王妃，故遣臣等来迎。"（五十）

（156）母还为陈："……佛时难值，经法难闻，尔还<u>为</u>乎？"（七十二）

以上例（153）至（156）中的疑问代词"为"是汉代时产生的一个特殊的疑问代词，俞理明（1993）[20]认为，《六度集经》中的"……为"结构是从"何为"省略"何"而来，这种结构产生在汉代，魏晋时期使用频繁，到唐五代时已消失，《祖堂集》未见一例。

我们认为，这种结构的出现，可能与译经语言高度简洁的特点有直接关系。

关于疑问句尾"为"的词性及用法，张志明（1957）[23]、朱运申（1979）[24]、廖振佑（1980）[25]、洪成玉（1980）[26]、太田辰夫（1987）[22]、龙国富（2003）[27]等诸家论文中都有不同的说法，本文在此不加详论。我们认为，对于疑问句尾"为"的词性及用法，应从形式和意义及语用几方面分析，这样得出的结论也许会更有说服力。

2.1.4.5　何缘

在三国的佛经译文中，"何缘"用来询问原因，意义同"缘"，是继承上古汉语的用法。

（157）菩萨问曰："尔以<u>何缘</u>处地狱乎？"罪人曰："吾昔处世，空家济穷，拯拔众厄，今受众辜，处太山狱。"（一）

（158）王曰："<u>何缘</u>空还乎？"对曰："不遇。"（八）

（159）猕猴曰："……子今<u>何缘</u>翔兹山岨乎？"菩萨答曰："吾与尔其忧起矣，吾又亡妃，未知所之。"（四十六）

2.1.4.6　何由

"何由"由疑问代词"何"与介词"由"组合而成，在上古汉语中多用来询问方法，询问原因的用例罕见，《六度集经》中仅见一例，即：

（160）疾迈见道士若兹，叩头问曰："<u>何由</u>致此？"（四十九）

2.1.4.7　胡为

"胡为"由代词"胡"与介词"为"组成，用来询问原因，在上古汉语中已有用例，《六度集经》中仅见一例，是继承上古汉语的用法的。即：

（161）四姓曰："子展力致此宝，<u>胡为</u>相还？"（三十四）

2.1.4.8　何以（以何）

"何以"由疑问代词"何"与介词"以"组成，询问原因。介词"以"的宾吾如果是疑问代词，多在"以"前，也有在后面的。《六度集经》中共两例，都是继承上古汉语的。如：

（162）王呼欲抱，两儿不就。王曰："<u>何以</u>？"（十四）

（163）抗声哀曰："象以其牙，犀以其角，翠以其毛，吾无牙角光目之毛，将<u>以何</u>死乎？"（四十三）

2.1.4.9　何故

"何故"由疑问代词"何"与名词"故"组成，询问原因。《六度集经》中仅见一例，是继承上古汉语用法的。即：

（164）阿难质曰："飞行皇帝，逮彼尊天，其德巍巍，<u>何故</u>不免于罪乎？"（六十五）

2.1.5　询问方法

常用的疑问词语有"何"、"何以"、"以何"、"奈……何"、"当……何"、"当何"、"何当"、"如……何"。

2.1.5.1　何

"何"用来询问方法，表示"怎么"、"怎么办"，可作谓语或定语。如：

（165）世尊告曰："夫民先修德，而退崇邪，治国之政，其法<u>何</u>之？"（四十一）

（166）若夫先戴畜心，退怀圣德，正法<u>何</u>之？（同上）

以上两例中的"何"都作谓语，"其法何之？"可理解为："按照国家的法律怎么论处他"。"正法何之"意义同上。

（167）王现之曰："吾欲昇天，将以<u>何</u>方？"（八十三）

此例中的"何"作定语。

2.1.5.2　何以

"何以"作谓语，表示"怎么办"，仅见一例：

（168）王窹曰："属梦长生，欲斩吾首，将<u>何以</u>也？"（十）

2.1.5.3　奈……何

"奈……何"表示"对……怎么办"，沿用上古的用法。如：

（169）蛇狐会曰："<u>奈</u>斯事<u>何</u>？"（二十五）

（170）目连启言："吾欲以罗汉威神，化为天网，覆城面四十里，王<u>奈</u>释人<u>何</u>？"（四十一）

（171）王曰："<u>奈</u>之<u>何</u>？"（八十二）

2.1.5.4　当……何、当何、何当

此三种结构都表示"对……应当怎么办"，共四例。如：

（172）王曰："尔为令君，行高德尊。率民以道，过犹丝发，非人所忆，以之获罪，酷裂乃如之耶？如吾今为人主，从心所欲，不奉正法，终<u>当何之乎</u>？"（三十八）

（173）弥兰流泪曰："自四之八，自八之十六，自十六之三十二，处荣屑末殿，郁单殿，吾以无足之行，故获斯矣。<u>何当离斯患乎</u>？"（三十九）

（174）王曰："<u>当作何杀之</u>？"（五十）

（175）释人启佛："<u>当那贼何</u>？"曰："牢关门，废蹔桥。"（五十四）

2.1.5.5　如……何

"如……何"表示"对……怎么办"，继承上古的用法。如：

（176）叔曰："佛戒以杀为凶虐之大，活生仁道之首也，将<u>如彼何</u>？"（七十）

（177）重自惟曰："城门开闭，闻四十里，云<u>如之何</u>？"（七十八）

2.1.6　询问数量

《六度集经》询问数量的疑问句共两例，都是用"几"来询问数量的，如：

（178）深自思曰："吾宿薄祜，生不值佛，世无沙门，君臣愦愦，无知佛者明度无极，除冥尊师，去斯<u>几里</u>？"（八十一）

以上例（178）中，"几"后接名量词"里"，作补语。"几"后接名量词是东汉魏晋时期新出现的一种用法。

（179）曰："卖儿<u>几钱</u>？"（十四）

以上例（179）中的"几"作后面"钱"的修饰语。

2.1.7　询问时间

《六度集经》询问时间的疑问句仅见一例：

（180）食竟藏应器，还到祇树，为佛作礼，悉坐一面，如事说之："念是曹梵志，其学自苦，<u>何时当解</u>？"（八十九）

2.2　是非问句

是非问句是只要求对方针对提出的问题作肯定或否定的回答的一种疑问句形式。吕叔湘（1982）[28]指出："我们的疑点不是在这件事情的哪一部分，而在这整个事件的正确性。"《六度集经》中是非问句共五十二例，按疑问句句末有无语气词可分为以下两类。

2.2.1　不带语气词的是非问句

不带语气词的是非问句在上古汉语书面语中罕见，《六度集经》中的语言与同时期的其他佛经译文比较而言更"文"一些，因此这种问句的用例也极少，只出现一例：

（181）王曰："佛有要决？"（二十五）

2.2.2　带语气词的是非问句

带语气词的是非问句在《六度集经》中非常普遍，共有五十一例，所附的疑问句语气词有"乎"、"耶"。

2.2.2.1　乎

句末语气词为"乎"的是非问句在《六度集经》中最多，共有五十例。如：

（182）王曰："好猎乎？"对曰："臣好之。"（十）

（183）鳖曰："尔尝睹乐乎？"答曰："未也。"曰："吾舍有妙乐，尔欲观乎？"曰："然。"（三十六）

（184）师告阿群："尔欲仙乎？"对曰："唯然。"（四十一）

（185）王曰："父丧来有年乎？"对曰："十有一年。"（六十八）

（186）王问之曰："汝曹见象乎？"对言："我曹俱见。"（八十九）

（187）人曰："佛时卧乎？"曰："不。"（八十）

2.2.2.2　耶

句末语气词为"耶"的是非问句在《六度集经》中只出现一例：

（188）曰："尔父不赂太山王耶？"（六十八）

2.3　选择问句

选择问句就是发问者并列两个或两个以上的选择项，要求对方选择一项进行回答的句子。吕叔湘（1982）[28]指出："白话里这类问句可以在句末用语气词'呢'或'啊'（不用'吗'），也可以不用；可以上下句都用，也可以单用在上句或下句。上下两小句之间，多数用关系词来联络，也有不用的。"又说："文言里的抉择是非问句差不多必用语气词，并且多数是上下都用。"

《六度集经》中的一般选择问句共有两例，并且都是"X·语气词，Y·语气词"式。如：

（189）耆艾对曰："善哉，问也！王将欲以斯身升天耶？以魂灵乎？"王曰："如斯坐欲升天也。"（八十三）

（190）（补踟翁）从寝不寐，展转反侧，曰："吾是补踟翁耶？真天子乎？……"（九十）

2.4　反复问句

反复问句是指从正反两方面发问的句子。吕叔湘（1982）[28]说："文言里的反复问句在形式上也和单纯是非问句更加接近了，因为文言里不重复句子的一部分谓语，只在句末加一'否'字（古多作'不'）或'未'字，或'无'字。"反复问句在形式上近于选择问句，在功能上近于是非问句。《六度集经》中的反复问句共有十一例，有"VP-Neg"和"VP-Neg-MP"两种形式。

2.4.1 "VP–Neg"式

"VP-Neg"式反复问句是由动词性成分后附否定词"Neg"而成，共有七例。如：

（191）（妻）随大家教，即杀其儿，持行埋之，往到奴所，得共相见，言："生一男儿，今日已死。不持钱来，今宁可得唐埋之<u>不</u>？"其奴报曰："大家甚急，备闻此者，最我不小，卿促持去，更索余处，不须住此。"（十三）

（192）时婆罗门复语王言："审实尔<u>不</u>？吾今欲去。"王白道人："我生布施，未曾有悔，从道人耳。"（同上）

（193）佛念诸沙门前所启事，问四姓曰："宁日慈施供养比丘<u>不</u>？"对曰："唯然，举门日供，但恨居贫，菜糜草席，枉屈圣贤，以为默默。"（十六）

（194）王即见妇，问曰："识天子<u>不</u>？"（三十一）

2.4.2 "VP-Neg-MP"式

"VP-Neg-MP"式反复问句的特点是：动词性成分后附否定词"Neg"，否定词"Neg"后用语气词"MP"。共四例，如：

（195）王曰："诸君识长生<u>不乎</u>？金曰："不识。"（十）

（196）（王）解剑授长生，枕其膝眠，长生曰："今得汝<u>不乎</u>？"（同上）

（197）众祐曰："善哉！实如尔云，吾不虚笑，即兴法也，尔欲知笑意<u>不乎</u>？"阿难对曰："饥渴圣典，诚无饱足也。"（八十七）

（198）天帝释告诸天曰："宁欲见南王<u>不乎</u>？"诸天曰："积年之愿，实如明教。"（同上）

2.5 反问句

反问句也称反诘句，是用问句的形式表示肯定或否定的句子。吕叔湘（1982）[28]指出："反诘实在是一种否定的方式，反诘句里没有否定词，这句话的用意就在否定；反诘句里有否定词，这句话的用意就在肯定。"

《六度集经》表反问的疑问词语有"岂"、"焉"、"不亦"、"奈何"、"那"、"何"、"缘"、"岂况"、"何尝"、"何敢"。共有一百零六例。《六度集经》中的反问句几乎都是继承上古用法的，故在此从简，只举例，不再作详细论述。

2.5.1 岂

（199）菩萨报曰："<u>岂</u>有施德而入太山地狱者乎？"（一）

（200）（梵志）对曰："斯为不祥也，端正不言，何益大王？後宫无嗣，<u>岂</u>彼害哉？法宜生埋之，必有贵嗣。"（三十八）

2.5.2 焉

（201）（王）曰："天地尚然，官爵国土，焉得久存？"（二十五）

（202）父王曰："祖王妻之，焉得除乎？"（八十三）

2.5.3 不亦

（203）王曰："子来归穷，而正值吾失国，无以济子，不亦痛乎？"（十）

（204）蟇魄曰："吾获为沙门虚靖之行，不亦善乎？"（三十八）

2.5.4 奈何

（205）罪人曰："彼贤者矣，奈何杀之？"（十二）

2.5.5 那

（206）夫人恚言："汝为婢使，那得此儿？促取杀之。"（十三）

2.5.6 何敢、何尝、何

（207）有一理家，其私财有三千万，以疏现王。王怒曰："何敢面欺乎？"（七）

（208）普施念曰："夫凶即火也，慈即水矣，以水灭火，何尝不灭？"（（九）

（209）菩萨答曰："王以无辜之恶痛加吾身，吾心愍之，犹慈母之哀其赤子也。黎庶何过，而怨之乎？"（四十四）

2.5.7 岂况

（210）妻曰："太子求道，厥劳何甚！夫士家尊，在于妻子之间，靡不自由，岂况人尊乎？"（十四）

（211）王曰："年八孩童，有高士之论，岂况其父乎？"（同上）

2.5.8 缘

（212）儿曰："昔为王孙，今为奴婢，奴婢之贱，缘坐王膝乎？"（十四）

此例句中的疑问代词"缘"从形式上看是询问原因的特指问句，从语法功能上来说是表示反问。疑问代词"缘"的这种用法是中古时期新出现的，且常见于佛经译文中。

2.5.9 谁

（213）理家曰："天地无常，谁能保国者乎？胡不空藏布施贫饥之人乎？"（二十五）

（214）国王登台，观军情猥，流泪涕泣交颈曰："以吾一躬，毁兆民之命，国亡难复，人身难获。吾之遁迈，国境咸康，将谁有患乎？"（四十五）

2.5.10 孰

（215）海神答曰："尔言何虚！斯之巨海，深广难测，孰能尽之？天日可殒，巨风可却，海之难竭，犹空难毁也。"（九）

（216）妇夜寐觉："忆世无常，荣富犹幻，孰获长存？躬为坏舟，我神载之，犹获月影，望天宝者也，劳心苦身，何益於己？……"（七十二）

2.6　设问句

设问句是指说者自己提出问题，然后自己来回答的句子，即"自问自答"。共三例：

（217）何谓为六？一曰布施，二曰持戒，三曰忍辱，四曰精进，五曰禅定，六曰明度无极高行。（一）

（218）时诸沙门，闲居深惟："……何谓五乐？眼色、耳声、鼻香、口味、身细滑。"（三十九）

（219）何谓十恶？眼乐色、耳音、鼻香、口味、身好，并上五盖，谓之十恶。何谓五善？一计、二念、三爱、四乐、五曰一心，斯五善处内。（七十五）

2.7　比较问句

比较句是指"对两种事物进行比较，询问其中的优劣、高下、得失、利弊的句子"[29]。《六度集经》中仅见一例：

（220）佛告胞䏍："五百车声，_孰如_雷震之响？"（八十）

"孰如"由代词"孰"和动词"如"组成，用于表示比较的问句中，这是魏晋时期新出现的一种语法形式，上古汉语的比较问句主要通过"孰"、"孰与"、"何与"、"奚与"等表示。"孰如"与"孰与"在用法上有些不同，对于"孰与"的前后两项，问者的态度比较客观，没有肯定或否定的倾向；对于"孰如"的前后两项，问者对前面一项持否定态度，对后面一项持肯定态度。"孰与"相当于"……与……相比怎么样"；"孰如"相当于"……哪如……"。

2.8　测度问句

测度问句是对事情的现状或未来将信将疑，故而做出推测的句子，一般不要求回答。从语气上看，"或表谦虚和委婉的语气，或带有自言自语的味道。"[30]

《六度集经》中测度问句共三十四例，如下。

2.8.1　乃

（221）（王）自悔过曰："吾宿命恶，_乃_致兹乎？"（六）

（222）（王）曰："尔_乃_杀之乎？"曰："不也。"（八）

上古汉语常用"无乃"表示测度问，用"乃"表示测度问罕见，到了中古才逐渐多一些。

2.8.2　将

（223）九亲惊曰："古世之来，未闻幼孩而为斯云，_将_是天龙鬼神之灵乎？当卜之焉。"（九）

（224）后将观象，妃又睹焉，疑之曰："吾之所游，輙睹斯人，_将_是太子

乎？”（八十四）

"将"表示测度的语气是中古新出现的一种用法，在上古作副词主要表示"即将、打算、必定、将近"等意义，未见表示测度的用法。

2.8.3　其

（225）王靖思曰："<u>其</u>必有以乎？"（八）

（226）商人闻之喜曰："常闻神马，哀度危难，今<u>其</u>臻乎？"（五十九）

"其"表示测度问在上古汉语中已有用例，此期是继承上古的用法。

2.8.4　傥

（227）释化为梵志，来之其前曰："子妻贤贞，德馨远闻，故来乞匄，<u>傥</u>肯相惠乎？"（十四）

"傥"作副词表示测度的语气是魏晋时期新出现的一种语法现象，普遍使用主要是在中古，到了近代汉语已逐渐消失。

2.8.5　得无

（228）三子疑曰："斯肉气味与母身气相似无异，<u>得无</u>吾母以身肉飤吾等乎？"（十九）

（229）龙睹光明，念曰："斯光与前三佛光影齐同，世间<u>得无</u>复有佛乎？"（七十九）

"得无"表示测度问也是继承上古的用法。

注释：

①以下各个例句中的划线部分为紧缩句。

②本文引用的《六度集经》，是依据《大正新修大藏经》（简称《大正藏》）。《六度集经》在《大正藏》的第三册，共包括九十一个故事，此处的数字"四十"指《六度集经》中的第四十个故事，以下类推。

参考文献：

[1] 刘复：《中国文法通论》，上海群益书社 1924 年版。

[2] 张志公：《汉语语法常识》，新知识出版社 1957 年版。

[3] 黎锦熙：《新著国语文法》，商务印书馆 1959 年版。

[4] 丁声树：《现代汉语语法讲话》，商务印书馆 1961 年版。

[5] 朱德熙：《朱德熙文集》第二卷，《汉语语法论文》，商务印书馆 1999 年版。

[6] 金兆梓：《国文法之研究》，商务印书馆 1983 年版。

[7] 向若：《紧缩句》，新知识出版社 1958 年版。

[8] 赵元任：《汉语口语语法》，商务印书馆 1979 年版。

[9] 王力：《中国现代语法》，中华书局 1985 年版。

[10] 邢福义：《汉语语法学》，东北师范大学出版社 1996 年版。

[11] 吕叔湘：《吕叔湘全集》（第六卷），辽宁教育出版社 2002 年版。

[12] 胡裕树：《现代汉语》，上海教育出版社 2002 年版。

[13] 张斌：《现代汉语》，复旦大学出版社 2002 年版。

[14] 宋仲鑫：《"紧缩"新解——简论紧缩句的性质及范围》，载《天津师大学报》1995 年第 6 期。

[15] 刘天堂：《汉语紧缩句探悉》，载《四川师范学院学报》2002 年第 1 期。

[16] 陈兆福：《紧缩句论略》，载《临沂师范学院学报》2002 年第 1 期。

[17] 史存直：《语法新编》（修订本），华东师范大学出版社 1989 年版。

[18] 柳士镇：《魏晋南北朝历史语法》，南京大学出版社 1994 年版。

[19] 卢烈红：《〈古尊宿语要〉代词助词研究》，武汉大学出版社 1998 年版。

[20] 俞理明：《佛经文献语言》，巴蜀书社 1993 年版。

[21] 遇笑容：《中古汉语中的"VP 不"式疑问句》，2000 年纪念王力先生诞辰百年学术研讨会论文。

[22] 太田辰夫：《中古（魏晋南北朝）汉语的特殊疑问形式》，载《中国语文》1987 第 6 期。

[23] 张志明：《论在古代汉语中"为"不能作语气词》，载《西北大学学报》1957 年第 1 期。

[24] 朱运申：《关于疑问句尾的"为"》，载《中国语文》1979 年第 6 期。

[25] 廖振佑：《也谈疑问句尾"为"》，载《中国语文》1980 年第 5 期。

[26] 洪成玉、廖祖桂：《句末的"为"应该是语气词》，载《中国语文》1980 年第 5 期。

[27] 龙国富：《姚秦译经中疑问句尾的"为"》，载《古汉语研究》2003 年第 2 期。

[28] 吕叔湘：《中国文法要略》，商务印书馆 1982 年版。

[29] 王笑湘：《文言语法》，中国人民大学出版社 1987 年版。

[30] 杨伯峻、何乐士：《古汉语语法及其发展》，语文出版社 2001 年版。

罗山方言"一路……转眼……"句式特征及来源考察

罗山县位于河南省信阳市，属于中原官话中的信蚌片。罗山方言中有一些句法现象值得研究，其中表连贯关系的复句句式"一路……转眼……"就较有特色。本文将就这一句式的特征及其来源进行考察。

1 罗山方言"一路……转眼……"句式及特征

先看几个罗山方言中"一路……转眼……"句式的用例：

（1）老天爷说变就变，一路儿还出日头儿，转眼儿就落雨。

（2）这孩子一路儿还好好的，转眼儿就哭开了。

（3）真是出了奇了，牛一路儿还在圈里头拴得，转眼儿就没见了。

（4）他一路儿还待得（在），转眼儿就出去了。

（5）一路儿来了，转眼儿走了。

（6）我一路儿还瞧得他，转眼儿就找不到了。

（7）我们几个一路儿还待（在）说你，转眼儿你就来了。

（8）一路儿我还听得他唱呃，咋转眼儿就哭了哩。

从上面用例不难看出，罗山方言中"一路……转眼……"句式具有以下特征：

第一，从句法关系角度而言，表示一种连贯关系，"一路"发生在前，"转眼"发生在后。以上八例无不具备这个特征，如例（1）中"出日头儿"明显在前，"落雨"明显在后；又如例（5），"来"显然发生在前，"走"显然发生在后。

第二，从语义角度而言，"一路……转眼……"中包含时间、动作或状态的无后转换，且转换非常迅速，甚至连过渡的余地都没有，如例（3）中"在圈里头拴得"和"没见了"之间转换很快，没有其他例如看见牛挣脱或跑出去的动作或过程等中间状态；其施事者或主语可以是同一个人或物，如例（4）均为"他"，例（6）均为"我"，也可以是不同的人或物，如例（7）分别为"我们几个"、"你"，例（8）分别为"我"、"他"。

第三，从句法位置来看，"一路"与"转眼"既可放在施事者或主语之前，如例（8）中"一路"与"转眼"就分别放在"我"与"他"（承前省略了）之前；也可放在施事者或主语之后，如例（2）中"一路"与"转眼"均放在"这孩子"之后（后一个承前省略了）。

第四，从语用角度而言，"一路……转眼……"绝大多数情况下可用于夸张，这种夸张既包含时间上的极度短促，也包含动作或状态的极度转换，如例（4）中"他"由状态"待得"到动作"出去"极为短促，只转眼的功夫，有明显的夸张；但有时也可以指真实情况，如例（2）"这孩子"由状态"好好的"到动作"哭"完全可以是真实的，因为小孩子有时说哭就哭，毫无过渡状态。

总之，"一路……转眼……"复句在罗山方言里是一个极其重要的句式，其句式特征也较明显。那么，"一路……转眼……"是如何发展演变而来的呢？现将分别从词语"一路"与"转眼"的语法化历程的角度来分析"一路……转眼……"句式的产生情况。

2 "一路"的意义及语法功能发展演变

"一"是数词，"路"是名词。"一路"至迟自汉代即已成词，最先是一个名词，义为"一条道路"、"某条道路"，文献多见运用。如：

（9）自一路从平邪山东南入穴中，乃到钟山北阿门外也。（《海内十洲三岛记·昆仑》）

（10）子绘启高祖，请于旧径东谷别开一路。（《北齐书·封隆之传》）

（11）獠中先有二路，一路稍平，一路极险。（《北史·獠传》）

（12）时蕃军逼雅州，涯上疏曰："臣当道出军，径入贼腹，有两路：一路从龙州清川镇入蕃界，径抵故松州城，是吐蕃旧置节度之所；一路从绵州威蕃栅入蕃界，径抵栖鸡城，皆吐蕃险要之地。"（《旧唐书·王涯传》）

又可引申为"某一途径"、"一队人马"、"某一类别"等。如：

（13）离诸邪见，归向菩提之一路，断除空有之两边。（《敦煌变文集新书·维摩诘经讲经文》）

（14）如佛老之学，它非无长处，但它只知得一路。（《朱子语类》卷十五）

（15）有两路兵来，旗上明书大字：一路是征西将军陈泰，一路是兖州刺史邓艾。（《三国演义》第一百十回）

（16）进门打过暗号，他们就知道是那一路的朋友。（《老残游记》第七回）

"一路"作名词时，主要用于主语、宾语、名词短语的中心语。至迟在东汉时表"一条道路"义之"一路"即有作状语的用例，如：

（17）不更作道，一路而行，安得异乎？（《论衡·是应》）

这说明，名词"一路"已经逐渐开始了语法化的历程。至迟自唐代开始，"一路"已经较常用作副词，义为"沿途"、"一路上"。如：

（18）一路经行处，莓苔见履痕。（刘长卿《寻南溪常山道人隐居》）

（19）一路堪愁思，孤舟何渺然。（崔峒《润州送友人》）

（20）一路通关树，孤城近海楼。（岑参《送裴校书从大夫淄川觐省》）

（21）玉子纹楸一路饶，最宜檐雨竹萧萧。（杜牧《送国棋王逢》）

（22）归来一路笙歌满，更有仙娥载酒迎。（韦庄《观浙西府相畋游》）

（23）一路随鸿雁，千峰绕洞庭。（齐己《送人游湘湖》）

（24）青霄一路少人行，休话兴亡事不成。（吕岩《赠陈处士》）

（25）衡阳去此正三年，一路程途甚坦然。（石恪《赠雷殿直》）

（26）一路繁花相送、过青墩。（陈与义《虞美人》）

（27）人与杏花俱醉，春风一路闻莺。（周密《清平乐·杜陵春游图》）

（28）过旧经行处，渔乡水驿，一路闻蝉。（李彭老《木兰花慢·送客》）

副词"一路"继续发展，元代时出现了"一路上"、"一路里"等形式，乃作副词。如：

（29）一路里奔波到京辇，山路到处多巅险。（无名氏《张协状元》第三十九出）

（30）一路里奔驰，多少艰辛，来到这里。（施惠《幽闺记》第二十二出）

（31）一路上寻思，莫不他翻悔了这门亲事？（戴善甫《陶学士醉写风光好》第四折）

（32）孙二同母亲一路里去到草桥店，母亲身己不快；还了香愿，到得店里已自死了。（萧德祥《小孙屠》第十四出）

（33）男儿既然坚意要去进取功名，一路上小心在意者！（李唐宾《李云英风送梧桐叶》楔子）

"一路"的语法化进程继续推进，继作副词义"沿途"、"一路上"后，又一次出现了意义用法上的重大变化，即至迟唐代已可表示动作偕同的方式，义为"一起"。这种动作偕同方式的出现有两个必不可少的条件：一是施事者不再是一个而是两个或以上；二是"一路"的语义不再主要聚焦在动作本身上，而是重点聚焦在施事者上，强调施事者同时、一起完成某个动作。如：

（34）终思相约岷峨去，不得携筇<u>一路</u>行。（齐己《寄蜀国广济大师》）

（35）识者同为<u>一路</u>行，岂可颠坠缘榛棘。（《祖堂集·丹霞》）

元明清文献中，"一路"表偕同方式的用法相对多见①，如：

（36）若还捉住不轻放，管取同他<u>一路</u>来。（元无名氏《十探子大闹延安府》第三折）

（37）秀才，不知好着俺领了长寿孩儿，<u>一路</u>同去么？（郑廷玉《看钱奴买冤家债主》楔子）

（38）他是个慈悲好善之人，将我逐回，故不曾同他<u>一路</u>行走。（《西游记》第三十一回）

（39）太子跪地叩拜道："师父，我只在此伺候，到明日同师父<u>一路</u>去罢。"（又第三十八回）

（40）明日<u>一路</u>同行，至昭应，李君道："小弟慕足下尘外高踪，意欲结为兄弟，倘蒙不弃，伏乞见教姓名年岁，以便称呼。"（《初刻拍案惊奇》卷四十）

（41）四个英雄<u>一路</u>作伴同行，十分得意。（《粉妆楼》第三十八回）

（42）郭总兵赴席回来，作福开船，与狄希陈<u>一路</u>行走。（《醒世姻缘传》第九十九回）

（43）仍旧无心观看里头的景致，跟着黑八哥<u>一路</u>出来，曲曲弯弯，又走了好半天，方到停车的所在。（《官场现形记》第二十五回）

（44）我找到岔路，自回方家堡，约定了方世杰即日准来帮助，我就带了施不全下船，<u>一路</u>回来了。（《施公案》第一百六十五回）

现代汉语中，"一路"有时也可表偕同方式的用法，不过主要为方言语体。如②：

（45）当天，黄同志就离开前线，恰巧同我走到<u>一路</u>。（杨朔《潼关之夜》）

（46）如果高兴，你明天就和叶平<u>一路</u>来。（胡也频《到莫斯科去》三）

另外，在某些现代汉语方言中，"一路"渐渐由表一个动作的偕同方式，发展出可以表几个动作的偕同方式，形成一种并列关系。如：

（47）<u>一路</u>静悄悄地哭着，<u>一路</u>缓缓地数说。（洪深《香稻米》第二幕）

（48）他两个<u>一路</u>儿跑<u>一路</u>儿喊。（罗山方言）

（49）他<u>一路</u>儿走<u>一路</u>儿哭，心里好难过。（罗山方言）

（50）天太热了，他们<u>一路</u>儿挖土，<u>一路</u>儿擦汗。（罗山方言）

（51）她<u>一路</u>儿吃饭，<u>一路</u>儿嘬人（骂人），疯子，没得（没有）人理她。（罗山方言）

这一步发展极为重要。这样，"一路"的语法化进一步增强，原来只充任一个分句的成分，发展为可以充任分句间的联结词；原来仅表示某个特定动作发生的方式，发展为可以表示同时发生的动作之间的并列关系。

并列关系中的动作是同时发生的，如果不是同时发生，而是先后发生，就是连贯关系。并列关系与连贯关系在小类上虽然分属于不同的复句，但在大类上存在共性。目前学界对于复句的划分，一般采用二分法或三分法，二分法即将复句分为联合复句和偏正复句两大类，如胡裕树[1]，三分法是将复句分为因果复句、并列复句和转折复句三大类，如邢福义[2]，不论怎样分，并列复句和连贯复句都属于同一类即二分法中的联合复句和三分法中的并列复句。并列关系和连贯关系复句分句间的关系都是平等的，不分主次，均属于"并列聚合"，不同点在于一个是横式并列一个是纵式并列。[1][2] 可见，并列复句与连贯复句本来就同中有异、异中有同，存在一定条件下相互演变的基础。语言事实说明，罗山方言中的"一路"在发展出并列关系之后并未停止语法化的历程，而是进一步发展演变出连贯关系，构成"一路……一路……"的句法形式，表示动作或状态的先后发生。如：

（52）天一路儿还是晴的，一路儿就阴了。

（53）我一路儿给你讲的，你咋一路儿就忘记了呢？

（54）树上的雀子（鸟）一路儿还一大群，一路儿哈（全）飞了。

（55）他爷一路儿还在说话，一路儿就不行了。

在表连贯关系的"一路……一路……"句式中，动作或状态发生的时间较为短暂，同时时间的先后间隔也是真实的，不存在夸张因素。这一连贯关系句式的出现，对于"一路……转眼……"句式的形成意义十分重大。

3 "转眼"的意义及语法功能发展演变

再看"转眼"一词的发展历程。从文献调查来看，"转眼"一词最早大概见于唐代，作动词。文献不太常见。如：

（56）当此之时，气便欲绝，不觉转眼，偷看十娘。（《游仙窟》）

（57）无语兼动所思愁，转眼看天一长吐。（韩偓《秋千》）

（58）嘶风重诉牵盐耻，伯乐何妨转眼看。（李咸用《投知》）

以上"转眼"如何理解，这里还得分析一下。《汉语大词典》（以下简称《大词典》）的解释是"转动眼珠"[3]，但从以上用例来看，显然不符。那么动词"转眼"如何解释合适呢？"转眼"的理解关键在一"转"字，"转"，《说文·车部》："转，运也。"[4]"运"什么意思？《大词典》给出了近二十种释义，其中与"转眼"最切近的释义有两个："移动；挪动。""运转；转动。"[5] 这两个释义那一个适合"转眼"之"转"的意义呢？《大词典》将"转眼"释义为"转动眼珠"，显然是将"转"释义为"转动"。不妨先从分析"转动"意义入手，关于"转动"的意义，《大词典》给出了四个义项："转身活动""变动，移动。""走动。指外出谋生。""物体以一点为中心或以一直线为轴作圆周运动。"[3]《现代汉语词典》对"转动"给出两个读音，三个义项，其中读"zhuǎndòng"时一个义项："转身活动；身体或物体的某部分自由活动。"[6] 读"zhuàndòng"时两个义项："物体以一点为中心或以一直线为轴作圆周运动。""使转动。"[6] 从以上对于"转动"的释义来看，适合于解释"转动眼珠"的"转动"的只有"物体以一点为中心作圆周运动"或"移动"两个义项，如果理解为前者，则"转眼"之义应为"不停地转动眼睛"，"不停地转动眼睛"这个动作在生活中可以实际存在，因而此义项理论上可以讲得通；如果理解为后者，则"转眼"之义应为"移动目光；转过眼睛"。结合上面用例，显然文献中动词"转眼"的最初含义应是"移动目光；转过眼睛"之义，《大词典》解释为"转动眼珠"也即"不停地转动眼睛"之义显然不合逻辑，难以讲得通，同时释"转眼"之"眼"为"眼珠"也不合适，因为古代表"眼珠"义时多用"睛"而不用"眼"，《说文·目部》："眼，目也。"[4]《大词典》："眼，视觉器官。通称眼睛。"[7]"睛，眼珠；眼球。"[7]。因此以上动词"转眼"应为"移动目光；转过眼睛"之义，"转"应读作"zhuǎn"。

唐以后，"转眼"作动词的用法一直沿用到现代汉语。如：

（59）迅速光阴如**转眼**，少年何事功名赚？（施惠《幽闺记》第十一出）

（60）难动脚，怎**转眼**？（董君瑞《哨遍》）

（61）浪包娄**转眼**机谋广，恶公人狠似虎和狼，恨不的把我泼残生逼勒登时丧！（元无名氏《都孔目风雨还牢末》第三折）

（62）正吃之间，只见那边窗里一个女子掩着半窗，对着闻俊卿不**转眼**的看。（《二刻拍案惊奇》卷十七）

（63）周卜成**转眼**见张昌宗由里面出来，赶着在篮内喊道："六郎赶快救我，小人痛煞了。"（《狄公案》第三十七回）

（64）我忽然一**转眼**，只见有两个女子，在那边和一伙搭客调笑。（《二十年目睹之怪现状》第六十七回）

（65）他又**转眼**去看李麻子。（茅盾《子夜》十三）

"转眼"这个动作相对非常短暂，在语言发展演变中，"转眼"渐渐只保留时间短暂之义，而其所包含的动作本身却逐渐淡化了。这样，"转眼"就渐渐由实而虚，最后虚化为表时间短暂的副词。对于"转眼"的词性演变，学界也有零星探讨，如孙晓静考察认为，"转眼"一词除了具有动词词性外，还有越来越向虚词化方向发展的趋势，主要是用作副词。[8]的确，从文献调查来看，"转眼"至迟在唐代已经虚化为时间副词，义为"转眼间"，形容时间极为短促。"转眼"也不再作谓语而是作状语，表连贯关系。不过唐代文献所见较少，如：

（66）转眼艰难声唤频，由不悟无常抛暗号。（《敦煌变文集·无常经讲经文》）

（67）住住住，休休休，转眼风波得自由。（释德诚《船子和尚拨棹歌》）

这一用法于宋代文献已较为多见，如：

（68）霜空横雁，寒日翻鸦，惊嗟岁月如流，更被酒迷花恼。转眼吴霜，点鬓催老。（袁去华《荔枝香近》）

（69）正斜阳淡淡，暮霭昏昏，晚风猎猎。转眼已成陈迹。（王质《倦寻芳·度口酒家》）

（70）章泉词和去，交道元如故。转眼岁将穷，溪头鹤发翁。（韩淲《菩萨蛮》）

（71）青帝结束匆匆，转眼朱明了。（刘克庄《烛影摇红·用林卿韵》）

（72）去年曾借梅为寿，转眼垂孤小春又。（李曾伯《青玉案·丁未寿八窗叔》）

（73）残蛩露草，怨蝶寒花，转眼西风，又成陈迹。（周密《秋霁》）

（74）看儿贪耍不知寒，须塑就玉狮，置儿怀抱。奈转眼、今何在，泪痕成恼。（刘辰翁《花犯·再和中甫》）

元代时，"转眼"一是继承宋代时的用法，即形容时间短促，作状语表连贯关系，仍以"转眼"二字的形式见于文献。如：

（75）咱人可也转眼故人稀，渐渐的将朱颜换，看看的早白发催。（吕止庵《集贤宾·叹世》）

（76）零落碧云空叹，转眼岁华如许。（陆辅之《词旨·词旨上》）

（77）转眼垂杨绿，回头麦子黄；万事分已定，浮生空自忙。（柯丹邱《荆钗记》第三十四出）

（78）落花无数满汀洲，转眼春休。（任昱《春怀》）

（79）花阴转眼那，日光弹指过，送了些干峥嵘且贪呆货，有两句古语您自评跋。（薛昂夫《端正好·高隐》）

（80）只是试期迫近，转眼便错三年，如之奈何？（范康《陈季卿误上竹叶舟》第三折）

（81）去时节暖阁排筵，转眼清明在目前。（徐仲由《杀狗记》第十九出）

二是又出现了新的形式，主要是"转眼间"、"一转眼"等三音节组合形式。这些组合形式的出现不仅仅是词语结构本身的变化，同时由于音节增加了，兼之"间"、"一"等时间语素的出现，更能够强调"转眼"时间的短促，也更能强调时间上的承接关系。如：

（82）巡指间春义秋，<u>转眼</u>间晨又昏。（李寿卿《月明和尚度柳翠》第一折）

（83）则为你临官路，出粉墙，常只是<u>转眼</u>间花残花放。（谷子敬《吕洞宾三度城南柳》第四折）

（84）一<u>转眼</u>选场开，发了愿来年去，直至那长安帝都。（无名氏《朱太守风雪渔樵记》第一折）

明清时，副词"转眼"于文献中大量出现，此期主要有三种形式，前两种继承了元代的两种用法：一是以"转眼"二字的形式出现，如：

（85）纷纷五代战尘嚣，<u>转眼</u>唐周又宋朝。（《喻世明言》第十四卷）

（86）光阴荏苒，不觉<u>转眼</u>三年，又当会试之期。（《警世通言》第十八卷）

（87）却又自有<u>转眼</u>贫富出人意外，把眼前事分毫算不得准的哩。（《初刻拍案惊奇》卷一）

（88）自道婿家堪毕世，宁知<u>转眼</u>有炎寒？（《二刻拍案惊奇》卷二十六）

（89）却不觉的光阴迅速，时序催迁，<u>转眼</u>就是三十个日子。（《三宝太监西洋记》第十回）

（90）未有<u>转眼</u>负心如申生的呵。（《娇红记》第三十一出）

（91）郎此去<u>转眼</u>是秋榜之期，只愿一举高登，重遵求婚。（又第三十三出）

（92）迤逶春色凋残，胜游难再，只是思忆之心，形于梦寐。<u>转眼</u>又是一年。（《今古奇观》第二十二卷）

（93）荣华<u>转眼</u>留不得，空贻余臭万年看。（《明珠缘》第四十九回）

（94）<u>转眼</u>三十余年，可不是十九回了吗？（《儿女英雄传》第三十四回）

（95）酒阑人散，月上星稀；锦天绣地，<u>转眼</u>皆非。（《花月痕》第六回）

（96）红楼原一梦，<u>转眼</u>竟成空，只有吟笺在，珍藏客笥中。（又第二十五回）

（97）此时还是正月天气，<u>转眼</u>日已沉西，晚风刺骨。（《红楼复梦》第八十七回）

二是以"转眼间"、"一转眼"等三音节形式出现，如：

（98）那人就地撮把土，望着那前面海大般白浪滔天的水，只一撒，<u>转眼</u>间就现出原来平地。（《水浒传》第九十五回）

（99）<u>转眼</u>间，贼将口中喷出火来。（又第一百八回）

（100）那道人把手一指，<u>转眼</u>间却不见了。（《英烈传》第四十二回）

（101）多亏得这杨氏殡葬完备，就把王生养为己子，渐渐长成起来，<u>转眼</u>间又是十八岁了。（《初刻拍案惊奇》卷八）

（102）<u>转眼</u>间，又是满月，少不得做汤饼会。（又卷二十）

（103）时序易迁，<u>转眼</u>间又是隆冬天气。（《禅真逸史》第二十一回）

（104）不觉光阴似箭，**转眼间**魏郎已经服满赴都，恰也升陕西儒学正提举，阶奉议大夫。（《今古奇观》第七十六卷）

（105）往往丢了这玉检金科，靠些才智用事，以至好端端的骨肉伦常，功名富贵，**转眼间**弄到荡析沦亡，困穷林守，岂不可惜！（《儿女英雄传》第三十六回）

另外，"转眼"又出现了两种新的组合形式，一是以"转眼之间"的形式出现，主要见于清代，如：

（106）岂料**转眼之间**，把玉环生生断送，好不可怜人也。（《长生殿》第四十四出）

（107）匡胤不曾提防，**转眼之间**，见有利刃飞来，措手不及，往后一闪，让过了刀。（《飞龙全传》第十回）

（108）只听见各船上齐声打起号子，**转眼之间**船分南北，悠然而去。（《红楼复梦》第四十九回）

（109）家人出来，冯渊只得躲避，就见东房上，有一个人，**转眼之间**，踪迹就不见了。（《小五义》第二百八回）

"转眼之间"相对于"转眼间"、"一转眼"，在表达上音节增加，节奏放缓，停顿明显，有进一步突出强调时间紧促之效。另外一种形式变化，就是在"转眼"、"转眼间"、"转眼之间"等前面有明显的时间成分与之呼应，构成"时间成分……转眼……"的句法关系，从而使得连贯关系更为明显和突出。主要见于明末以后文献，如：

（110）又道是百足之虫，至死不僵，跌扑不多时，**转眼**就高官大禄，仍旧贵重。（《初刻拍案惊奇》卷二十九）

（111）惜春看了，正在细想，**转眼间**妙玉便不见了。（《补红楼梦》第十五回）

（112）平儿们瞧着他笑嘻嘻缩了下去，一会儿身子不见，**转眼之间**头面也无，只剩一张嘴浮在水面，说道："我往海上去逛，不能久叙了。"（《红楼复梦》第八十一回）

综上，至迟自唐代起，"转眼"就完成了第一个极其重要的语法演变阶段，即由一个实义动词发展演变为一个作状语的副词，并逐步演变出"一转眼"、"转眼间"、"转眼之间"等变化形式。第一阶段非常重要，不仅仅使"转眼"一词实现了由实到虚的演变，更重要的是副词"转眼"及其变化形式可作为句子间的联结词表时间上的连贯关系，为其语法发展的第二阶段的出现创造了有利的条件。第二阶段的演变就是"时间成分……转眼……"句法关系的出现，至迟在明末即已出现，这种句法关系的出现对于"一路……转眼……"句式的出现意义十分重大。

4 "一路……转眼……"句式的形成

前面考察分析了词语"一路"和"转眼"的各自语法化发展历程。其中,"一路"的发展路径大致为:名词(一条道路等)→(某一途径等)→副词(沿途、一路上)→副词(一起)→并列关系(两个或以上"一路"并列)→连贯关系(一路……一路……);"转眼"一词的发展路径大致为:动词(移动目光;转过眼睛)→副词,连贯关系(时间短促)→连贯关系(时间成分……转眼……)。从"一路"与"转眼"语法化路径的末端形式不难看出,"一路"发展出连贯关系"一路……一路……","转眼"发展出连贯关系"时间成分……转眼……",两者均发展出连贯关系,同时连贯关系复句联结词均由一对时间词(或时间成分)构成。两者具有相同的句法功能,具有同一类别的联结成分,这样由"一路……一路……"与"时间成分……转眼……"两个句法形式孕育出一个新的表连贯关系句法形式"一路……转眼……"也就顺理成章、水到渠成了。可见,罗山方言句式"一路……转眼……"正是词语"一路"和"转眼"分别语法化的结果,由两者在语法化的历程中各自发展、相互渗透孕育的结果。

同时需要指出的是,在"一路……转眼……"句式形成过程中,语用因素扮演着重要的角色,语用因素是其必不可少的内在驱动力。这一点可以从"一路……转眼……"与"一路……一路……"的比较中一目了然。虽然在罗山方言里,两者均可表示连贯关系,但两者的用法却有一些不同。两者第一个联结词相同,均为表时间的词语"一路",但后一个联结词不尽相同,一个为"一路",一个为"转眼",虽均有表时间短促之义,但后者所表示的时间显然比前者更为短促。这样,在罗山方言里,虽然"一路……转眼……"与"一路……一路……"均可表示两个动作或状态发生或存在的时间短促,但前者比后者更为短促,且前者往往有语用上的夸张色彩,而后者却没有夸张色彩,只是真实记录时间变化的短促情况。如与动作相关的句子"他一路儿来了,转眼儿走了"与"他一路儿来了,一路儿又走了"相比,前者突出强调走得快,待的时间极短,其重点信息是强调夸张,而后者只是交代实际待的时间不长,并不含夸张成分;又如与状态相关的句子"天一路儿还是晴的,转眼儿就阴了"与"天一路儿还是晴的,一路儿就阴了"相比,前者重在夸张强调由晴到阴的时间极短,后者则重在交代实际由晴到阴的时间不长,是真实描写,不含夸张强调的成分。因此"一路……转眼……"与"一路……一路……"的最大区别就是语用因素,前者存在明显的语用上的强调夸张,后者则没有这一语用特点。

综上所述,罗山方言复句句式"一路……转眼……"是词语"一路"和"转眼"分别语法化的结果,由两者在语法化的历程中分别独立发展出连贯句法形式"一路……一路……"与"时间成分……转眼……",然后由两者自然结合孕育而成。同时，在"一路……转眼……"句式形成过程中，语用因素无疑是必不可少的内在驱动力。"一路……转眼……"句式的特征是在句法上表连贯关系，在语义上包含时间、动作或状态的先后转换，其施事者或主语可以是同一个人或物，也可以是不同的人或物，在语用上往往包含夸张强调的成分。

注释：

①也有作谓语的情况，相对较少。如《补红楼梦》第二十二回："三人一路不则一天，早到了京城，捱到傍晚掌灯时分，进了城，找个饭店歇了。"

②本文所举现代汉语中的用例，罗山方言外的数例引自《汉语大词典》。

参考文献：

[1] 胡裕树主编：《现代汉语》（增订本），上海教育出版社 1987 年版。

[2] 邢福义：《汉语复句研究》，商务印书馆 2001 年版。

[3] 罗竹风主编：《汉语大词典》（9 卷），汉语大词典出版社 1992 年版。

[4]（汉）许慎撰，徐铉校定：《说文解字》，中华书局 1963 年版。

[5] 罗竹风主编：《汉语大词典》，汉语大词典出版社 1993 年版。

[6] 中国社会科学院语言研究所词典编辑室编：《现代汉语词典》，商务印书馆 2005 年版。

[7] 罗竹风主编：《汉语大词典》（7 卷），汉语大词典出版社 1991 年版。

[8] 孙晓静：《试探讨〈现代汉语词典〉"转眼"条词性》，载《现代语文》（语言研究版）2008 年 12 期。

文字与辞书

"冈" 考——兼论 "皿"

"冈"是汉字系统中的一个偏旁用字，部分辞书虽有所收录，但其注音释义却有时大相径庭。如《中华字海》视"冈"同"网"，读音自然为"wǎng"[1]《汉语大词典》光盘版2.0版①（为方便起见以下均简称《大词典》）："冈，义未详。"读音为"gāng"。《中华字海》与《大词典》音义完全不同。"冈"字究竟作何解释？其读音又如何呢？这是个必须要搞清楚的问题。

《大词典》认为"冈"读"gāng"，可能与"冈"（gāng，即"冈"的简体字）有关，因为两者形体有些相似。不过稍加分析就可以肯定"冈"不可能是"冈"（gāng，即"冈"的简体字）字，原因有三：一是"冈"与"冈"的形体结构虽貌似相似，但毕竟不同，"冈"字位于一个正常汉字的正上方，属于一个偏旁用字，而"冈"则是一个完整占位结构的字；二是《大词典》在收录"冈"的同时，也收录了"冈"字，并做注音释义"冈，'冈'的简化字。"读"gāng"显然"冈"与"冈"不是同一个字；三是《大词典》在注释"冈"时说"义不详"，如果是"冈"不会"义不详"。那么"冈"是不是指作偏旁的"冈"呢？这也不可能，一是这与"义不详"相悖，因为即使"冈"作偏旁也是有意义的；二是汉字中，没有"冈"或"冈"作偏旁位于正上方的情况，"冈"或"冈"作偏旁的字主要有：位于下方的"岗（崗）"，位于左边的"刚（剛）"，位于右边的"钢（鋼）"、"纲（綱）"、"碙"、"镧"、"犅"、"焵"、"棡"、"掆"、"堈"，没有位于上方的情况。总之，"冈"不可能是"冈"（gāng，即"冈"的简体字），这样，《大词典》认为"冈"读"gāng"的理由恐怕难以成立。

那么"冈"与"网"是否有关系呢？《说文·网部》："网，庖犧所结绳以田以渔。从冂，下象网交文。凡网之属皆从网。罔，网或从亡。網，网或从糸。冈，古文网。网，籀文网。"[2]《康熙字典》："网，（古文）同罔罔罔。《广韵》文两切。《集韵》《韵会》《上韵》：'文纺切，并音網。'《说文》：'庖犧所结绳以田以渔。从门，下象网交文。'《注》：'今经典变隶作罒。'《玉篇》：'罗罟总名。亦作罔、罓、囚、网。'《广韵》：'与網同。'《篇海》：'网字有三讹：本作网而讹作网，亦作冈而又讹作闪，又亦作門而讹作罒。罒乃横目，惟睪罙罭等字从之，其他但属罗网义者，并系门字，下横画不连两旁。'"[3] 又"網，《说文》本作网。或作罓，隶省作冈。今文从系作網。《易·系辞》：'作结绳而为网罟，以佃以渔。'《朱子·本义》：'网，与網同。'"[3] 可见，由于隶变、俗写、地域用字不同等原因，"网"字有不少异体，如"罓"、"閆"、"罓"、"冈"、"罓"、"闆"、"罔"、"囚"、"網"、"网"、"冈"、"闪"、"門"、"罒"、"网"等，其中"冈"虽然字形与"冈"（gāng，即"岡"的简体字）相同，但意义却完全不同，这里的"冈"只能是"网"的异体字。在"网"的上述异体中，"門"、"罒"、"网"主要作偏旁用字。

　　古代文献不仅印证了上述关于"网"字异体的可靠存在，而且从中发现"网"字的异体并不仅仅局限于以上这些，还有很多。现以《慧琳音义》部分词条及释语为例，来看看唐时"网"字的异体情况。② 如卷第十六词语"笼罩"之"罩"上部写作"冈"，并解释"罩"曰："嘲教反，说文：'罩（冈），捕鱼笼也。'一名薅，从冈卓声也。"卷第三十二词语"罥网"之"罥"上部写作"冈"，"网"写作"冈"；"羯罗频迦"之"罗"上部写作"网"，在释语中说："梵语。旧云迦陵毗伽，又作歌罗频伽。"句中"罗"上部写作"罒"；"羁笼"之"羁"上部写作"网"。卷第六十二词语"罝兔"之"罝"上部写作"网"，释语："《毛诗传》云：'罝（冈），兔罟（冈）也。'郭璞曰：'罝（冈），犹遮也。'《说文》：'兔网（冈）也，从网（冈）且声。'"卷第六十六词语"罩网"之"罩"上部写作"冈"，"网"写作"网"。再看释语："《毛诗传》云：'罩（冈），篝也。'《郭注》：'《尔雅》云："捕鱼笼也"'《文字典说》：'从网（冈）卓声。薅音苦郭反，下亡肪反。'《郑注》：'《礼记》云："鸟罟（网）曰罗（罒），网（冈）也。"'顾野王：'网（网）者，罗（罒）罟（网）之总名也。'《说文》：'庖犧所结绳以田以渔也。从门，象网交文也。或作罓，籀文作网（网），古文作网（冈）。'"卷第八十九词语"笼罩"之"罩"上部写作"冈"。卷第九十五词语"数罟"之"罟"上部写作"冈"，释语："《说文》：'罟（冈）亦网（冈）也，从网（冈）古声也。'"不难看出，《慧琳音义》中，"网"字独用除了可写作"网"外，至少还可写作"冈"、"冈"、"罓"等；"网"字作偏旁时，至少可写作"网"、"冈"、"罒"、"网"等。③

　　从《慧琳音义》可知，"网"即"网"字作偏旁时的异体，具体为"冈"（此处读作"wǎng"）作偏旁时的形体变形。关于"网"与"冈"的异体关系，又如《广韵·养韵》："网，俗作冈。"[4] 另外，从上面《说文》、《康熙字典》中"罓"、

“䍏”、“网”与“罓”互为异体情况也不难看出，“网”作偏旁时有时是可以写作“罓”的。从《慧琳音义》等文献中实际书写来看，“罓”第二笔有时是横竖直笔，有时可写作横竖勾。“罓”既然是“网”字作偏旁时的异体，那么“罓”只能读作“wǎng”，《中华字海》的注音无疑是正确的，解释也没什么问题。《大词典》注音为“gāng”是不对的，“义未详”虽属科学的阙疑精神，但毕竟没有对“罓”做出合理的解释，不能不说是一种遗憾。

说到“罓”，就不能不提及“罒”，因为“罒”的争议与“罓”有些类似。关于“罒”，《中华字海》：“罒，同‘网’。用作偏旁。”[1]《大词典》：“罒，sì，汉字部首，通称‘罒字头’。用‘罒’作部首的例字有：罪、買、詈等。”通过前面关于《说文》、《康熙字典》及《慧琳音义》等的分析不难看出，在表“网”义上，《中华字海》的注音释义是正确的，“罒”即“网”的偏旁异体，读作“wǎng”，与“罓”也互为异体。《大词典》注为“sì”是不对的，虽然“罒”外形似“四”，辞书归字时也可将“四”归入“罒”部，但“罒”毕竟不是“四”，其来源和意义均不相同。《康熙字典》引用《篇海》时说：“网字有三讹：本作网而讹作冈，亦作冈而又讹作冈，又亦作罓而讹作罒。罒乃横目，惟睪眔瞏等字从之，其他但属罗网义者，并系罓字下横画不连两旁。”[3]义即上部是“罒”旁的字，“罒”旁要么写作“罒”，要么写作“罓”（即“网”），其区别主要是后者有“罗网”义，前者没有“罗网”义，但有“目”义。《篇海》关于“罒”一分为二的分析是对的，其中睪、眔、瞏等字归入“目”旁而不是“罓”（即“网”）旁也是对的，《说文·幸部》：“睪，目视也。从横目，从幸。令吏将目捕罪人也。”[2]又《目部》：“眔，目相及也。从目，从隶省。”[2]又“瞏，目惊视也。从目袁声。《诗》曰：‘独行瞏瞏。’”[2]这样，偏旁用字“罒”应该有两套音义，一个表“目”，读作“mù”，一个表“网”，读作“wǎng”，两种属于同形异义关系。从诸多辞书如《现代汉语词典》等部首收字来看，凡是竖写“目”旁字，均归入“目”部，凡是横写“目”旁字均归入“罒”部，与表“网”义的“罒”旁字归在一起，这也说明了《篇海》所述之正确性。而《大词典》注为“sì”无疑不妥，《大词典》称“罒”通称“罒字头”，其实这里“罒”只是外形有些像“四”，但从严谨的文字学角度来说，“罒”毕竟不是“四”，不能认为“罒”就读“sì”，另外《大词典》所举例字“罪”、“詈”、“買”等都与“罗网”有关，而缺乏“目”旁字，不如《篇海》处理得全面，《说文·网部》：“罪，捕鱼竹网。从网、非，秦以罪为辠字。”[2]“詈，骂也。从网从言。”[2]又《贝部》：“買，市也。从网，贝。”[2]所以在对待“罒”旁时，《大词典》的处理方式也是欠妥的。《中华字海》对于偏旁“罒”的音义处理，在“网”义上无疑是正确的，但两者均没涉及“目”义上的情况，也是欠妥的。总之，偏旁用字“罒”应该有两套音义，即一个表“目”，读作"mù"，一个表"网"，读作"wǎng"，两种属于同形异义关系。前者例字如"罣"、"罘"、"罻"等，后者例字如"罪"、"罘"、"罠"、"罟"、"罞"等。

综上所述，偏旁"网"为"网"的一个异体，应读作"wǎng"。在"网"音义界定上，《中华字海》是，《大词典》非。偏旁"罒"既可以表"目"，读作"mù"，又可以表"网"，读作"wǎng"，两种属于同形异义关系。在"罒"音义界定上，《中华字海》是，但不够全面，《大词典》非。

注释：

①指 2003 年汉语大词典出版社与香港商务印书馆联合推出的《汉语大词典》光盘版 2.0 版。

②为方便和突出起见，本文将部分"网"字异体放在括号里显示，其中"网"、"罒"均指某字之上部偏旁。

③以上参照了 (唐) 慧琳编撰：《一切经音义》（《高丽大藏经》第四十册），新文丰出版公司 1982 年版；(唐) 慧琳编撰：《一切经音义》（《续修四库全书》博桑雒东狮谷白莲社藏版），上海古籍出版社 1995 年版；（唐）慧琳、（辽）希麟编撰：《正续一切经音义》，上海古籍出版社 1986 年版；（辽）希麟续编，（民）杨家骆审校：《正续一切经音义》，大通书局 1985 年版；(唐) 玄应、(唐) 慧琳、(辽) 希麟著，徐时仪校注：《一切经音义三种校本合刊》，上海古籍出版社 2008 年版。

参考文献：

[1] 冷玉龙、韦一心主编：《中华字海》，中国友谊出版公司 2000 年版。

[2]（汉）许慎撰，徐铉校定：《说文解字》，中华书局 1963 年版。

[3]（清）陈廷敬、张玉书等编撰：《康熙字典》，中华书局 1958 年版。

[4] 周祖谟：《广韵校本》，中华书局 2004 年版。

略论唐宋禅宗语录对于语文辞书编纂的价值

禅宗，始于菩提达摩，盛于六祖惠能，属于中国佛教宗派之一。禅宗语录是记载和辑录禅宗历代禅师法语的书籍，禅宗语录始于唐代《六祖坛经》，以后日益发展，成为禅家的一种专门文体。唐代禅宗语录为数不多，宋代则大量出现，如菏泽宗《菏泽神会禅师语录》、沩仰宗《潭州沩山灵佑禅师语录》、临济宗《佛果圆悟禅师语录》、曹洞宗《瑞州洞山良价禅师语录》等。据不完全统计，从唐至清，禅宗语录不下三百余种。禅宗语录包括禅师之间、禅师与弟子之间的对话，这些对话多用当时的口语和方言，口语色彩浓厚，是研究近代汉语初期的重要材料之一，同时也是辞书编纂和修订的宝贵材料，具有极高的语料价值。

唐宋时期是近代汉语的初期阶段，此期汉语尤其词汇方面发展较大，其中唐宋禅宗语录中存在大量的口语和方言，汉语中有不少词语最初主要见于唐宋禅宗语录而后才在其他文献普遍运用，而大型语文辞书尤其《汉语大词典》（以下简称《大词典》）却未收或书证滞后，原因主要是在辞书编纂时学界对于此期相关文献的研究尚不够深入，但事实上唐宋禅宗语录对于辞书的编纂意义极大。本文主要探讨唐宋禅宗语录对于辞书尤其大型语文辞书编纂的价值。为便于说明问题，本文主要以《大词典》为参考对象。具体来看如下。

1 主要始见于唐宋禅宗语录而辞书未收的词语

汉语中有不少词语最初见于唐宋禅宗语录，或见于唐宋其他佛教类文献，而《大词典》等辞书却未收。如：

举觉："举觉"一词最初主要见于禅籍，义为通过发问而使其觉悟，为"动＋动"式并列结构。其中"举"为发问或问难之义，"觉"为启发、使觉悟之义。《大词典》："举，发问；动问。""觉，启发，使人觉悟。"[1]如《碧岩录》卷四："且道不落意根，不抱得失，忽有个怎么<u>举觉</u>，作么生败对？"又卷十："长庆保福在雪峰会下，常互相<u>举觉</u>商量。"《大词典》等未收。

打办："打办"一词最初主要见于宋代禅宗语录，为准备、振作之义，其中"打"有振作义，《大词典》："打，振作。"[1]"办"有准备义，《大词典》："办，打算，准备。"[1]禅宗语录中"打办"常与"精神"连用。如《圆悟佛果禅师语录》卷第十六："要须攀上流造诣，至真谛实渊奥阃域，<u>打办</u>自己脱白露净，无丝毫意想堕在尘缘，直下心如枯木朽株，如大死人无些气息。"又卷第二十："今复自帝都，直游武陵境。<u>打办</u>俊精神，也要识禅病。截断风前句，夺取佛祖柄。归来大夸诧，强将果然猛。"《碧岩录》卷一："看他古人怎么悟去，是什么道理？不可只教山僧说，须是自己二六时中，<u>打办</u>精神。"《大慧普觉禅师住径山能仁禅院语录》卷第四："光阴可惜，时不待人，各自<u>打办</u>精神打教彻去。亦不虚受佛荫，亦不辜负平生学道之志。"《大词典》未收。

境致："境致"一词主要见于宋代禅籍，义为心意作用的外部环境或境界。其中，"境"即外部环境，特指佛教意义的境界，即心意活动的外部环境，《佛光大词典》："境，梵语 vis!aya，意为感觉作用之区域，或 artha，意为对象；或 gocara，意为心之活动范围。又译作境界、尘。"[2]《大词典》："境，佛教指成为心意对象之世界。如尘境；色境；法境等。"[1]致，即境致，此处与"境"义同。如《碧岩录》卷四："福见来，便画一圆相，资福乃沩山、仰山下尊宿，寻常爱以<u>境致</u>接人，见陈操尚书便画一圆相，争奈操却是作家，不受人瞒。"又卷十："资福画一圆相，于中书一'牛'字，为他承嗣仰山，平生爱以<u>境致</u>接人明此事。"《禅林僧宝传》卷十五："僧家以寂住为本，岂可观州猎县，看山门<u>境致</u>过时。"《大词典》未收。

聱讹："聱讹"一词最初主要见于宋代禅宗语录，其他文献不多见，义为讹谬难读（或难懂）。其中"聱"指文字艰涩难读之义，《说文·耳部》："聱，不听也。"[3]《广雅》："聱，不入人语也。"[4]"聱"即"聱牙"，《大词典》："聱牙，形容文词艰涩难读。"[1]如《圆悟佛果禅师语录》卷第二："山是山水是水，互换投机去。星辰易位祖佛潜踪，两处绝<u>聱讹</u>。"《大慧普觉禅师住径山能仁禅院语录》卷第四："克符又作颂曰：'夺人不夺境，缘自带<u>聱讹</u>。'师云：'有甚么<u>聱讹</u>，拟欲求玄旨思量反责么？"《禅林僧宝传》卷二十："嗟见世<u>聱讹</u>言清行浊多，若无阎老子，谁人奈你何！""<u>聱讹</u>"《大词典》未收。

拈提："拈提"一词主要见于禅宗语录，义为拈举、拾取，即于说法结束时拈举古则而终法座之义。其中，"拈"与"提"为同义词，含拿、持、举、取等义，《大词典》："拈，拿；持；提。""提，取；取出。"[1]《佛光大词典》："拈提，谓拈评古则。又作拈古、拈则。禅林说法，拈举古则公案以开发学人之心地。禅宗本旨原系教外别传、不立文字、不依经论等，然为使学人体悟言诠所不及之生死大事，乃拈提古则公案以举示宗门之要旨。"[2] 如《碧岩录》卷五："所以云门道：'雪峰辊球，禾山打鼓，国师水碗，赵州吃茶，尽是向上拈提。'"又卷十："异时成都佛果圆悟老禅，笳夹山丈室，拈提雪窦《颂古百则》……此疏钞已埃冷而无余矣。"《大词典》未收。

编辟："编辟"一词最初主要见于宋代禅宗语录，本义为编织衣物，在禅宗语录中比喻禅师接化学人的行动或方法。其中，"编"、"辟"为同义词，均为编织之义，如《孟子·滕文公下》："妻辟纑。"赵歧注："缉续其麻曰辟。"[5]《大词典》："绩，缉麻。把麻析成细缕捻接起来。"[1] 如《五灯会元·南岳下十四世·大随元静禅师》："及至彼，祖便以'即心即佛，非心非佛，睦州担板汉，南泉斩猫儿，赵州狗子无佛性、有佛性'之语编辟之，其所对了无凝滞。"《碧岩录》卷五："编辟曾挨老古锥，七斤衫重几人知？如今抛掷西湖里，下载清风付与谁。"《大词典》未收。

荐取："荐取"一词最初主要见于唐末五代及宋代佛教文献，义为取得、获取，有时也指学习获取之义，为"动＋动"式并列结构。"荐取"中"荐"含"取"义，《大词典》："荐，执；举起。"[1] 如《碧岩录》卷四："若要参透平平实实，脚踏实地，向无著言下荐得，自然居镬汤炉炭中，亦不闻热，居寒冰上，亦不闻冷。若要参透使孤危峭峻，如金刚王宝剑，向文殊言下荐取，自然水洒不着风吹不入。"卷五："只这里也好荐取，古人垂示一机一境，要接人。"《黄龙慧南禅师语录》："我手佛手兼举，禅人直下荐取，不动干戈道出，当处超佛越祖。"《大词典》未收。

转辘辘："转辘辘"一词最初主要见于宋代佛教文献，以禅宗语录居多，本指车轮旋转灵活自由，禅林用语中多表圆转无碍、自由自在之义。"转辘辘"后多要结构助词"地"，构成"转辘辘地"形式。《佛光大词典》："转辘辘地，禅林用语。又作阿辘辘地。以车轮之旋转，比喻圆转无碍，自由自在之境地。"[2] 如《大慧普觉禅师住径山能仁禅院语录》卷第四："只爱丝来线去，谓之绵绵密密，亦谓之根脚下事殊不知，正是个没用处，弄泥团底汉。看他前辈大法明底尊宿用处，转辘辘地。"《密庵和尚语录》："人与非人，性相平等，全体是个大解脱门。二六时中，受用转辘辘地，出生入死，不犯毫铓，或去或留，全超旷劫。"《碧岩录》卷八："赵州云'急水上打球子'，早是转辘辘地，更向急水上打时，眨眼便过。"《如净和尚语录》卷上："清净法身卢舍那，衲僧队里干萝卜。逐日呼来打一槌，万像森罗转辘辘。"《大觉禅师语录》卷中："因事小参，雪峰辊三个木球，转辘辘地，何曾撞着。"《佛光国师语录》卷第八："瘦不露骨，肥不露肉，似地擎山，如石含玉，一句雷奔电掣，

一句花红柳绿，刹刹尘尘尽发机，万象森罗转辘辘。"《大词典》未收，

田库奴："田库奴"一词最初主要见于宋代佛教文献，为俗语，詈词，义为无心智无见识者或蠢人、不长脑筋者。"田库奴"一词《碧岩录》中有阐释，即卷六："田库奴，乃福唐人乡语骂人，似无意智相似。"在构词法上，"田库奴"属"名＋名"式偏正结构。如《大慧普觉禅师住径山能仁禅院语录》卷第二："进云：'辉腾今古烁破乾坤。'师云：'这田库奴。'"《碧岩录》卷六："这僧道此犹是拣择，赵州道田库奴，什么处是拣择。"又"他敢恁么道，赵州作不放他，便云：'田库奴，什么处是拣择？'岂不是猛风铁柱。"《大词典》未收。

伤锋犯手："伤锋犯手"一词最初主要见于宋代禅宗语录，本指因舞动刀剑等不当而使锋刃和手均受损害之义，禅宗语录里比喻因方法不当而效果较差或蒙受损失等义。其中，"犯"与"伤"为同义词。《国语·周语下》："水火之所犯，犹不可救，而况天乎？"韦昭注："犯，害也。"[6]《礼记·檀弓下》："季子皋葬其妻，犯人之禾。"郑玄注："犯，躏也。"[7]如《碧岩录》卷六："宗师家为人，须为教彻。见他不会，不免伤锋犯手，只要教他明此事，所以道会则途中受用，不会则世谛流布。"《虚堂和尚语录》卷之二："此拂子过如吹毛剑，善用者坐致太平，不善用者伤锋犯手。"《圆悟佛果禅师语录》卷第八："动则影现觉则冰生，不动不觉死水里平沈，既动既觉未免伤锋犯手。"《大词典》未收。

2　主要始见于唐宋禅宗语录而辞书未收的义项

有些词语在唐宋之前已经存在，到了唐宋时期，这些词语又发展出新的含义，这些新义在唐宋禅宗语录中存在，但《大词典》等并未收录。如：

和声：该词在先秦就已出现，在古汉语中多表和谐乐音、调和声调、随声附和等义。宋代禅宗语录中，"和声"一词又可表应声、随即之义，多用于问语之后。如《碧岩录》卷二："苟或于言句中作解会，便似紫胡要打刘铁磨相似。其实才举，和声便打。"又卷四："不见道，瘅病不假驴驮药，山僧为什么道和声便打？只为他担枷过状。"《明觉禅师语录》卷第三："师云：'投子古佛，不可道不知，若点捡来，直是天地悬隔。'才问，便和声打。"《虚堂和尚语录》卷之八："忽有人问年穷岁尽时如何，和声便打。何故？添一岁也不知。"又卷之九："忽又问寻常将何示徒，和声便喝。"此义未见于《大词典》。

捏怪：该词主要见于禅宗语录，义为装怪、作怪、搞怪，为"动＋名"式动宾结构。其中"捏"亦作"捏"，含有伪装、伪造、做作之义，《大词典》："捏，伪造，虚构。"[1]"怪"此处指怪异的举措。如《碧岩录》卷二："彼即褰衣，蹑波如履平

地，回顾云：'渡来渡来。'师咄云：'这自了汉，吾早知<u>捏怪</u>，当斫汝胫。'"《禅林僧宝传》卷十五："举曰：'却共首座一般耶？'曰：'打草蛇惊。'对曰：'冬不<u>捏怪</u>。'"《大词典》虽收录"捏怪"一词，但未列此义。

魔魅：该词在唐代即出现，在古汉语中多指魔鬼或邪恶力量，一般作名词。在唐五代及宋代禅籍中有时也用作动词，义为迷惑、欺骗之义。《祖堂集》即有用例，即卷七："师便喝云：'你也噇眠去摩？每日在长连床上，恰似漆村里土地相似！他时后日，<u>魔魅</u>人家男女去在！'"又如《碧岩录》卷三："岩头每日只是打睡，雪峰一向坐禅，严头喝云：'噇眠去，每日床上，恰似七村里土地相似！他时后日<u>魔魅</u>人家男女去在！'"此义《大词典》未收录。

火头：该词在南北朝时就已出现，在古汉语中表炭火、火苗、火候、火头军、火夫等义。其中表火夫（厨房中挑水煮饭的人）义，如丁福保《佛学大词典》："火头，（职位）禅院之造饭者。"[2]此义主要初见于宋代佛教文献，禅宗语录有一些用例，如《碧岩录》卷三："大隋真如和尚承嗣大安禅师，乃东川盐亭县人。参见六十余员善知识。昔时在沩山会里作<u>火头</u>，一日沩山问云：'子在此数年，亦不解致个问来看如何。'隋云：'令某甲问个什么即得？'沩山云：'子便不会问如何是佛？'隋以手掩沩山口。山云：'汝已后觅个扫地人也无。后归川，先于棚口山路次，煎茶接待往来，凡三年后方出世，开山在大隋。'"《景德传灯录》卷第九："师在法堂坐，库头击木鱼，<u>火头</u>掷却火抄，抚掌大笑。"又卷第二十："师问<u>火头</u>：'培火了未？'曰：'低声。'师曰：'什么处得遮消息来。'曰：'不假多言。'"此义《大词典》未收。

直下：该词在古汉语中多作动词，表径直趋赴、直接下达、垂直向下等义；也可作方位名词，表下面之义。另外还可作副词，表直接、径直义，最初主要见于禅宗语录。此义在《祖堂集》中即有用例，如卷十二："如今欲得省心力摩？不如<u>直下</u>休歇去，剥却从前如许多不净心垢，附托依解，回头看汝自家本分事，合作摩土着力。"又卷十三："若能如是，<u>直下</u>提一口剑，刺断天下人疑网，一如不作相似。"又如《碧岩录》卷三："直道'莲花荷叶报君知，出水何如未出时。'这里要人<u>直下</u>便会。"卷四："何故不似石人木马之机，<u>直下</u>似铁牛之机？"卷七："他是临济下尊宿，<u>直下</u>用本分草料。"此义《大词典》未收。

3　主要始见于唐宋禅宗语录而辞书书证滞后的词语

一些词语在唐宋禅宗语录中已经出现，《大词典》也收录了，但最早书证明显滞后。如：

道破："道破"最初可能见于佛教文献，《祖堂集》中即见一例，即卷九："今日事被赞梨道破，称得老僧意。我这里数年出世，并无一个。今日庠梨掇送老僧。"义为说破、说开、说穿或挑明等。又如《五灯会元·南岳下十四世·云岩天游禅师》："初三十一，中九下七，若信不及，云岩与汝道破：万人齐指处，一雁落寒空。"《碧岩录》卷六："雪窦偏会下注脚，他是云门下儿孙，凡一句中，具三句底钳锤，向难道处道破，向拨不开处拔开，去他紧要处颂出，直道'兔马有角，牛羊无角'。"《大词典》虽有收录，但最早书证仅为明代用例，即《水浒传》第五三回："戴宗道：'我说甚么？且不要道破他，明日小小地要他要便了。'"书证明显滞后。

卜度：该词最初主要见于佛教文献，其中禅籍较多，义为臆断、推测。如《禅林僧宝传》卷二十五："百年终须自坏，一任天下卜度归。"又卷三十："及被穷诘无可有，乃曰：'石头大者大，小者小。'学者卜度曰：'刹说众生说、三世炽然说。'"《碧岩录》卷十："客作汉妄以情识卜度，居士缘其目前不足计拔之祸福，亦以情识卜度之，是相随赴火坑也，岂不冤哉。"《五灯会元·南岳下十六世·育王德光禅师》："众中商量，尽道赤心片片，恩大难酬。总是识情卜度，未出阴界。"又《教忠弥光禅师》："曰：'恁么则擘开华岳千峰秀，放出黄河一派清。'师曰：'一任卜度。'""卜度"一词在《大词典》中虽有收录，但最早书证仅为明代用例，即明袁宏道《嘉祥县志序》："而舅氏极论纵谈，不翅千言，似数家藏，无事卜度。"书证显然过于滞后。

碍塞：该词最初主要见于宋代佛教文献，本义为物体阻塞不通，引申为指思想阻塞不通，在佛教文献中多指对佛理或道理等领悟不透而思想阻塞或烦恼发愁等。如《碧岩录》卷二："且道是什么物得恁么奇怪？若也识得，不消一捏；若识不得，碍塞杀人。"卷七："到这里，须是个个自参自究，自悟自会始得。便于一切处，行住坐卧，不问高低，一时现成，更不移易一丝毫，才作计较。有一丝毫道理，即碍塞杀人，更无入作分也。"《大词典》虽有收录，但最早书证为明代用例，即明袁宗道《杂说》："愚意谓当云己立未充，故时有滞执处，时有碍塞处。于此但假渐习熏修，久之不息，徐徐当彻去矣。"显然滞后。

当抵：该词最初主要见于宋代禅宗语录，义为抵挡、对付，为"动＋动"式并列结构。其中"当"与"抵"同义，《大词典》："当，抵敌；抵当。"[1] 如《碧岩录》卷八："雪窦意要独用，赖值这僧当时只与他平展，忽若旱地起雷，看他如何当抵？乌臼过杓柄与人去，岂不是太无端。"《景德传灯录》卷第十三："照用同时尔作么生当抵，照用不同时尔又作么生凑泊。"《圆悟佛果禅师语录》卷第十六："宝月凌虚光吞群象这僧泛一只船，入云门法海里，引得一阵猛风看伊把柂张帆也不易当抵，及至下梢，可惜输却一筹。""当抵"一词《大词典》亦有收录，但最早书证为明代用例，如《水浒传》第七一回："若有钱粮广积害民的大户，便引人去公然搬取上山……为是无人可以<u>当抵</u>，又不怕你叫起撞天屈来，因此，不曾显露，所以无有话说。"显然滞后。

脚指头：是一个口语词，即脚指或脚趾。"脚指头"一词最初可能于唐代即有唐阿地瞿多译佛经《佛说陀罗尼集经》卷第七："起以左脚指头向前，右脚指头向右。"这一句明显表达了脚指头的含义，但从词语的角度来看，至少此句中的"脚指头"还不是一个词，因为从语义来看，其断句应为"左脚 / 指头"、"右脚 / 指头"，而不是"左 / 脚指头"、"右 / 脚指头"。由于尚缺乏更多语言事实的左证，只能推测"脚指头"一词可能出现于唐代。到了宋代，禅宗语录等文献已有一些用例，如《雪岩录》卷八："玄沙过岭，磕着<u>脚指头</u>，以至德山棒，岂不是'妙触'？"《大慧普觉禅师住径山能仁禅院语录》卷第四："空手把锄头，饭里有巴豆，步行骑水牛蹴着<u>脚指头</u>。""脚指头"一词《大词典》有收录，但最早书证为明代用例，即《金瓶梅词话》第二八回："那秋菊拾在手里，说道：'娘这个鞋，只好盛我一个<u>脚指头</u>儿罢了。'"书证较为滞后。

从以上不难看出，唐宋禅宗语录语料价值极大，其对于辞书尤其《大词典》等大型语文辞书的编纂和修订具有重要意义。学界目前对于禅籍词汇的探讨虽取得了一定的成就，但主要集中于《祖堂集》和《五灯会元》等，唐宋尤其宋代禅宗语录较多，还有待于进一步研究，相信随着禅籍的进一步开发，语文辞书的编纂会越来越科学化。

参考文献：

[1] 罗竹风主编：《汉语大词典》，汉语大词典出版社 1986—1993 年版。

[2] 丁福保编著：《佛学大词典》，北京文物出版社 1984 年版。

[3]（汉）许慎撰，徐铉校定：《说文解字》，中华书局 1963 年版。

[4]（三国魏）张揖撰，（清）王念孙疏证：《广雅疏证》，江苏古籍出版社 2000 年版。

[5]（汉）赵岐注，（宋）孙奭疏，（经文）黄侃句读：《孟子注疏》，上海古籍出版社 1990 年版。

[6]（三国吴）韦昭注：《国语》，上海古籍出版社 2008 年版。

[7]（汉）郑玄注，陈戍国点校：《周礼·仪礼·礼记》，岳麓书社 2006 年版。

从树木词语看《汉语大词典》书证滞后问题

自问世以来，《汉语大词典》（以下简称《大词典》）无论在教学科研领域还是在日常生活中都发挥了积极的重要作用，《大词典》目前已经成为汉语最权威最全面的大型语文辞书之一。但由于在编纂时，受到当时学术研究的相对有限以及文献发掘整理的相对不足等客观因素的影响，加之大型辞书编纂者因人数众多而标准水平难免不一致等主观因素的影响，《大词典》仍然存在一些不足之处，主要表现在词条漏收、义项缺失及排列欠妥、释义表述不当、书证滞后或不足、书证排列混乱等方面。尽管学界一直以来不断探讨研究，依据新理论新材料新发现等从不同角度对其补正，但至今《大词典》仍然存在诸多不足之处，亟待学界的进一步发掘研究，以便为今后的统一修订或再版提供一定依据。相信随着文献的进一步开发和大型语料库的逐步建立，随着学界研究的不断深入，有关《大词典》的研究必将更加全面而深入，这无疑具有十分积极的意义。

本文仅就《大词典》书证滞后问题再略加举隅，以期能对《大词典》的未来修订和再版有所裨益，同时就大型词典在编纂中的书证滞后问题略加探讨。

1 涉树木词语书证滞后举隅

本文选取了几组涉树木词语来探讨，它们主要是涉"树枝"义词语、涉"灌木"义词语、涉"枝梢"义词语、涉"柴禾"义词语、涉"树根"义词语、涉"树株"义词语，以上每组词语在《大词典》中所收词条都较多，《大词典》在处理这些词条的书证时，大部分均较妥当，但每组均有书证滞后现象存在，有些组别涉及的词语还较多。具体来看。

1.1 涉"树枝"义词语

柯枝:"柯枝"为"枝柯"的同素异序词。《大词典》:"柯枝,枝条。"[1]"柯枝"至迟在宋代即已出现,如《旧唐书·五行志》:"今有大槐树,柯枝森郁,即村门树也。"但《大词典》最早书证为元代语料,即元方夔《古意》诗之四:"结巢青松顶,百丈无柯枝。"显然滞后。

枝杈:《大词典》:"枝杈,树木上分杈的小枝子。"[1]"枝杈"的含义至迟在明代文献已经出现端倪,如《水浒传》第八十二回:"枝枝杈杈,刀刀手互相磕撞。"到了清代,"枝杈"一词已经确切形成,文献所见较多,如《七剑十三侠》第五十八回:"徐庆心慌意乱,那衣服被一株断树枝杈带住。"《小五义》第七十一回:"原来是他白昼的衣服在树林里树枝杈上夹着哪。"可是《大词典》最早仅为现代汉语书证,即陈其通《万水千山》第六幕第一场:"松柏的枝杈上,挂着各式各样的彩色灯笼,在闪闪篝火的映衬下显得分外鲜明。"《大词典》缺乏古代书证,显然滞后。

桠枝:《大词典》:"桠枝,树木的分枝。"[1]"桠"又作"丫"、"枒"。"桠枝"至迟在明代即已较多出现,如《瀛涯胜览·南浡里国》:"其树大者高二三尺,根头有大拇指大,如墨之黑,似玉石之温润,稍有桠枝,婆娑可爱,根头大处可旋为数珠。"《初刻拍案惊奇》卷三十六:"贞元初年,有两个僧人,到此山中,喜欢这个境界幽僻,正好清修,不惜勤苦,满山拾取枯树丫枝,在大树之间,搭起一间柴棚来。"《今古奇观》第二十四卷:"贞元初年,有两个僧人,到此山中,喜欢这个境界幽僻,正好清修,不惜清苦,满山取枯树桠枝,在大树之间,搭起一间柴棚来。"但《大词典》书证仅为现代汉语用例,即茅盾《水藻行》一:"脱了叶的乌桕树伸高了新受折伤的桠枝,昂藏地在和西北风挣扎。"显然滞后。

树杈:《大词典》:"树杈,树枝的交汇处。"[1]1299"树杈"主要见于清代文献,有时写作"树杈儿",如《七侠五义》第一百十回:"蒋爷急急奔至树林,纵身上树,坐在树杈之上,往下窥视。"《小五义》第二百十一回:"听见那人说寻死都找不着一个树杈儿,又说这里可以。"《施公案》第一百五十五回:"此时李公然也将左手拾起刀来,李七侯也从树杈内扒出,拿了单刀,一齐上前并力帮助。"《庸闲斋笔记·古树中异物》:"树杈中生大菌,具人形者三:一破于斧;一为折薪人窃去;仅存一高尺许,眉目口鼻如寺中弥陀像。"《大词典》没有列古代书证,只列现代书证,如田汉《洪水》第二场:"谁想到我们今年要在屋顶上、树杈上和土堆上过中秋哩。"显然滞后。

1.2 涉"灌木"义词语

丛棘:"丛棘"在古代可指囚禁犯人之处,也可指丛生的灌木。《大词典》:"丛棘,丛生的荆棘。"[1]"丛棘"表"灌木"义至迟在汉代即已出现,如《汉书·扬雄传上》:"储积共偫,戍卒夹道,斩丛棘,夷野草,御自汧、渭,经营酆、镐,章皇周流,出入日月,天与地杳。"此义《大词典》最早书证仅为清代用例,即清刘大櫆《金氏节母传》:"又尝日暮自园中归,失足坠道左丛棘中。"显然过于滞后。

榛梗:《说文·木部》:"榛,木也。一曰蒇也。"[3]《大词典》:"榛,果木名。落叶灌木或小乔木。"[1]又"梗,木名。即刺榆。"[1]"榛梗"在古代有"灌木"、"障碍"、"隔阂"等义。《大词典》:"榛梗,丛生的杂木。"[1]"榛梗"表"灌木"义至迟在唐代即已出现,如《艺文类聚·人部二十一·隐逸下》:"兼年齿衰暮,荒径榛梗。"元结《演兴四首·讼木魅》:"见榛梗之森梢,闵枞櫏兮合蠹。"《大词典》此义最早书证为宋代《旧唐书》用例,即《旧唐书·忠义传上·夏侯端》:"山中险峻,先无蹊径,但冒履榛梗,昼夜兼行。"显然滞后。

棘榛:《大词典》:"棘榛,荆棘。"[1]"棘榛"至迟在南北朝即已出现,如《宋书·薛安都传》:"任榛大抵在任城界,积世逋叛所聚,所在皆棘榛深密,难为用师,故能久自保藏,屡为民患。"但《大词典》最早书证为唐代用例,即《南史·薛安都传》:"任榛大抵在任城界,积世逋叛所聚,棘榛深密,难为用师,故能久自保藏。"显然滞后。

1.3 涉"枝梢"义词语

杪:"杪"在古代有"树梢"、"尽头"、"微小"等义,"树梢"义为其本义。《说文·木部》:"杪,木标末也。"[3]《汉语大字典》:"杪,树梢;木末。"[4]《大词典》:"杪,树木末端,树梢。"[1]"杪"表"树梢"义在先秦即已出现,如《通玄真经·上仁》:"是以群生遂长,万物蕃殖,春伐枯槁,夏收百果,秋蓄蔬食,冬取薪杪,以为民资,生无乏用,死无传口。"但《大词典》此义最早书证仅为南北朝用例,即《后汉书·马融传》:"杪标端,尾苍蜼。"显然过于滞后。

枝头:《大词典》:"枝头,树梢;树枝上。"[1]"枝头"至迟在南北朝即已出现,如《金楼子·志怪》:"有石连理生树,高一尺五寸,枝头叶皆紫,吴时人献以为瑞。"但《大词典》最早书证为唐代用例,即元稹《元和五年予官不了罚俸西归》诗:"渐到柳枝头,川光始明媚。"显然滞后。

1.4 涉"柴禾"义词语

柴草:《大词典》:"柴草,用作燃料的树枝、小木和杂草等。"[1]"柴草"至迟在唐代即已出现,如《隋书·百官志中》:"而钩盾又别领大围、上林、游猎、柴草、池薮、苜蓿等六部丞。"但《大词典》最早书证为明代用例,即《水浒传》第一一八回:

"见两堆柴草，时迁便摸在里面，取出火刀火石，发出火种。"显然过于滞后。

木柴："木柴"在古代主要指作燃料的柴木，此义至迟在明代即已出现，如《醒世恒言》第二十七卷："稍不如意，软的是拳头脚尖，硬的是木柴棍棒。"《今古奇观》第一卷："提起木柴，把长儿劈头就打，打得长儿头破血淋，嚎啕大哭。"《明珠缘》第五回："妈妈见一娘寒冷，家去取出些木柴来烧火。"但《大词典》最早书证为现代汉语用例，即杨朔《鸭绿江南北》："许多朝鲜战士点起一堆一堆的木柴照着亮。"无古代用例，显然滞后。

荆薪：《说文·艸部》："荆，楚木也。"[3]《大词典》："荆薪，柴草。"[2]"荆薪"至迟在汉代即已出现，如《马王堆汉墓帛书·五十二病方》："燔扁（蝙）辐（蝠）以荆薪，即以食邪者。"《大词典》最早书证为晋代用例，即晋陶潜《归园田居》诗之五："日入室中暗，荆薪代明烛。"显然滞后。

1.5 涉"树根"义词语

树根："树根"在古代主要有两个义项，一是动词"建立根基"义，一是名词"树根"义，唐以前主要用作动词，唐以后主要用作名词。"树根"作名词至迟在南北朝即已出现，如《齐民要术·羹臛法》："椠者，树根下生木耳，要复接地生，不黑者乃中用。"但《大词典》此义最早书证为唐诗用例，即白居易《叹春风兼赠李二十侍郎二绝》之一："树根雪尽催花发，池岸冰销放草生。"显然滞后。

1.6 涉"树株"义词语

树株：《大词典》："树株，树棵。指单棵的树。""树株"即可为个体名词也可为集合名词。"树株"至迟在南北朝即已出现，如《后汉书·虞延传》："延进止从容，占拜可观，其陵树株蘖，皆谙其数，俎豆牺牲，颇晓其礼。"但《大词典》最早书证为元代用例，即《元典章·户部九·农桑》："加之军马营寨飞放围猎……损坏树株，以致农桑堕废。"显然过于滞后。

森木：《大词典》："森木，高耸繁茂的树木。"[1]"森木"在先秦即出现，如《黄帝内经·素问·至真要大论》："阳明之复，清气大举，森木苍干，毛虫乃厉。"《大词典》所列最早书证仅为晋代用例，即晋左思《蜀都赋》："晶蝛氓于蓲草，弹言鸟于森木。"显然过于滞后。

据以上涉树木词语的分析不难看出，《大词典》部分书证滞后情况还是较明显的。其中有些书证滞后一两个朝代，如"树根"、"木柴"、"枝头"、"棘榛"、"树杈"、"桠枝"、"枝杈"等，有些则滞后时间更长，如"森木"、"树株"、"柴草"、"杪"、"丛棘"等。

2 关于大型词典编纂中书证滞后问题的探讨

大型词典编纂中，书证滞后问题是常见问题之一。书证滞后会给断代研究、汉语史的研究以及文献的研究等带来一定的影响。从目前来看，对于《大词典》这样的大型综合词典而言，要想完全杜绝书证滞后的现象几乎做不到，因为书证问题牵涉的因素太多，既受到具体编纂者的主观因素的影响，也受到文献的整理水平、学术的研究状况等客观因素的影响，尤其对于当前文献的整理和学术的研究状况而言都还在积极进展之中，因而就目前而言完全杜绝书证滞后的现象还很难做到。但我们必须要尽可能地利用现有的学术研究水平来避免或减少不必要的书证滞后现象。

那么如何才能尽量避免不出现书证滞后的情况呢？参考学界的探讨，同时结合汉语史研究和辞书应用的的切身体会，我们认为至少要做好以下几点：一、提高编纂者对编纂体例和编纂要求的理解力和执行力，某些义项的书证严重滞后，或书证本来较多却出现孤证现象，这显然是与某些编纂者的执行力度不够有一定关系；二、要充分利用最新发掘与整理的文献资料，要善于借鉴其他辞书词条释义与书证处理的经验，以便更好地完善辞书的编纂工作；三、在吸收与借鉴的同时，也要有敢于质疑和超越的精神与想法，不能盲目相信与照搬照抄，否则会裹足不前，我们发现《大词典》与《汉语大字典》中就存在不少照搬的现象，这样对于辞书的编纂而言并非一种好的迹象；四、要善于利用最新的学术研究和学术资料汇编的成果，如训诂学方面的《故训汇纂》等即可为《大词典》等大型语文辞书的编纂或修订提供一些较有价值的书证线索；五、要充分利用大型权威的电子文献检索软件和大型综合语料库的建设成果，这样便于大大提高效率。总之，我们一定要重视辞书编纂尤其是《大词典》这类大型语文词典编纂中的书证问题。

参考文献：

[1] 罗竹风主编：《汉语大词典》（第4卷），汉语大词典出版社1989年版。

[2] 罗竹风主编：《汉语大词典》（第2卷），汉语大词典出版社1988年版。

[3]（汉）许慎撰，（宋）徐铉校定：《说文解字》，中华书局1963年版。

[4] 汉语大字典编辑委员会编：《汉语大字典》（缩印本），四川辞书出版社、湖北辞书出版社1993年版。

《现代汉语词典》（第6版）义项设置补苴

《现代汉语词典》（以下简称《现汉》）自问世以来，经过不断修订，质量越来越好。《现汉》以其收词的全面性与时代性、释义的简洁性与逻辑性、编撰的权威性与科学性等受到广泛称赞。其第6版是目前最新也是最好的版本，第6版在很多方面都值得称道，较第5版有不小完善，如新词新义的收录、最新学术研究成果的反映等。不过任何事物都不是完美无缺的，《现汉》也不例外。我们在使用过程中发现，第6版仍存在不少问题，如词性的标注、词条的列举、义项的设置与排列等，有些仍需进一步修订补充。本文仅就"波"、"浪"、"闷"（mèn）、"碰"四个词语的义项设置情况浅谈拙见，以抛砖引玉，希望能对后续第7版的修订有某些参考价值。

1 波

以下是《现汉》（第6版）[1]（以下均省作《现汉》）对于"波"的注释情况：

Bō 1. 波浪：～纹 | 随～逐流。2. 振动在介质中的传播过程。波是振动形式的传播，介质质点本身并不随波前进。最常见的有机械波和电磁波。通常也可分为横波和纵波。3. 比喻事情的意外变化：风～ | 一～未平，一～又起。4. 姓。

不难看出，《现汉》认为"波"在现代汉语中主要有以上四个常用义项。这种设置是否复合实际情况呢？

再来看以下词语及其释义，释义采纳《现汉》的解释（下同）：

秋波：比喻美女的眼睛。

眼波：旧时形容流动如水波的目光（多指女子的目光）。

词语"秋波"与"眼波"中的"波"，显然不符合《现汉》中关于"波"的四个义项，这里的"波"显然具有波浪曲折延伸的特性，但又不是波浪；同时也显然不是"振动在介质中的传播过程"。这两处"波"只能解释为"像波浪一样的东西"，即具有波浪会波动的特征，正如《现汉》对"眼波"释义中"如水波"的阐释一样。再看以下两个词：

气压波：由海面上大气压力发生急剧变化所产生的波。

冲击波：（1）通常指核爆炸时，爆炸中心压力急剧升高，使周围空气猛烈震荡而形成的波动。冲击波以超音速的速度从爆炸中心向周围冲击，具有很大的破坏力、是核爆炸重要的杀伤破坏因素之一。也叫爆炸波。（2）指由超音速运动产生的强烈压缩气流。

"气压波"与"冲击波"中的"波"初看非常符合《现汉》对于"波"的第二个义项，但仔细分析，其实不然。"波"的第二个义项中明确说明波在传播过程中，介质质点本身并不随波前进，但是"气压波"与"冲击波"中的"波"很明显都属于介质质点前进的波，就像水波一样，在传播的同时，也在前进，它们与热力的膨胀或气流压缩导致的气体推动有关。因而"气压波"与"冲击波"中的"波"不符合"波"的第二个义项，但符合"秋波"与"眼波"中"波"的解释，即"像波浪一样的东西"。所以《现汉》应该增加一个新的名词义项"像波浪一样的东西"。

再看下列词语的释义：

波折：事情进行中所发生的曲折。

波荡：起落不定：海水～。

波动：（1）起伏不定；不稳定：情绪～。（2）波2。

上面三个词语中，"波"最初是可以解释为"波浪"或"水波"的（"波动"第二个义项的"波"除外），因为这三个词语最初都是用来指水的运动，但后来它们又都有了比喻义，可指其他物质的波状运动，因而这三个词语的"波"又有了新的含义，即"像波浪一样地"，作状语。因而词语"波"应增加作状语的义项"像波浪一样地"。

再看以下关于"波及"一词的释义：

波及：牵涉到；影响到：经济危机～整个资本主义世界。

从释义不难看出，动词"波及"一词中，"及"相当于对象介词"到"、"向"，"波及"的动词义主要由"波"来体现，"波"为动词"波动"之义。"波"的"波动"义不仅体现在合成词如"波及"中，也可与别的词语组成短语使用，再来看《汉语大词典》[2]（以下简称《大词典》）中关于"波"作动词的两个现代汉语用例：

（1）潘漠华《飘泊者》诗："他底眼，只茫然的睁着，任迷茫的前事，绿水似的波过他底心头。

（2）李劼人《死水微澜》第五部分二："大概都市上的人，过惯了文雅秀气的生活，一旦遇着有刺激性的粗豪举动，都很愿意欣赏一下；同时又害怕这粗豪波到自己身上，吃不住。"

《大词典》将（1）中"波"释义为"水涌流"，将（2）中"波"释义为"波及、播散"（按：应释为"波动、播散"更科学）。为简便计，都可以概括为"波动"之义。因而《现汉》应当增加一个动词义项"波动"。

通过以上分析，《现汉》至少应当增加三个常用义项，即名词义项"像波浪一样的东西"、作状语的义项"像波浪一样地"、动词义项"波动"。结合原有四个义项，按照词义的发展逻辑，"波"的七个常用义项及排列如下（为简便，说明及举例部分不列）：（1）波浪。（2）像波浪一样的东西。（3）振动在介质中的传播过程。（4）像波浪一样地。（5）比喻事情的意外变化。（6）波动。（7）姓。

2　浪

关于"浪"，我们先来看《现汉》的注释情况：

Làng 1.波浪：风平~静 | 乘风破~ | 白~滔天。2.像波浪起伏的东西：麦~ | 声~。3.没有约束；放纵：放~ | ~费。4.〈方〉逛：到街上~了一天。5.姓。

以上义项设置中，第三个义项"没有约束；放纵"显得过于笼统、模糊而缺乏必要的概括性。来看以下用例中的"浪"作何解释：

（3）姚雪垠《长夜》二一："两个臊货，别你妈的浪了！"

（4）茅盾《清明前后》第四幕："梦英那妮子真——是……嘻嘻，把人家浪上火来了。"

以上两个例子均来自《大词典》，《大词典》对两处"浪"的释义分别为：风骚、淫荡；特指女性用淫荡的言行跟男性调情勾搭。《大词典》处理是对的，因为"风骚、淫荡"为形容词，"调情勾搭"为动词，具体含义也有区别。如果按照《现汉》的释义，就是"没有约束；放纵"之义，这显然太笼统，缺乏必要的科学性和逻辑性。再看以下几个词语的释义：

浪客：漂泊流浪的人。①

流浪：生活没有着落，到处转移，随地谋生：~者 | ~街头。

浪迹：到处漂泊，没有固定的住处：~江湖。

浪人：（1）到处流浪的人。（2）指日本流氓。

以上四个词语中（"浪人"指第一义项），"浪"均为"四处漂泊"之义，如果按照《现汉》的处理，也应归入义项"没有约束；放纵"之中，显然过于模糊意义不够确切。再看下面用例：

周立波《山乡巨变》上二："竹扁担在她那浑圆结实的肩膀上一闪一闪的，平桶边的水，微微地浪起涟漪，一点也不洒出来。"

这是《大词典》中关于"浪"的一个用例，并释义为"起波、波动"，这个意义是不能够用"没有约束；放纵"来概括的。

可见，《现汉》在处理"浪"的义项时存在过于笼统和疏漏之嫌。其中义项"3"太过笼统模糊，应具体变为以下四个义项：漂泊、游荡；不受约束、任意；风骚、淫荡；特指女子调情勾搭。其中"不受约束"与"风骚、淫荡"有着意义和程度上的区别，不能混为一谈。例如"放浪"一词，《现汉》作为举例放在义项"3""没有约束；放纵"下，这样处理过于简单化，似不科学。因为"放浪"一词有不止一个含义，以下是《大词典》对"放浪"一词的解释及其有关现代汉语方面的用例：

放浪：1.放纵不受拘束。丁玲《韦护》第二章三："他早先对于她的印象，只以为是有点美好和聪明而放浪的新型女性。"2.指行为不检点。茅盾《子夜》八："〔冯云卿〕仿佛觉得自己的'运气不好'和姨太太的放浪多少有几分关系：几曾见戴了绿头巾的人会走好运的？"3.浪游；浪迹。郭沫若《蒲剑集·关于屈原》："其实'放流'只是放浪，屈原被疏之后居于闲位，曾向四处游历过而已。"

不难看出，《大词典》的释义较为科学，而《现汉》在对义项"3"的处理上过于简单化、笼统化。除义项"3"需要处理外，另外应再加上一个动词义项"起波、波动"，这样加上原有的四个合理义项，"浪"在现代汉语中的常用义项及其排列如下：（1）波浪。（2）像波浪起伏的东西。（3）起波、波动。（4）漂泊、游荡。（5）不受约束、任意。（6）风骚、淫荡。（7）特指女子调情勾搭。（8）〈方〉逛。（9）姓。

3　闷（mèn）

"闷"的问题主要出现在注"mèn"音义项方面，再来看《现汉》有关"闷"（mèn）的相关注释：

闷：mèn①心情不舒畅；心烦：愁～｜～～不乐｜心里～得慌。②密闭；不透气：～葫芦｜～子车。

《现汉》只有两个义项，并不能囊括现代汉语中关于"闷"（mèn）的常用意义。再来看以下词语的释义：

闷雷：声音低沉的雷。比喻精神上突然受到的打击。

闷棍：乘人不备时狠狠打的一棍，比喻突如其来的沉重打击：打～｜为了这事我吃了他一～。

　　"闷雷"一词中的"闷"，显然不合上面①②两个义项的释义，这里的"闷"应为"声音低沉、沉闷"之义；再看"闷棍"一词中的"闷"，显然也不符合上面①②两个义项的释义，其含义为"突然而沉重"。由于"闷雷"、"闷棍"都是日常使用频率较大的词语，因而"闷"（mèn）不应少了这两个义项。

　　再看一个用例：

　　（5）周而复《上海的早晨》第一部三："这一阵子闷在肚里的怨气再也忍不住了，她放声大哭了。"

　　这个用例采纳自《大词典》，其对"闷"的释义为"憋闷"，《大词典》的释义无疑是正确的。"闷在肚里"、"闷在心里"等都是日常较常见的说法，所以"憋闷"这一义项也不能少。

　　由上可知，"闷"（mèn）应增加三个常用义项，即形容词义项"声音低沉"、形容词义项"突然而沉重"、动词义项"憋闷"。结合原有义项，"闷"（mèn）的义项及其排列应为：①心情不舒畅；心烦。②密闭；不透气。③声音低沉。④突然而沉重。⑤憋闷。

4　碰

　　再看"碰"的情况。《现汉》关于"碰"的释义如下：

　　碰：pèng ①运动着的物体跟别的物体突然接触：～杯｜不小心腿在门上～了一下。②碰见；遇到：～面｜在路上～到一位熟人。③试探：～～机会｜我去～一下，说不定他在家。

　　稍经考察不难发现，《现汉》对于"碰"的义项处理问题较多。首先义项①的阐释就不妥当，何谓"突然接触"？义项①后举例之一为"碰杯"，关于"碰杯"一词的含义，《现汉》也给出了明确的解释："饮酒前举杯轻轻相碰，表示祝贺。"毫无疑问，这种解释是正确的。"碰杯"只是轻轻相碰，并非一定要"突然"接触。又如："刚换的新衣服不小心碰到油壶上了，真扫兴！"在这一句中，"碰"主要是指一般性的接触，即"挨着了"，也并非一定要"突然"接触。虽然"轻轻"等与"突然"并非一对反义词，但是义项①用"突然"来修饰难免显得牵强和以偏概全。另外"运动着的物体"看似用语严密，其实过于琐碎，使表述缺乏简介性和概括性。同时，"运动"过于强调动态感，义项①的主要信息是"接触"，而非接触的具体状态和形式，不然有些情况可能就不符合了，如"由于露天的长期风化，电线的零线和火线碰到一块了，结果就发生了短路"这一句，"碰"就没有什么"运动着"的含义，当然更没有"突然"的意义，主要是"接触"的意思。所以义项①应该确释义，可以释为"物体相接触"，或直接释为"接触"亦可。其实这样的处理方式《现汉》不是没有正确的例子，如其对"碰撞"一词解释为"物体相碰或相撞"，这样概括无疑是正确的，否则如果按照义项①的处理方式，"碰撞"的释义就成了"运动着的物体跟别的物体突然相碰或相撞"，这就既没必要，也不符合逻辑。

说到这里，其实义项①的问题并没有完全解决。从《现汉》对于"碰"所设置的三个义项来看，凡物体相接触、碰撞等意思都应归入义项①中，因为义项②和③的意义与①相差其远。这样是否妥当？来看这样一句："由于天黑，两辆车不小心碰到一块了。"这里的"碰"意义为"碰撞"、"撞击"，义项①只表一般性的"接触"，显然不能完全代替"碰撞"的含义，因为"碰撞"一般力量较大，而且往往预示着不好的结果。综上，义项①应调整为"接触；碰撞"。

除义项①外，"碰"的义项疏漏也较严重。如例子："别碰电线，小心电人！""别碰它，小心咬你！""这件展品，只可看，不可碰。"这三句中，"碰"解释为"触摸"最为合适，因而"碰"应该增加一个新的义项"触摸"。

除此之外，《现汉》还有一些义项的疏漏，再看一些用例：

（6）鲁迅《朝花夕拾·〈狗·猫·鼠〉》："我是常不免于弄弄笔墨的，写了下来，印了出去，对于有些人似乎总是搔着痒处的时候少，碰着痛处的时候多。"

（7）沙汀《风浪》："但是，他才开了个头，王家福就把他妈叫起一道走了，摆起一副不好碰的面孔。"

（8）周而复《上海的早晨》第四部四四："'这有啥好酝酿的？'冯永祥刚才碰了潘信诚一个软钉子，生气的说，'我们这位特命全权代表又不能做主。'"

（9）丁玲《母亲》三："秋蝉见她不要听她说，便又支使奶妈，奶妈也碰了钉子。"

（10）巴金《关于〈第四病室〉》："她要改变思想和她的生活方式，总得在碰了无数次钉子之后，在她离开学校做了多年医生之后。"

（11）茅盾《子夜》一："林佩珊十分生气似的挣脱了范博文的手，就跑进了客厅右首后方的一道门，碰的一声，把门关上。

以上用例均采纳自《大词典》，《大词典》给出的释义分别为：（6）触动；（7）触犯、惹；（8）（9）（10）遭受；（11）象声词，多用以形容撞击声。以上释义《大词典》都处理得非常恰当，尤其将（8）（9）（10）中"碰钉子"的"碰"解释为"遭受"，应该值得称道。因为"碰钉子"一词本义基本不用了，主要用其比喻义，这样再解释为"接触"或"碰撞"等义已经不太适合，而解释为"遭受"义不仅准确，也反映了词义的发展变化。另外，"碰一鼻子灰"的"碰"也应解释为"遭受"较妥。鉴于上述四种意义在现代汉语中均较为常见，因而《现汉》应该将其收录进去。

这样，通过以上的补正，"碰"的常见义项中应该增补五个，修订一个，具体义项及其合理排列如下：①接触；碰撞。②碰见；遇到。③触摸。④触动。⑤试探⑥触犯；惹。⑦遭受。⑧象声词，多形容撞击声。

通过对《现汉》"波"、"浪"、"闷"、"碰"义项设置情况的分析，可以得出一些启示：一、在给词语尤其单音词设置义项时，一定要全面考察这些词语在单用和在合成词中的意义情况，要广泛收集信息，甚至包括方言信息，必要时还可参考其他辞书以求全面、准确，力求避免常用义项的疏漏；二、在具体义项分合处理上，哪些该分，哪些该合，既要兼顾概括性的原则，又要合理充分地考虑意义的实际区别，不能过于简单也不能繁琐；三、在给义项释义时，要兼顾概括性、具体性和准确性的相互关系，释语要符合逻辑，要有科学性，要经得起推敲。

最后，本文的分析难免有不当之处，还请方家指正，希冀有利于辞书研究和《现汉》的修订工作。

注释：

①本条采纳自《汉语大词典》。

参考文献：

[1] 中国社会科学院语言研究所词典编辑室编：《现代汉语词典》（第6版）商务印书馆 2012 年版。

[2] 罗竹风主编：《汉语大词典》，汉语大词典出版社 1986—1993 年版。

后　记

　　甲午之秋，吾二人缀集小文，曰《汉语撷论》，忝列于《中国语学文库》，实乃荣幸之至！然亦惶于其实之未逮而未可安也。拙集凡十有七篇，多为未刊者，均乃近年之作也，涉语法、词汇、训诂及文字等。其间有独著者，亦有吾二人之合作者。梓行之际，多所补葺。有未及者，烦诸君正之，定感荷无尽也。

　　吾二人天资驽钝，才学疏浅，虽遇名师，然于学术仍瞢然无知也。正如吾二人于《汉语脞论》之后记所言，此等小文，断不敢妄言其学术之要义，仅为吾二人为学之纪念也。

　　蒙朱斌教授之诚荐，孔令钢编辑、黄琼编辑之慎核，谨志谢忱！

　　适学术之盛世，吾辈勉之！

陈明富　张鹏丽
甲午冬于金陵